Fritz W. Kramer
Der rote Fes

Die weiße Reihe

Fritz W. Kramer

Der rote Fes

Über Besessenheit und Kunst in Afrika

athenäum

CIP-Kurztitelaufnahme der Deutschen Bibliothek

Kramer, Fritz W.:
Der rote Fes : über Besessenheit u. Kunst in Afrika / Fritz W. Kramer. – Frankfurt am Main : Athenäum, 1987.
ISBN 3-610-00730-3 kart.
ISBN 3-610-00735-4 geb.

Motiv: Besessenheitstänze der *Brekunde*-Kultgruppe in Fongbe (Togo). Photo: T. Wendl
Gesamtherstellung: Wagner GmbH, Nördlingen
Printed in Germany 1987
ISBN 3-610-00730-3 kart.
ISBN 3-610-00735-4 geb.

Inhalt

Vorwort

Es gibt eine kleine Tradition in der Geschichte des europäischen Denkens, die sich der wissenschaftlichen Hauptströmung widersetzt; sie lenkt von der größten und dauerhaftesten Obsession, der Lust am Beobachten, ab, um auf das *Beobachtetwerden* aufmerksam zu machen; sie stellt dem Erkennen das Erkanntsein entgegen, der Entdeckung das Entdecktsein. Das wichtigste Meditationsbild, das sich die Barockzeit schuf, war das Bild vom Auge Gottes; die Aufklärung begriff sich zwar als beobachtende Vernunft, erfand aber doch den fremden Reisenden, der, Perser, Chinese oder Hottentott, Europa besucht und es fremd und unbestechlich anschaut: ein säkularer, aber außerweltlicher Blick. Erst die systematisierte, wissenschaftliche Beobachtung hat ihr Gegenstück vergessen und ihre Erkenntnis irreversibel gemacht.

In der Ethnologie, die Menschen in fremden Gesellschaften beobachtet, sollte man am ehesten eine Spur von Unbehagen an der Einseitigkeit dieser Obsession erwarten. Die ethnologische Beobachtung wird *teilnehmende* Beobachtung genannt; aber der Ethnologe neigt dazu, sich als Teilnehmer auszuklammern und sich auf einen beobachtenden, aber seinerseits nicht wahrnehmbaren Punkt zu reduzieren. Malinowski, der Begründer der »teilnehmenden Beobachtung«, sprach sogar ausdrücklich vom »Auge des Ethnographen«, das er sich am liebsten als »eine Superfilmkamera in einem helicostatischen Flugzeug« über dem Boden der Trobriand-Inseln vorstellte. Denken wir dabei an die moderne Video-Überwachung, so wird die unbehagliche Lage der Objekte noch deutlicher.

Herder, der mit der Literaturgattung der *Lettres persanes* vertraut war, konnte noch 1783 schreiben, am meisten interessierten ihn Nachrichten, wie »fremde Nationen *uns* ansehen«, weil für ihn die verschiedenen Kulturen gleichrangig waren und weil er, im Sinne der Aufklärung, dem *Blick von außen* eine Erkenntnis und ein Urteil zutraute, das auf der natürlichen Vernunft beruhte und deswegen den *Blick von innen* überbieten konnte. Dieses Vertrauen muß heute befremden; denn zum einen hat nur die moderne Zivilisation die Form der wissenschaftlichen Beobachtung systematisiert, und zum anderen vertrauen wir so sehr auf den *Blick von innen*, daß der Ethnologe sich gerade die Aufgabe stellt, die von ihm untersuchte Gesellschaft so zu sehen, wie sie sich selbst sieht.

Welcher Wert sollte also der Erkenntnis eines Fremden zukommen, der die moderne Zivilisation *von außen* ansieht?

Tatsächlich hat nur einmal ein Außenseiter der deutschen Ethnologie gewagt, allen Ernstes ein Bild der modernen Zivilisation »in den Augen des Wilden« nachzuzeichnen. Julius Lips, dessen Forschungen noch heute ein wenig verwegen – oder avantgardistisch, wie man will – wirken, obwohl oder weil er nicht für sein Fach, sondern für breite Schichten von Lesern schrieb, ließ in europäischen, amerikanischen und afrikanischen Sammlungen Zeichnungen und plastische Werke aus der Welt der schriftlosen Kulturen photographieren, die er als Darstellungen von Europäern identifizierte. Er vertraute also nicht auf den wissenschaftlichen, wohl aber auf den künstlerischen Blick, dessen Spur sich in diesen Bildwerken verfolgen ließ.

In der Gesellschaft, in der Lips diesen Versuch unternahm, vermutete man in seiner Sammlung Ungeheuerliches: Die Gestapo fahndete nach den Photographien, da für sie das »primitive« Bild vom weißen Mann nur eine Verunglimpfung des »Führers« oder der »arischen Rasse« sein konnte. Diese Fahndung, der sich Lips durch die Emigration entzog, hat ihn offenbar zu der Ansicht verleitet, das Material zu einer schonungslosen Satire auf die »Zivilisation« in der Hand zu haben; und als er seine Studie 1937 im amerikanischen Exil veröffentlichte, gab er ihr den Titel *The Savage Hits Back*, obwohl er im einzelnen eher den verständnisvollen als den aggressiven Charakter des »primitiven Bilds vom weißen Mann« hervorhob. Was Lips entdeckt hatte, war, daß die außereuropäischen Darstellungen von Europäern oft erstaunlich *ähnlich* sind; und wenn er diese Ähnlichkeit als Mittel der *engagierten Satire* deutete, so verstellte er damit die Einsicht, daß er eine *realistische* Tradition entdeckt hatte, die nicht in das damals herrschende Bild von der Abstraktion in der »primitiven Kunst« paßte.

Der Realismus, worunter ich im Anschluß an Erich Auerbach die »Interpretation des Wirklichen durch Mimesis« verstehe, entsteht, so lautet meine These, in der Konfrontation mit einer fremden Wirklichkeit, deren Vorverständnisse der außenstehende Beobachter nicht teilt. Dem *Blick von außen* fehlt das Einverständnis mit den Hierarchien und Werten der beobachteten Lebenswelt, die sich nach ihnen einrichtet und dabei das »Problematische und Widersprüchliche« ihrer alltäglichen Wirklichkeit allzu leicht übersieht. Der fremde, verständnislose Blick enthierarchisiert; er isoliert das Verborgene und Unscheinbare und steigert es zur Kenntlichkeit des Monströsen. Er ist interessant, weil der fremde Beobachter eine wesentliche Distanz bewahrt, und zwar gerade, indem er seine Nachbildung – und unter Umständen sich selbst – dem Beobachteten ähnlich macht, nicht weil er, wie Lips glaubte, kritisch urteilt.

Wenn man heute, nach fünfzig Jahren, das Thema von Julius Lips wieder aufgreifen will, ist eine Verschiebung des Blickfelds unumgänglich. Gern hätte ich, wie Lips, die Gesamtheit der schriftlosen Kulturen herangezogen, aber meine Kenntnis des ethnographischen Hintergrunds ist zu begrenzt. Ursprünglich hatte ich vor, wenigstens die afrikanischen Darstellungen von Europäern vollständig zu bearbeiten, doch auch das erwies sich bald als undurchführbar. Zuletzt mußte ich mich mit sehr wenigen Paradigmen begnügen, mit den Ashanti und Kalabari, den Shona, den Pende und Cokwe; und auch von diesen konnte ich nur wenige Werke zur Interpretation auswählen. Meine Auswahl und die gelegentlichen Vergleiche verdanken sich dem Zufall. Ich beanspruche weder repräsentative noch die ästhetisch bedeutendsten Stücke zusammengestellt zu haben. Vor allem bin ich nicht auf den großen, für das Lipssche Thema bedeutsamen Bereich der höfischen Kunst eingegangen.

Die Zusammengehörigkeit der interpretierten Bilder ergab sich aus einer Ausweitung des von Lips definierten Blickfeldes auf Phänomene, die man gewöhnlich nicht der Kunst zurechnet. Diese Ausweitung betraf sowohl die Inhalte als die Formen der Darstellung. Da Europa, sieht man von einigen Kulturphilosophen und zahllosen Hinterwäldlern ab, sich nicht länger als Mittelpunkt der Welt oder als Krönung der Geschichte begreift, schien es mir nicht angemessen, den Europäer als das eigentliche und entscheidende Gegenüber des Afrikaners aufzufassen, wie Lips es in der Tradition der *Lettres persanes* getan hatte. Ebensowenig konnte ich mich der für Lips selbstverständlichen Vorstellung einer einheitlichen, in sich selbst bestehenden »primitiven Kunst« anschließen.

Ein Blick in afrikanische Mythen und Kosmologien lehrt, daß die ersten Europäer in Afrika keineswegs als die einzigartigen, beispiellosen Wesen »entdeckt« wurden, für die sie sich selbst halten mochten. Ein Denken, dem die Kategorie des Neuen unbekannt ist und das statt des Neuen nur die Wiederkehr dessen anerkennt, was von jeher war, konnte gar nicht umhin, die seltsame Erscheinung des Europäers Bekanntem anzugleichen und zu sich selbst in eine schon in der Urzeit festgelegte Beziehung zu setzen. Das Bekannte, als dessen Variante man den Europäer ansah, war der Gegensatz des kultivierten Menschen, die europäische Kultur das schlechthin Andere der jeweils eigenen Kultur. War der Inbegriff des »Anderen« die menschenleere Wildnis, so erschien der Europäer als Teil dessen, was wir die »Natur« nennen würden; war dieser Inbegriff ein Nachbarvolk, so erschien der Europäer als Repräsentant eines weiteren anderen Volkes, als Fremder oder Barbar. Mit anderen Worten: Europäer waren für Afrikaner, wie Afrikaner für Europäer, zuerst eine weitere Art von Wilden unter anderen Wilden. Und so konnten die Bilder von Europäern auch keinen Angriff auf die Zivilisation darstellen, wie Lips glaubte, sondern umgekehrt: Bilder, in denen sich eine andere Zivilisation ihren »wilden« Gegensatz zur Anschauung brachte. Ich habe mich deswegen dazu entschlossen, die afrikanischen Bilder von Europäern nur im Zusammenhang mit Bildern von anderen Wilden zu untersuchen.

Einige dieser Barbarenbilder, aber bei weitem nicht alle, fungierten in Ritualen, in denen Afrikaner sich mit dem Anderen ihrer jeweils eigenen Kultur identifizierten, in denen sie, als Individuen, ihr eigenes, partielles Anderssein durch eine solche Identifikation mit Fremden ausdrückten und anerkannten. In Ritualen dieser Art kamen manchmal, aber bei weitem nicht immer, plastische Bildwerke vor, welche die Figuren darstellten, deren rituelle Mimesis man vollzog. In der am weitesten verbreiteten und prägnantesten Form waren dies Besessenheitskulte, zu denen relativ selten Skulpturen gehörten, oder ihr Äquivalent, Maskeraden, in denen die Skulptur nur als ein Element in einer komplexen, tänzerischen Darstellung fungiert. Deshalb habe ich Besessenheitskulte und Maskeraden in meine Untersuchung einbezogen; es zeigte sich, daß dies sogar einen besonderen Zugang zu einem Teil der afrikanischen Kunst eröffnen kann. Die Wege, die von der Besessenheit zur Kunst führen, sind mir im Gang dieser Studien immer wichtiger geworden und haben schließlich auch die Auswahl der interpretierten Bildwerke bestimmt.

Der Blick von außen heftet sich an die Oberfläche der Erscheinungen, an die Außenhaut der Dinge, ohne sich um die Ordnung zu kümmern, die sie in sich selbst haben; er isoliert das Detail, das sich unter diesem Blick zum suggestiven Bild, ja sogar zur eigenständigen Macht steigert. Statt der Ordnung, der Struktur oder des Systems offenbart sich hier die Gewalt des Sichtbaren, der Einzelheit. Meist sind es kleine, unscheinbare Dinge in der von außen wahrgenommenen Wirklichkeit, die den fremden Beobachter besessen machen: eine Feder, ein Hemd, ein Hut oder Messer und Gabel. Unter dem Eindruck dieses isolierenden Verfahrens habe ich aus der Masse der besessen machenden Dinge im Titel den roten Fes herausgegriffen, der sich wie ein Leitmotiv durch so viele Besessenheitskulte der frühen Kolonialzeit hindurchzieht.

Denen, die meine Untersuchung unterstützt oder überhaupt erst auf die Sprünge gebracht haben, möchte ich an dieser Stelle danken. Ali Kea verdanke ich meine erste Einführung in das Thema, da er mich mit dem Besessenheitskult der Ilwana in Kenya bekannt gemacht hat; diese unvorhergesehene Begegnung mit der afrikanischen Besessenheit von Fremden hat meine Interpretation des gesamten Materials geleitet. Jens Jahn hat mir seine Sammlung von »Colon«-Figuren vorgeführt, die mich schließlich dazu gebracht hat, das Lipssche Thema zu meinen Studien über Besessenheitskulte in Beziehung zu setzen. Unter den vielen Ethnologen, deren Rat ich zur Ausarbeitung einzelner Abschnitte einholen konnte, möchte ich besonders Ute Röschenthaler hervorheben, die mich auf die Pende hinwies, sowie Tobias Wendl, dem ich wichtige Auskünfte über die Besessenheitskulte der Ewe verdanke und der mir freundlicherweise einige seiner Feldforschungsphotos zur Verfügung stellte. Für Photographien danke ich auch den Museen und Sammlern, die im Abbildungsverzeichnis angegeben sind.

Mein größter Dank gilt Herrn Armin Morat, der Heinrich-Heine-Stiftung und dem Morat-Institut, die meine Arbeit gefördert haben. Ohne diese Förderung hätte ich mich nicht an ein Thema wagen können, das so weit von der Not des Geläufigen abführt.

Meinen Freunden und meiner Frau danke ich für ihren Zuspruch in Augenblicken der Entmutigung.

Teisenham, im November 1986

Ashanti und die Leute aus dem Grasland

Objet trouvé aus Ashanti

Vor einigen Jahren stellte eine Münchner Galerie afrikanische Skulpturen aus, über die wenig oder nichts bekannt war.[1] Diese Figuren sind meist bekleidet gegeben; sie tragen einen europäischen Anzug oder eine Askariuniform, einen Tropenhelm oder einen Fes, und das verleiht ihnen einen genrehaften, erzählenden und zuweilen skurrilen Charakter. In unseren ethnographischen Museen, deren Afrika-Abteilungen sich in der Regel als Kunstausstellungen präsentieren, bekommt man solche Arbeiten nur selten zu sehen. Afrikanische Bildwerke, die irgendwann im späten 19. oder frühen 20. Jahrhundert gesammelt wurden, sind Fundsachen, und wie bei jedem *objet trouvé* entscheidet über die Frage, ob sie als Kunst zu betrachten seien, die Kunst, mit der man sie präsentiert. Aber diese Kunst der Präsentation steht im Zeichen der modernen Ästhetik, die ihre Intentionen in die fremden, aus ihrem Kontext gelösten Bilder hineinlegt, und dieser Prozeß wird durch Bedeutungen, die das Bild selbst freigibt, nur gestört.

Obwohl einige Werke, die uns in den folgenden Studien begegnen werden, zweifellos unseren ästhetischen Kriterien genügen, verfolge ich keineswegs die Absicht, sie nachdrücklich als Kunst zu präsentieren. Was mich an der Fundsache aus Ashanti, die meine Untersuchung zufällig in Gang gebracht hat, interessiert, ist vielmehr etwas primär Außerästhetisches (s. Abb. 1, 2); zwei Figuren zeigen Afrikaner, barfüßig, einen roten Fes auf dem Kopf, mit Shorts, Uniformjacke und Gürtel[2]; es handelt sich also um das Bild eines »Eingeborenen« im britischen Dienst – eines »Eingeborenen« allerdings, der für den Bildhauer und seinen mutmaßlichen Klienten ein Fremder war. Das Gesicht des Mannes ist skarifiziert, auf beiden Wangen zieht sich eine Narbe von der Nasenwurzel schräg nach unten. Nun wissen wir aber, daß die Ashanti Skarifikationen ablehnten; sie identifizierten sie mit den »Barbaren« aus den nördlichen Savannen.[3]

Damit ist die basale Schicht meines Themas bezeichnet. Wie die Europäer sich seit der Antike ein Bild vom Wilden machten, das zwar von Epoche zu Epoche wechselnde Gestalten gewann, aber immer als Gegenbild der eigenen Kultur und Zivilisation fungierte, so entwarfen sich auch afrikanische Gesellschaften in je eigenen Umkehrungen und

1 Ashanti, Ghana, Mann aus dem Norden.

2 Ashanti, Ghana, Mann aus dem Norden.

Gegenstücken, die ihnen halfen, ihr Selbstbewußtsein zu artikulieren und ihre politische und kultische Praxis zu bestimmen. Im Gegensatz zu den Europäern banden viele Afrikaner ihre Barbarenbilder in eine eigentümliche kultische Organisation ein. Diese bildet den zentralen Gegenstand meiner Untersuchung, doch bevor ich mich ihm zuwende, wird es unumgänglich sein, anhand einer kleinen Auswahl afrikanischen Begriffen des Barbaren und des Fremden nachzugehen.

Die Ashanti unterschieden, wie die übrigen Akanvölker, drei Kategorien von Außenstehenden: *ohoho*, den Fremdling aus einem anderen Häuptlingstum der Akan, *ntafo*, den Nicht-Akan, der sich als Händler niedergelassen hatte, und *odonko*, den Sklaven.[4]

Der Fremdling, *ohoho*, war ein freigeborener Akan, der eine Akansprache sprach und an der weitgehend einheitlichen Kultur der Akan teilhatte. Lebenslänglich war er Bürger seines heimatlichen Häuptlingstums; in einem fremden Häuptlingstum konnte er unter keinen Umständen Bürger werden, wohl aber sich ansiedeln und vertragsmäßige Rechte auf kultivierbares Land erwerben. Er genoß Schutz und Gastrecht der autochthonen Gemeinschaft, die ihn aufnahm, aber im Gegensatz zum Bürger dieser Gemeinschaft konnte er aller Rechte beraubt werden. Selbst wenn er Zeit seines Lebens die gastgebende Gemeinschaft nicht verließ, in ihr geboren wurde und in ihr starb, blieb er von ihrer politisch-rechtlichen Ordnung ausgeschlossen. »Ein Fremder«, so heißt es in einem Sprichwort der Akan, »bricht kein Gesetz«.[5]

Präziser läßt sich der gesellschaftliche Status des Außenstehenden nicht benennen. Ein Gesetz, so sagt das Sprichwort, kann nur derjenige brechen, der die Bürgerrechte besitzt und rechtsmündig ist. Nur der mündige Bürger kann sich gegen das Recht vergehen, nur ihn kann die Gemeinschaft zur Rechenschaft ziehen. Der Fremdling kann und darf sich nicht vor dem Recht verantworten; fehlt er, so wird die gastgebende Gemeinschaft sein Vergehen geflissentlich übersehen oder ihn der Rechte berauben, die sie ihm nur widerruflich verliehen hat. Was aber für den fremden Beisassen gilt, gilt erst recht für den Händler und den Sklaven. Auch sie können sich weder auf unverbrüchliches Recht berufen noch es brechen.

War der *ohoho* ein Fremder gleicher Kultur und Sprache, so assoziierten die Ashanti die zweite Kategorie von Außenstehenden, *ntafo*, mit den Savannen des Nordens. *Ntafo* bezeichnete ursprünglich die Gonja, die zeitweise einen Teil des Handels zwischen den Waldgebieten von Ashanti und den nördlichen Savannen kontrollierten, später alle Händler, die immer fremden Ethnien angehörten und an der Kultur der Akan keinen Anteil hatten. Überließ man den Fremdlingen von Akanherkunft Land zur zeitweiligen Nutzung, so waren die Händler von der Nutzung bebaubaren Landes ausgeschlossen. Gerade deswegen genossen die Händler die Vorzüge des Fremdseins; ihr Ort war der *zongo*, das Fremdenviertel der Stadt, das an die europäische Einrichtung des Ghetto erinnert. Im *zongo* lebten ursprünglich muslimische Händler und Koranlehrer – das Wort selbst stammt aus dem Hausa –, später Handel treibende Yoruba und Wanderarbeiter aus dem Norden. Entscheidend war, daß die Fremden des *zongo* Beziehungen zu ihren Herkunftsgemeinden unterhielten, die es ihnen erlaubten, Fernhandel zu treiben und ihre Kultur, Religion und Sprache zu bewahren; sie heirateten Frauen aus dem *zongo* oder aus ihren Herkunftsländern, so daß sie in der Stadt, in der sie ihren Geschäften nachgingen, von allen schwiegerschaftlichen, verwandtschaftlichen Bindungen mit den daran geknüpften Verpflichtungen zum Altruismus frei blieben. So lebten sie nicht nur außerhalb der Rechtsordnung, sondern auch frei von jenen sozialen Beziehungen, die es den Einheimischen verwehrten, nach rein ökonomischem Kalkül Handel zu treiben.[6]

Sehen wir von der Kategorie *ntafo* ab, so bestand in Ashanti zweifellos die Tendenz, die Kategorien »Sklave« und »Nicht-Akan« miteinander zu verschmelzen, da man in alten Zeiten, bevor die Briten die Sklaverei abschafften, einen Akan zwar unter Umständen einem Schuldner als Pfand ausliefern, ihn aber nicht versklaven konnte.[7] Man muß voraussetzen, daß jemand, den man zum Sklaven nimmt, nicht uneingeschränkt an der menschlichen Ordnung teilhat; Gleichheit von Sprache und Sitten sichert Gastfreundschaft, Ungleichheit kann zur Ungleichheit der Sklaverei gesteigert werden. So meinte der Ausdruck *odonko* in alten Zeiten nicht nur den Sklaven, sondern, wie Rattray schreibt, überhaupt die Bewohner der nördlichen Savannen, welche die Ashanti insgesamt als ihre potentiellen Sklaven ansahen.[8] Die nur im Norden üblichen stammesspezifischen Gesichtsskarifizierungen bildeten deshalb für die Ashanti den Inbegriff des *odonko*, den Inbegriff barbarischer Unsitten, die die Versklavung legitimierten. Dies umso mehr, als die Nachkommen von Sklaven, nach einigen Generationen durch Adoption und Heirat mit freien Ashanti sozial absorbiert und durch allmähliche Domestikation kulturell assimiliert, grundsätzlich nicht skarifiziert wurden. Am Ende dieses Prozesses hatte sich der Status des Sklaven dem der Unterschichten angeglichen; Sklaven konnten Eigentum, Sklaven eingeschlossen, besitzen, als Zeugen aussagen, einen Eid ablegen und ihre Herren beerben. Die meisten verrichteten Arbeiten, die als unrein galten, aber einige bekleideten auch Hofämter; in der Regel trugen sie eine besondere Bekleidung, an der sie als Sklaven zu erkennen waren, und in jedem Fall blieben sie rechtlich unmündig, wie ewige Kinder.[9]

Unter der Kolonialherrschaft wurde zwar die Sklaverei abgeschafft, aber die Vorstellungen, die sich die Ashanti von den Bewohnern der Savanne machten, wurden nur modifiziert. Die Figur, von der unsere Betrachtung ausgeht, zeigt einen Mann des Nordens in moderner Tracht, die es ausschließt, an einen Sklaven im strikten Sinn des Wortes zu denken. Doch wird die Kategorie *odonko* in der Ausprägung des Bildes nachwirken und seine Wahrnehmung für Ashanti bestimmen. So scheint es nahezuliegen, in unserer Fundsache ein afrikanisches Pendant zu jenen Mohrenbildern der europäischen Kunst zu sehen, die Schwarzafrikaner als Jockeys, Pferdeknechte oder Blumen reichende, Vorhänge raffende Diener zeigen. Indes wissen wir noch nichts über den Sinn, den die Ashanti unserer Figur zuwiesen, oder über die Rituale, in denen sie sie verwendeten. Bevor ich mich diesen Fragen zuwende, möchte ich einigen Varianten der von den Ashanti getroffenen Unterscheidung von Fremdlingen, Händlern und Barbaren in anderen afrikanischen Kulturen nachgehen, um eine Basis für die nachfolgenden vergleichenden Studien zum kosmologischen Ort der Außenstehenden zu gewinnen. Denn die Beziehungen zwischen der politisch-rechtlichen Ausgrenzung des Fremden, der keine Gesetze bricht, und der mythischen Charta der Schuldunfähigkeit werden erst den Schlüssel zur vollständigen Ikonographie unserer Figur bereitstellen.

Die Außenstehenden bei den Tallensi

Die von den Akan getroffene Unterscheidung zwischen der Kategorie *ohoho*, dem Fremden gleicher Zunge und Sitte, dem die Gemeinschaft das Recht verleiht, sich niederzulassen und Land zu bestellen, ohne ihn versklaven zu dürfen, aber auch ohne ihn zu ihrer Rechtsordnung zuzulassen, und der Kategorie *odonko*, jenem anderen Fremden, der eine unverständliche Sprache spricht und dessen Gesicht von Narben entstellt ist, den man versklavt und zur Verrichtung unreiner Arbeiten zwingt, diese Differenzierung ist nur eine von mehreren afrikanischen Versionen jenes Gegensatzes, den die Griechen mit den Begriffen *xenos* und *barbaros* bezeichneten, das antike Judentum mit *ger* und *nokri*.[10]

Bei allen Verschiebungen im einzelnen – so konnte der *xenos* Bürgerrechte erwerben, nicht aber der *ohoho* – steht dem Fremden als jemandem, mit dem man, mit Georg Simmel zu sprechen, keine besonderen, sondern nur sehr allgemeine Eigenschaften der Kultur, der Sprache oder des Menschseins teilt, eine andere Art von Fremdheit gegenüber, bei der »dem Andern gerade die generellen Eigenschaften, die man als eigentlich und bloß menschlich empfindet, abgesprochen werden«.[11]

Die nilotischen Nuer, um wenigstens ein zweites Beispiel für dieses Prinzip anzuführen, kannten nach E. E. Evans-Pritchard drei Kategorien von Ethnizität, *diel, rul* und *jaang*, abgesehen von noch weiter und gänzlich Entfernten, die nicht mehr unter einen gemeinsamen Oberbegriff subsumiert wurden.[12] *Diel* und *rul* sind Nuer, *jaang* Nicht-Nuer, die aber wie Nuer Vieh besitzen und insofern an ihrer ökonomischen Kultur teilhaben. Nicht-nomadische Völker, wie die Shilluk oder die Europäer, bezeichnen die Nuer mit je eigenen Namen. Zu den *jaang* rechnen in erster Linie die Dinka, dann Teile der Anuak und eine Reihe von kleineren Stämmen. Verglichen mit anderen Nicht-Nuer stehen die *jaang* als Nomaden den Nuer nahe, verglichen mit den Nuer selbst erscheinen sie als Barbaren. *Diel* heißen die Angehörigen des Clans, der innerhalb eines Stammesgebiets als der dominante, alteingesessene oder aristokratische Clan gilt. *Rul*, fremde Nuer, wanderten von anderen Nuerstämmen zu, und wo sie sich, vermittelt durch gemeinsame Clanschaft, Verwandtschaft oder Schwagerschaft, den *diel* beigesellten, waren sie diesen gesellschaftlich gleichgestellt, ohne jedoch je der autochthonen Rechtsordnung inkorporiert zu werden. Der Angehörige der Kategorie *rul* konnte weder versklavt noch adoptiert werden, ebensowenig wie der *ohoho* bei den Akan, aber nicht, weil es wie dort ein Gesetz gab, das dies wirksam verhinderte, sondern weil die Verwandten des Betroffenen beides, Versklavung wie Adoption, als Raub aufgefaßt und gerächt hätten. Nur durch erbeutete *jaang* konnte ein Haushaltsvorstand seine Hausmacht erweitern, denn die *jaang* waren einerseits Feinde, andererseits waren sie als Nomaden im Gegensatz zu anderen Nicht-Nuer leicht zu assimilieren. Wie die Ashanti in den nördlichen Savannen auf Sklavenjagd gingen, so fielen die Nuer zur Trockenzeit regelmäßig über ihre *jaang* her, brannten ihre Dörfer nieder, nahmen sich ihre Frauen und ihr Vieh, adoptierten die Kinder und töteten oder versklavten die Männer. Die für meine Argumentation wichtigste Konsequenz dieser Konstellation, die den Zugriff allein auf Menschen zuließ, denen man die allgemeinste Qualität des Menschseins verweigerte, die aber in ihrer Lebensweise keine Differenz zeigten, war, daß die Kultur der

Nuer, im Gegensatz zu der des Ashantilands, trotz dieser Raubzüge homogen blieb.[13]

Das Schema, das dem kulturgleichen Fremden den scheinbar kulturlosen Barbaren gegenüberstellt, dem *ohoho* den *odonko* in der Sklavenhaltergesellschaft von Ashanti, dem *rul* den *jaang* bei den nomadisierenden Nuer, bestimmt indes keineswegs die Ethnizitätskategorien aller afrikanischen Gesellschaften. Das alternative Schema, das ich hier einführe, um eine bestimmte Konzeption des Anderen gegen das uns geläufige Barbarenbild abzugrenzen, bedient sich nicht des Kriteriums eigentlichen Menschseins oder der Gleichheit und Ungleichheit von Sprache und Sitte, sondern der Exogamieregeln: Es weist als Fremde all jene aus, deren Schwestern und Töchter man heiraten darf. Begründet die Ausgrenzung des Anderen in dem einen Schema Adoption und Versklavung, so legitimiert sie hier die Ehe.

Bei den Shona von Zimbabwe bezeichnet das Wort *vatorwa*, übersetzt als Fremde oder Außenseiter, alle Personen, die nicht zur exogamen Einheit des jeweiligen Sprechers gehören, also Frauen, die in seine exogame Abstammungsgruppe einheiraten oder einheiraten könnten, männliche Shona anderer Abstammungsgruppen sowie Nicht-Shona aller Art, unabhängig von Rasse, Sprache und Kultur. Den gleichen Begriffsumfang weist das Wort *saan* bei den Tallensi auf, die in den Savannen der ehemaligen Goldküste leben, in der Sicht der Ashanti also der traditionalen *odonko*-Kategorie zuzurechnen wären.

Die Tallensi, deren Sozialstruktur aufgrund der Analysen von Meyer Fortes stellvertretend für viele vergleichbare Gesellschaften nun skizziert werden soll, sind akephale, egalitäre Bauern, organisiert in einem segmentären System patrilinearer Abstammungsgruppen mit betont korporativem Aspekt.[14] Die Grundeinheit des sozialen Systems ist die Großfamilie, die aus einem Mann, seinen Frauen, seinen unverheirateten Töchtern und seinen Söhnen mit deren Frauen und Kindern besteht. Sie alle sind Rechtsmündel des Haushaltsvorstands; stirbt dieser, so fällt sein Status an den erstgeborenen Sohn, dessen Brüder allerdings bald ausziehen werden, um ihren eigenen Haushalt zu gründen. Auf einer höheren Ebene des Segmentationssystems bilden mehrere solcher Großfamilien, deren Vorstände in der Regel von einem gemeinsamen Urgroßvater abstammen, eine korporative Gruppe, die Lineage, die zu Zeiten auf dem Feld zusammenarbeitet und deren mit wenig realer Autorität ausgestattetes Oberhaupt der Senior der ältesten noch lebenden genealogischen Generation ist. Auf einer noch höheren Ebene bilden sich Segmente, die in Fehden einander beistehen und sich genealogisch von einem gemeinsamen, fünf bis sieben Generationen entfernten Vorfahren herleiten. Die politische Ordnung, die nicht mehr durch Abstammung, sondern durch Koresidenz und ein gemeinsames Territorium definiert ist, setzt sich schließlich aus einer Reihe quantitativ noch größerer und genealogisch noch tieferer Segmente zusammen. Diesen politischen Ordnungen, deren Gesamtheit »die Tallensi« konstituiert, steht jeweils ein Häuptling vor, der mit rituellen Prärogativen ausgestattet ist, aber politische Entscheidungen nur in der Ratsversammlung fällen kann, wenn alle Haushaltsvorstände seines Gebiets mit ihm übereinstimmen.

Die höchsten Einheiten des Segmentationssystems, die Clans, sind exogam; sie stehen sich wechselseitig als *saan*, Fremde, gegenüber, obwohl sie keine kulturellen Differenzen aufweisen. Doch gliedern sie sich in zwei Gruppen, die Talis und Namoos, die über zwei komplementäre Ämter verfügen, die Talis über das des Erdherrn, die Namoos über das des Häuptlings, und in grauer Vorzeit standen sich beide Gruppen als Repräsentanten verschiedener Kulturen gegenüber; die Talis gelten als autochthon, die Namoos als fremde Zuwanderer.

Ein Vorfahr der Talis, der Erdherr Genet, so heißt es in dem Mythos, der von der ersten Begegnung von Talis und Namoos erzählt und ihren Bund sanktioniert, erblickte eines Tages in der Ferne einen Reiter und floh in panischem Schrecken in die Berge. Der Reiter war Mosuor, der Vorfahr der Namoos, der in dem benachbarten Königreich der Mamprussi um den Thron gekämpt hatte, besiegt worden war und sich nun auf der Flucht befand. Mosuor lockte den erschrockenen Genet mit einer List aus den Bergen und schloß mit ihm einen feierlichen Pakt der Blutsbrüderschaft; er stiftete das Amt des Häuptlings, das seither den Namoos zusteht, während Genet das Amt des Erdherrn den Talis vererbte. In der Überlieferung der Namoos war das, was Genet erschreckte, Mosuors flatternde Stoffrobe und sein roter Fes (s. Abb. 3), die den Talis unbekannten Insignien der Herrscherwürde, in der Überlieferung der Talis waren es Pferd und Gewehr, eine unbekannte Waffe und die unbekannte Erscheinung des Reiters; ob aber die ursprüngliche Differenz technologischer oder emblematischer Natur war, in jedem Fall hat sich der Charakter kultureller Fremdheit aufgelöst in ein einziges, geschlossenes System von rituellen Unterscheidungen. Wenn die Nuer ihre *jaang* absorbierten, ohne ihre Kultur zu verändern, so entstand aus der Symbiose von Talis und Namoos ein neues, erweitertes System, das in sich selbst jedoch nicht weniger homogen war.[15]

Obwohl man Nicht-Tallensi und Tallensi fremder Clans gleicherma-

3 Tallensi, Ghana, Häuptling von Tongo mit Stoffrobe und rotem Fes.

ßen als *saan* bezeichnete, läßt sich im praktischen Umgang mit diesen beiden Arten von Fremden noch dieselbe Differenz beobachten, die der Unterscheidung zwischen dem *rul* und dem *jaang* der Nuer zugrunde lag. Wie bei den Nuer war nämlich bei den Tallensi eine Adoption oder Versklavung von Stammesgenossen *de facto* nicht durchführbar, da Tallensi stets Mittel und Wege gefunden hätten, ihren Verwandten zurückzufordern. Nicht-Tallensi, die man als einsame Wanderer im Stammesgebiet aufgriff, behandelte man dagegen widersprüchlich und zwiespältig; man sollte einem unbekannten Fremden nie die Tür verschließen, sondern ihn zum häuslichen Mahl einladen oder ihm wenigstens einen Trunk Wasser reichen. Dieses Gebot war von Mythen und mystischen Sanktionen umgeben. Ein Mythos erzählt von der Schmach eines Leprakranken, der das Land der Tallensi durchwanderte und dem man überall die Eßgemeinschaft verweigerte, bis er endlich einen Gastgeber fand, dem zum Dank der Wanderer das Saatfest stiftete, von dem das Leben der Tallensi abhängt; auch fürchtet man, wahnsinnig zu werden, wenn man einem Unbekannten die Gastfreundschaft verweigert, da dieser ein Wesen der Wildnis sein kann, das menschliche Gestalt angenommen hat, ein böser Baum oder Stein, in dessen Macht es steht, eine Zurückweisung mit Wahnsinn zu vergelten.

Das erinnert, wenngleich mit negativen Vorzeichen, an den weltweiten Glauben, daß ein Fremder ein Gott in Menschengestalt sein kann. Tatsächlich gewährte man verirrten Wanderern zunächst Gastfreundschaft, übergab sie dann aber dem Häuptling, der die rituelle Macht besaß, die mystischen Sanktionen abzuwenden und den Fremden in einen Sklaven zu verwandeln. Dieser wurde allerdings sogleich wieder dem Schutz der Lineage-Ahnen seines Besitzers unterstellt, so daß er als quasi-adoptierter Sohn einen festen Platz im Gewebe der sozialen Beziehungen einnehmen konnte: Er hörte damit auf, ein Fremder zu sein.[16]

Der Mythos von Genet und Mosuor und die rituellen Vorkehrungen im Umgang mit Fremden machen plausibel, weshalb die Tallensi zwar einen Begriff des Fremden, nicht jedoch des Barbaren entwickelten. Zeichen kultureller Fremdheit, wie Pferd und Gewehr, Fes und Robe, verbreiten panischen Schrecken; der verirrte Wanderer, der sich nicht in die soziale Ordnung einfügt, irritiert und weckt tief verwurzelte Ängste. Der Wanderer kann ein Wesen der Wildnis sein, das dann ebenso wenig am eigentlichen Menschsein teilhat wie der Barbar. Es ist aber gefährlich, einen solchen Verdacht zu erkennen zu geben; und für alle praktischen Belange stehen die Riten und sozialen Einrichtungen bereit, die darauf ausgerichtet sind, kulturelle Fremdheit und soziales Fremdsein abzuschwächen und in einer erweiterten Einheit aufzuheben.

In dieses Bild fügen sich die Beziehungen zwischen Mann und Frau, die sich wechselseitig als *saan* gegenüberstehen. Wie Fortes berichtet, wird »eine jüngst vermählte Ehefrau im Haus ihres Mannes als Fremde, *saan*, bezeichnet. Man sagt, daß sie mit besonderer Aufmerksamkeit behandelt werden muß. Für ihre Mahlzeiten wird man Perlhühner schlachten; man wird sie drängen, sich wie zu Hause zu fühlen, und sie davon abhalten, bei den Hausarbeiten zu helfen, die sonst das Los einer Frau ausmachen. In dem Maße, in dem sie sich der Familie ihres Mannes und besonders ihrer Schwiegermutter angewöhnt und in dem sie deren wirtschaftlichen und rituellen Prozessen inkorporiert wird, hört man auf, sie als *saan* zu betrachten, und akzeptiert sie als Familienmitglied, vielleicht nach einigen Monaten, vielleicht erst nachdem sie ein Kind geboren hat und somit in einer neuen Familie zur Mutter geworden ist. Trotzdem bleibt immer eine Spur des Gefühls erhalten, daß eine Ehefrau nie ganz frei von Fremdheit ist. Das hängt damit zusammen, daß eine Frau bei ihrer Heirat nicht ihren Status als Schwester und Tochter in der väterlichen Familie und Lineage verwirkt. Dies zeigt sich an der Art, in der man ihre Verwandten empfängt, wenn sie zu Besuch kommen, vor allem ihre beiden Eltern und ihre Geschwister. Wenn ein Schwiegerverwandter zu Besuch kommt, sollte man ihm ein erlesenes Mahl vorsetzen, ob es sich dabei um die leiblichen Eltern oder Geschwister der Frau handelt oder nur um einen ihrer entfernteren Lineagegenossen.«[17]

Die Fremdheit, die zwischen Mann und Frau besteht und von der immer ein Rest erhalten bleibt, überträgt sich nicht auf die Kinder aus dieser Verbindung, die im Gegenteil gerade mit ihrer Mutter und ihren Verwandten mütterlicherseits besonders unbelastet und innig umgehen dürfen. Die Beziehungen zu ihrer eigenen, patrilinearen Lineage sind die rechtlich und politisch verbindlichen; sie sind unverbrüchlich, aber auch unausweichlich; auf ihnen lastet der Druck der Autorität und der gesellschaftlichen Moral, von dem die dazu komplementären Beziehungen der Matrifiliation frei sind. Die komplementäre Filiation, die rechtlich und politisch irrelevant ist, für das Individuum jedoch höchste emotionale und gesellschaftliche Bedeutung besitzt, knüpft mystische Bande zwischen einem Mann und der Patrilineage seiner Mutter und der seiner Muttersmutter. Die Beziehungen bewegen sich in einem Bezirk außerhalb der politisch-rechtlichen Ordnung, sie betreffen nicht die Körperschaften, sondern einzelne Menschen, die füreinander *saan* sind, Fremde, da sie verschiedenen exogamen Einheiten angehören.

Der Ahnenkult, den die Tallensi praktizieren, erlaubt es, diesen Komplementärbeziehungen Tribut zu zollen; unter Umständen kann ein Mann seinen matrilateralen Ahnen einen Schrein errichten, und da Tallensi nicht selten intertribale Ehen eingehen, finden sich unter diesen Ahnen zuweilen verstorbene Nicht-Tallensi. Es scheint, daß wir uns weit vom Ausgangspunkt unserer Betrachtung entfernt haben; aber der weitere Gang unserer Untersuchung wird zeigen, daß solche Schreine ein strukturales Äquivalent zu jenen Kulten darstellten, in die wir unsere Fundsache aus Ashanti zurückverfolgen wollen.

Exkurs über kulturelle Heterogenität

Afrikanische Gesellschaften sind keine fensterlosen Monaden. Inzestverbot und Exogamie erzwingen einen permanenten Austausch zwischen den korporativen Gruppen, die sich in der Rechtsordnung als Fremde gegenüberstehen und in den komplementären Ordnungen der Ehe und der Familie punktuell verschmelzen. Solche Heiratsallianzen beinhalten eine soziale Erfahrung des Fremdseins, die durch eine gewisse Kälte einerseits, durch übertriebene Freundlichkeit und Aufmerksamkeit andererseits gekennzeichnet ist. Das gleiche Verhältnis des Fremdseins erscheint in den Beziehungen zu den zugewanderten Beisassen eines Dorfes, zu ansässigen oder durchreisenden Händlern und zu umherstreifenden Wanderern aller Art, Asylsuchenden, verirrten Jägern und Abenteurern. Fremde, in eine Gruppe einheiratende Frauen oder Männer, Zugezogene, Händler und Wanderer, sind Träger einer Kultur, die der autochthonen Kultur gleicht oder mehr oder minder weit von ihr abweicht. Die Chance, freundlich empfangen zu werden, besteht vor allem bei Gleichheit der Kultur, während Versklavung in der Regel kulturelle Heterogenität voraussetzt. Fremde konnten jedoch auch als Repräsentanten einer anderen Kultur das Ansehen des Händlers genießen oder, wie Mosuor, zu Richtern, Häuptlingen oder Herrschern berufen werden.

Fremde vermitteln zwischen den Kulturen. Man lernt eine andere Kultur als Fremder kennen oder an den Fremden, die man bei sich aufnimmt. Das Bild, das man sich von anderen Kulturen oder der Kulturlosigkeit der Anderen macht, hängt folglich mit dem sozialen Verhältnis des Fremdseins zusammen. Die Kälte und ebenso die übertriebene Gestik der Liebe, der Freundlichkeit und Zuneigung, die man

Fremden gegenüber an den Tag legt, kann auf ihre Kultur und auf ihre vermeintliche Kulturlosigkeit übertragen werden. Soweit Fremde andere Kulturen repräsentieren, fällt die Einstellung zu ihnen mit der Einstellung zum Anderen der eigenen Kultur weitgehend zusammen.

Die Differenz zwischen dem Status des *odonko* in Ashanti und dem des *saan* bei den Tallensi besitzt paradigmatische Bedeutung. Die Ashanti räumten der Kategorie *ntafo* dauerhafte Residenzrechte ein, während Händler bei den Tallensi nur als Durchreisende Schutz genossen. Ashanti wie Tallensi nahmen Nicht-Akan bzw. Nicht-Tallensi zu Sklaven; während aber die kulturelle Assimilation des *odonko* erst bei seinen Nachkommen einsetzte und mehrere Generationen in Anspruch nahm, bemühten sich die Tallensi, ihre Sklaven sogleich als quasi-adoptierte Söhne ihren eigenen Ahnen zu unterstellen. Die Folge dieser unterschiedlichen Behandlung war, daß die Gesamtgesellschaft von Ashanti Momente kultureller Heterogenität enthielt, nicht aber die der Tallensi. Der Heterogenität der einen entspricht politische Zentralisierung und soziale Schichtung, der Homogenität der anderen ein rigoroser politischer und rechtlicher Egalitarismus.

Der Nexus von kultureller Heterogenität und Herrschaft einerseits, politischem Egalitarismus und Homogenität andererseits ist zuerst von Fortes und Evans-Pritchard formuliert worden.[18] In akephalen, egalitären Gesellschaften herrscht Gleichheit der Personen und Segmente, die keine Ungleichheit der Sitten und Bräuche zuläßt. Wo sich dagegen Gruppen unterschiedlicher Kultur vergesellschaften, bedarf es in der Regel einer politischen und ökonomischen Macht, einer militärischen und administrativen Organisation, die Gewalttätigkeiten verhindert, ohne die Untertanen zu wechselseitiger Assimilation zu zwingen. Minderheiten genießen den Schutz des Staates, und der Staat vermag sich möglichen Attentaten auf seine Autorität umso besser zu widersetzen, als die Untertanen durch keine gemeinsame Kultur zu gemeinsamem Handeln gegen die herrschende Schicht befähigt werden.[19]

Vor diesem Hintergrund lassen sich die Mechanismen der Inkorporation von Fremden in den beiden Typen der politischen Organisation mit knappen Zügen umreißen.

Einige akephale Systeme entwickelten expansive Tendenzen; ihre Segmentationsstruktur war so angelegt, daß sich relativ große Segmente zu Raubzügen massieren konnten. Zur Inkorporation eigneten sich jedoch nur Personen fremder Ethnizität und ähnlicher Kultur, die keinen wirksamen Schutz genossen und leicht zu assimilieren waren. Es lag nahe, einen Begriff des Barbaren zu verwenden, der genau diesen

Kreis von Personen bezeichnete. So unterschieden die Nuer zwischen dem mit Gewalt zu nehmenden *jaang* und dem *rul*, dem Fremden gleicher Zunge, dem man das Recht des Gastfreunds und Beisassen gewähren mußte. Im Hinblick auf ihre anfänglich vollkommene Rechtlosigkeit glichen die *jaang* der Kategorie *odonko* in Ashanti, im Gegensatz zu dieser wiesen sie jedoch nur minimale kulturelle Differenzen auf. Anderen akephalen Systemen fehlte die expansive Tendenz, sie nahmen, wie die Tallensi, Sklaven nur zufällig und unter behutsamen rituellen Vorkehrungen. Anstatt einen Begriff des Barbaren zu entwikkeln, verwendeten sie einen undifferenzierten Begriff des Fremden, *saan*, Personen außerhalb der eigenen Lineage. In beiden Fällen bewahrte die Gesellschaft ihre kulturelle Homogenität, indem sie Fremde zur Assimilation zwang.

In zentralisierten Systemen war die Verleihung der Bürgerrechte, also die vollständige Negation des Fremdseins im politisch-rechtlichen Sinn, entweder von legitimer Abstammung abhängig, wie in Ashanti, oder sie hatte Vertragscharakter; dann bestand sie, unabhängig von Abstammung und legitimer Geburt, in der Übernahme von Lehnspflichten, wie bei den Alur und in zahlreichen anderen Gesellschaften Ost- und Südafrikas. In dem einen Fall entstand eine kulturell heterogene Klasse von Sklaven, im anderen eine gleichfalls heterogene Schicht von Lehnspflichtigen.

Das erinnert an die Sklavenhaltergesellschaft der Antike einerseits, an die Feudalgesellschaft des Mittelalters andererseits, doch fehlte den afrikanischen Lehnssystemen im Gegensatz zu den feudalen im allgemeinen eine Hierarchie, in der die Lehen von oben nach unten verteilt werden konnten. So wählten die Lehnspflichtigen bei den Alur ihre Herren selbst; und da sie die Herren auch absetzen konnten und diese über keine Zwangsmittel zur Einforderung von Lehnspflichten verfügten, mußten die Untertanen behutsam behandelt werden. Eine Ausgrenzung der Populationen, in deren Gebiet solche Lehnssysteme expandierten, als ›barbarisch‹ war also weniger wahrscheinlich, wenngleich die Lehnsherren nicht nur über das Arkanum der Autorität verfügten, sondern vor allem über kulturelles Sendungsbewußtsein.

Wie die segmentäre Expansion der Nuer eine Inkorporation größerer kultureller Differenzen ausschloß, so setzte die Expansion der Lehnssysteme geradezu voraus, daß die Kultur der Lehnspflichtigen von der der Aristokratie erheblich abwich. Für die Lendu zum Beispiel war die Tatsache, daß die Alur über Rinder verfügten, wie wenige auch immer, während sie selbst keine besaßen, von ausschlaggebender Bedeutung dafür, die Überlegenheit der Alur anzuerkennen und aristokratische Alur zu Häuptlingen zu berufen.[20]

Neben der Viehzucht wirkte vor allem das Handwerk des Jägers als fremdes Fascinans. Jäger sind Grenzgänger zwischen den Kulturen und zwischen Kultur und Wildnis, in gewisser Hinsicht sogar in der eigenen Gemeinschaft Fremde, da eine Seite ihres Lebens der Wildnis gehört. Oft bildeten Jäger Gemeinschaften mit eigenen Bräuchen, Tabus und Kulten; auf der Suche nach neuen Jagdgründen entfernten sie sich zuweilen weit von ihren Siedlungen, sie allein verfügten über ein erweitertes topographisches Wissen und nahmen oft als erste mit fremden Gruppen Kontakt auf. Wurde die Bevölkerungsdichte in ihrer Heimat zu groß, so waren sie es, die einzelne Haushalte oder Lineages in unkultivierte Gebiete führten, um neue Siedlungen zu gründen. So erscheinen in Genealogien und mythisch-historischen Überlieferungen nicht selten Jäger als Gründer von Dörfern und Dynastien.[21] Nach den Überlieferungen der Autochthonen, zum Beispiel bei den Luba, waren es oft fremde Jäger, die durch ihre »kultivierten« Sitten beeindruckten und folglich zu Führern berufen wurden. Wie in der Feudalkultur des Mittelalters konnte die Jagd Inbegriff höfisch-aristokratischer Sitten sein.

Der kulturelle Abstand zwischen zugewanderten Händlern und Autochthonen war zweifellos dauerhafter als der zwischen seßhaften Bauern und ihren aristokratischen Jägern und Viehzüchtern, da die Händler, soweit sie am Fernhandel teilhatten, häufig mit ihren Heimatgemeinden Kontakt hielten und deswegen weniger dem Assimilationsdruck ausgeliefert waren als die Aristokratien, die mitunter sehr schnell die Sprache und die Sitten der Lehnspflichtigen annahmen. Das gilt in besonderem Maße für jene Händler, die als Moslems oder Christen über eine schriftliche Überlieferung und ein heiliges Buch verfügten, die beide im Gegensatz zu mündlich tradierten Mythen und Glaubensvorstellungen einen festen Identitätskern vermittelten und der kulturellen Assimilation Grenzen setzten. Die Handelsverbindungen zu den islamischen Kernländern sorgten für periodische Korrekturen und Revisionen von Paganisierungen. Ähnliches gilt für die Portugiesen, die sich seit dem Ende des 15. Jahrhunderts in Angola, an der Ostküste und im Sambesital niederließen.

Aus diesen strukturellen Bedingungen der Assimilation und Nichtassimilation lassen sich nun die Zonen ablesen, in denen Afrikaner vor der Kolonialzeit mit kultureller Heterogenität in der eigenen Gesellschaft konfrontiert waren. Die durch Fremde vermittelte Differenz war in den akephalen Gesellschaften am geringsten; eine bedeutende Rolle spielte sie dagegen in den geschichteten Gesellschaften, die ihre Sklaven nur sehr langsam assimilierten, und in den Systemen, die durch Lehnspflichten vergesellschaftet waren; und die größte Bedeutung kam ihr in den Händlergesellschaften zu, in der westafrikanischen Savanne, die zwischen der Guineaküste und dem Mittelmeer vermittelte, im Nilkorridor, an der Ostküste, die den Handel auf dem Indischen Ozean mit dem Hinterland verknüpfte, bis ins Zwischenseengebiet einerseits und die Goldregionen von Zimbabwe andererseits. Längs dieser Zonen hat sich die Auseinandersetzung mit kultureller Heterogenität in den afrikanischen Traditionen niedergeschlagen.

Die Europäer, die den afrikanischen Kontinent im 19. Jahrhundert durchdrangen, wurden zuweilen noch nach dem Vorbild dieser traditionalen Typen von Fremden gedeutet. Noch ein halbes Jahrhundert nach der Kolonialisierung verglichen die Alur und Lendu die Ankunft der Engländer und Belgier mit der Ankunft der Alur selbst, da die Europäer, wie diese, als berufene Herren auftraten und auch als solche erkannt und anerkannt wurden.[22] Die Differenz des materiellen Inventars war schon im innerafrikanischen Ausgleich von entscheidender Bedeutung gewesen; noch 1817 konnte der Asantehene Osei Bonsu die relative handwerkliche Überlegenheit der Europäer über die Ashanti mit einer ähnlichen Überlegenheit der Ashanti über die Gonja vergleichen.[23] Erst die industrielle Technologie mußte alle Maßstäbe sprengen und Vergleiche mit innerafrikanischen Differenzen außer Kraft setzen. War es anfangs möglich, Europäer als Fremde unter anderen Fremden zu sehen, so führte die Industrialisierung ein neues Moment und eine neue Qualität von Fremdheit und Entfremdung herauf, die zu neuen Formen der Auseinandersetzung zwangen.

Wo Siedlerkolonien entstanden, wie in Südafrika, in Rhodesien oder im kenyanischen Hochland, traten die Europäer nicht als Fremde auf, sondern als das, was man »Entfremder« genannt hat. In Südafrika nannten sich die Europäer selbst »Afrikaaner«, während sie gegen die Afrikaner Krieg führten, sie ausrotteten oder in Reservaten konzentrierten; wenn sie schließlich die vormals autochthone Bevölkerung als Arbeiter beschäftigten, so waren die Arbeiter Fremde. Der Begriff des Eingeborenen wurde mit dem des Fremden identisch.[24]

In den Kolonien konnten sich Händler, Missionare, Beamte, Lehrer und Arbeiter niederlassen, wo immer es zweckmäßig erschien. Die akephalen Gesellschaften verloren mit ihrer Autonomie auch die Kontrolle über die Ansiedlung fremder Afrikaner. Diese neuen Fremden waren keinem Assimilationsdruck mehr ausgesetzt und auf keine der einheimischen Institutionen des Gastrechts mehr angewiesen, da die Kolonialmacht ihren Schutz übernahm. Kulturelle Heterogenität, wie es sie zuvor nur in den zentralisierten Gesellschaften gegeben hatte, bildete sich auf diese Weise nun auch im Inneren der akephalen Ordnungen.

Bei günstiger Gelegenheit nahm der Zuzug fremder Afrikaner so zu, daß sich die Autochthonen entfremdet fühlten. Der Bau des Kariba-Staudamms im Sambesi zum Beispiel eröffnete neue Möglichkeiten zum Handeln und Fischen, aber den alteingesessenen, akephalen Tonga fehlte es an Erfahrung und Initiative, diese Chancen zu nutzen; so mußten sie sich mit einer Invasion von Leuten abfinden, die für sie *makalanga* waren, Babbler oder Barbaren.[25] Und schließlich entstanden jene multiethnischen Ballungszentren der Großstädte und der Minen- und Industriegebiete, in den die Autochthonen ihre Privilegien verloren oder einfach spurlos verschwanden. Zweifellos traten diese Zonen ihren Weg in die neue Homogenität einer anonymen Industriekultur schon vor Jahrzehnten an, und doch haben die altüberlieferten Formen der Auseinandersetzung mit dem Anderen der eigenen Kultur auch in diesem fortgeschrittenen Stadium der Modernisierung noch keineswegs ausgespielt.

Exkurs über das Mythologem vom Stand der Unschuld

Die einfachste und universalste Form, in der Afrikaner ihre Erfahrung von Heterogenität, eingebunden in Verhältnisse sozialer Gleichheit oder politischer Unter- und Überordnung, zum Ausdruck brachten, ist der Mythos.

Die Mythen bestimmen das Verhältnis zwischen der Kultur, in der sie überliefert werden, und ihrem Anderen als urzeitliches, irreversibles Verhängnis. Sie erzählen von einem ursprünglichen Geschehen, das die Differenz und unter Umständen zugleich die Überordnung oder Unterordnung des Fremden für alle Zeiten geprägt hat. Ich werde zu zeigen versuchen, daß das eigentliche Thema dieser Mythen die Schuldhaftigkeit des Menschen ist, so daß sie das Andere eigentlichen Menschseins, das Andere der Kultur, nur als Stand der Unschuld artikulieren können.

Zwar erzählen die Mythen vom Anfang der Welt und von der beginnenden Zeit, in der die Dinge entstanden und in der geordnet wurde, wie sie sind und sein werden. Aber die Urzeit, von der sie erzählen, ist keineswegs die heile Welt, die gerechte Ordnung, die Ethnologen und Religionshistoriker romantischer Provenienz unter innerer Umkehrung heilsgeschichtlicher Erwartung in die Welt des Mythos hineinprojizieren. Die Heilsgeschichte erwartet Erlösung und Reinigung von Schuld, der Mythos artikuliert die Notwendigkeit ihrer Anerkennung.

Mythen vom Ursprung der kulturellen Differenz und der Asymmetrie in Beziehungen der Unterordnung und Überordnung lassen sich häufig zu Paaren ordnen, deren Seiten sich zueinander verhalten wie Spiegelbilder. Zwei Versionen eines einzigen Mythos, die eine in der einen Kultur überliefert, die andere in ihrem Gegenüber, legitimieren das eine Mal Superiorität, das andere Mal Inferiorität; die eine Version fügt sich in das klassische Bild vom Ethnozentrismus traditionaler Kulturen, die ihr Anderes als minderwertig und barbarisch ausgrenzen, die andere ist scheinbar anti-ethnozentrisch – oder ethnozentrisch in einem anderen Sinne –, da sie das Andere der eigenen Kultur als rein und unkontaminiert auszeichnet. Ich werde diese Konstellation zunächst an drei weit auseinanderliegenden Paaren illustrieren, an einem Wahlmotiv der Nama und Bergdama im Südwesten des Kontinents, an einem Täuschungsmotiv der Nuer und Dinka im Sudan und an arabischen und schwarzafrikanischen Versionen des Noachidenmythos.

Der Mythos der Nama und Bergdama bestimmt die Differenz zwischen beiden Völkern als Differenz der Hautfarbe, womit sich wahrscheinlich beide an das anschaulichste Zeichen ihres Gegensatzes halten; die Nama, die zu den Khoisan gehören, gelten als »rot«, die schwarzafrikanischen Bergdama als »schwarz«. Die Nama erzählen, wie in der Urzeit zwei Frauen ein Tier schlachteten und zwischen Leber und Lunge wählten; die eine Frau entschied sich für die Lunge, und die Nachkommen dieser Frau wurden rot, die Nama; die andere Frau nahm die übrigbleibende Leber, und die Nachkommen dieser Frau wurden schwarz, die Bergdama.[26] Die Bergdama erzählen, wie ein Ochse geschlachtet wurde; die erste Frau nahm zunächst die Lunge, legte sie aber zurück, um die Leber zu essen, und die Kinder dieser Frau wurden die schwarzen Bergdama; die andere Frau aß die übriggebliebene Lunge und wurde die Mutter der roten Nama.[27] Für Nama wie Bergdama ist die Lunge besser als die Leber, und es ist besser, rot zu sein als schwarz. Die beiden Versionen weisen also nur eine einzige Differenz auf, nämlich die, daß die Vorfahrin der Nama in der Namaversion wählt, die der Bergdama in der Bergdamaversion. Die Signifikanz dieser Vertauschung sei hier noch zurückgestellt, sie wird sich erst zeigen, wenn wir der weiteren Verbreitung des Wahlmotivs nachgehen.

An die Stelle von Leber und Lunge tritt im Mythos der Nuer und Dinka Kuh und Kalb, und an die Stelle des Gegensatzes von Rot und Schwarz tritt der Gegensatz von List und Gewalt. Die Nuer erzählen, daß Nuer und Dinka zwei Söhne Gottes waren, »der Dinka seine alte Kuh und Nuer deren junges Kalb versprach. Dinka kam des Nachts zu Gottes Kuhstall, ahmte die Stimme Nuers nach und erhielt das Kalb. Als Gott merkte, daß man ihn überlistet hatte, geriet er in Zorn und gebot Nuer, dieses Unrecht zu ahnden, indem er bis ans Ende aller Zeiten das Vieh Dinkas rauben solle.« Die Dinkaversion ist in der ethnographischen Literatur nicht vollständig überliefert, aber Evans-Pritchard versichert uns, daß die Dinka die Geschichte genauso erzählen wie die Nuer und nur hinzufügen, daß »bis auf den heutigen Tag die Dinka vom Raub leben, die Nuer vom Krieg«.[28] Beide Versionen bringen eine Anerkennung der bestehenden Verhältnisse zum Ausdruck: Die Weidegründe und die Herden der Dinka sind reicher als die der Nuer, aber die Nuer sind die überlegenen Krieger. Doch bezichtigen sich die Dinka eines urzeitlichen Vergehens gegen Gott, während die Nuer ihre Überfälle auf die Barbaren, ihre *jaang*, durch denselben Mythos legitimieren.

Der Noachidenmythos, außerafrikanischer Herkunft, aber tief in die afrikanische Mythologie eingedrungen, greift wiederum das Merkmal der Hautfarbe auf, um eine umfassendere Differenz zu kennzeichnen. Schon in der Frühzeit des Islam verwendeten die Araber die Geschichte von den Söhnen Noahs als Charta ihrer Beziehung zu den Schwarzafrikanern. In der biblischen Fassung trifft Noahs Fluch nur Kanaan, den Sohn des jüngsten Sohnes Ham, der das Geschlechtsteil seines im Rausch eingeschlafenen Vaters Noah anschaute, während sich seine Brüder Sem und Japhet abwandten.[29] Als erster scheint der 767 gestorbene Ibn Isḥāq Noahs Fluch, wonach Kanaan Knecht Sems und Japhets sein soll, auf alle vier Söhne Hams ausgedehnt zu haben, und zwar, ethnographisch gewendet, auf Kush und die Abessinier, Mizraim und die Berber und Kopten, Put und die Inder und Sinder, neben Kanaan und den Nubiern, Zang und Zaghawa; im 9. Jahrhundert reduzierte al-Yaᶜqūbī den Geltungsbereich des Fluchs wieder auf Kanaan, der nun aber als Stammvater aller schwarzer Völker galt; und bei Ṭabarī hieß es schließlich bündig: »Ham zeugte alle Schwarzen und Kraushaarigen, Japhet alle Breitgesichtigen und Kleinäugigen und Sem alle mit schönem Gesicht und schönen Haaren; Noah verfluchte Ham, auf daß die Haare seiner Nachkommen nicht über ihre Ohren gehen sollten und, wo immer seine Nachkommen auf die Nachkommen Sems träfen, sie von diesen versklavt würden.«[30]

Eine schwarzafrikanische Version der Noachidengeschichte wurde vor dem ersten Weltkrieg von A. J. N. Tremearne bei islamischen Hausa in Nordafrika gesammelt. Adam verflucht seinen Sohn, schwarz zu werden, weil dieser über die entblößte Scham seines schlafenden Vaters gelacht hatte; der Sohn versucht, sich in einem See zu waschen, der aber infolge des väterlichen Fluchs austrocknet; Adams Sohn heiratet seine weiß gebliebene Schwester, deren Kinder zum Teil weiß waren, zum Teil schwarz.[31] Diese Version ersetzt lediglich Noah durch Adam, Sem und Japhet durch dessen Tochter; die Motivation des Fluchs bleibt die gleiche, in der arabischen Lesart wie in der Hausaversion gilt das Schwarzsein als gerechte Strafe für die urzeitliche Beschämung des Vaters. Die Hausa identifizieren sich mit dem indiskreten Sohn, wie sich die Dinka mit dem Vorfahren identifizieren, der Gott das Kalb seines Bruders stahl, die Bergdama mit der Urahne, welche die Leber aß.

Die merkwürdige Inversion des Ethnozentrismus, die darin liegt, daß sich Bergdama, Dinka und Hausa in ihren Mythen als mit einer untilgbaren Schuld belastet darstellen, von der sie ihre jeweiligen Gegenspieler, das im emphatischen Sinn Andere ihrer Kultur, freisprechen, scheint sich in unseren Augen ins Unglaubwürdige zu steigern, wenn Afrikaner ihr Verhältnis zu den Kolonialmächten nach dem Vorbild dieser Mythen formulierten. Die früheste schriftliche Dokumentation eines solchen Mythos von der Guineaküste, der »erklärt«, weshalb die Weißen über die Schwarzen herrschen, findet sich bereits bei Bosman[32]; aber ihre Blütezeit war die frühe Phase der Kolonialisierung, in der europäische Reisende, Missionare und Ethnographen hunderte solcher Mythen in allen Regionen des Kontinents sammelten.

Die Mythen vom Ursprung der Schwarzen und der Weißen sind mehrfach interpretiert worden, so von Hofmayr, Baumann, Beidelman, Görög-Karady und Duchâteau.[33] Seitdem diesen Mythen kein modernes imperialistisches Bewußtsein mehr entspricht, und seitdem sie dem neuen afrikanischen Nationalismus zuwiderlaufen, wirken sie peinlich; sie scheinen eine fatalistische Selbstverachtung zu bekunden, verbunden mit der Bewunderung fremder Macht und fremden Reichtums. So lag es nahe, ihre Authentizität und die philologische Zuverlässigkeit ihrer Überlieferung in Zweifel zu ziehen.[34] Viele Fassungen sind jedoch philologisch korrekt dokumentiert, so von Hofmayr und Westermann, obwohl man einen Spiegelungseffekt zwischen Erzähler und Aufzeichner sicher in Rechnung stellen muß; der afrikanische Erzähler wird mit Vorliebe Geschichten auswählen, die sich auf die kulturelle Identität seines Zuhörers beziehen, und dieser wird solche Geschichten bevorzugt übermitteln. Das erklärt, weshalb solche Versionen in so großer Zahl überliefert sind, aber es erklärt nicht das ihnen zugrunde gelegte Muster, das die Bergdama, die Dinka und die Hausa auch außerhalb kolonialer Asymmetrien verwendeten. Ich werde deshalb die Mythen über den Ursprung der Schwarzen und der Weißen in meine Untersuchung einbeziehen und weitgehend außer Acht lassen, daß hier die Europäer die Rolle des Anderen spielen; es wird sich zeigen, daß diese Mythen die Identität des Anderen mit einer gewissen Beiläufigkeit und Beliebigkeit bestimmen, da sie in ihrem Kern den Ort der eigenen Kultur zu definieren versuchen.

Die Mythen vom Ursprung der Schwarzen und Weißen und diejenigen, die vom Ursprung innerafrikanischer Differenzen berichten, sind drei sehr alten Mythengruppen zuzuweisen; sie handeln vom Widerspruch zwischen Vater und Sohn, vom Tod im Bündel und von der verschlafenen Unsterblichkeit.

Die Mythen von den Noachiden und von Nuer und Dinka handelten vom Ursprung der Ungleichheit in der Geschwistergruppe im Ungehorsam eines Sohnes gegen seinen Vater oder gegen Gott; Ham wurde für den verbotenen Blick auf die väterliche Scham verflucht, Dinka für eine Täuschung Gottes. Die von Hofmayr und Westermann bei den nilotischen Shilluk gesammelten Mythen folgen einem vergleichbaren Schema. In der Zeit, in der diese Mythen gesammelt wurden, standen die Shilluk seit längerem in Beziehung zu den Königreichen von Darfur und Abessinien, sowie zu Ägyptern, Türken und Engländern; diese ethnischen Kategorien bildeten eine Hierarchie, die sich vielfältig in den Geschwistergruppen der Ursprungsmythen widerspiegelt. Lassen wir die beiläufigen Ätiologien beiseite, so werden zwei Motive für den Ursprung der Ungleichheit in der Geschwistergruppe erkennbar, der Trotz gegen den Schöpfer und die Bindung an die Menschenmutter.

Das Trotzmotiv bestimmt den Mythos von der urzeitlichen Versammlung, die Jwok, Gott, einberief, um die Klagen der Menschen anzuhören. Die Weißen zeigten sich genügsam, aber die Schwarzen klagten, daß sie zwar Erde, Gras und Wasser besäßen, aber nicht Milch und Bier im Überfluß. Die Weißen hatten ihre Kühe in der Nähe der Hütten der Ägypter versteckt, des Nachts öffneten die Ägypter die Tür, und die Schwarzen stahlen die Kühe der Weißen. Von Jwok zur Rede gestellt, leugneten die Schwarzen, blieben schweigend am Boden sitzen und hatten kein Wort der Abbitte. So schickte Jwok sie in ihr karges Land zurück, gab den mitschuldigen Ägyptern wenig, den Weißen alles.[35]

Der sekundäre Charakter des ätiologischen Bezugs auf die Weißen wird sofort offenkundig, wenn wir uns an den Mythos der benachbarten Nuer und Dinka erinnern. An die Stelle Dinkas treten die Vorfahren der Shilluk und Ägypter, an die Nuers die Weißen. Das Motiv des nächtlichen Viehdiebstahls, das gewiß nichts mit den realen Beziehungen der Shilluk zur Kolonialmacht zu tun hat, bildet weiterhin das Zentrum; und wenn Gott Dinka das Kalb Nuers läßt und Nuer beauftragt, den urzeitlichen Betrug zu ahnden, den Shilluk die gestohlenen Kühe wieder abnimmt, um sie sogleich den Weißen zurückzugeben, so entspricht dem die Tatsache, daß die Dinka, aber nicht die Shilluk reich an Vieh sind. Der Mythos ist also in seinem Kern nichts anderes als eine Charta des Reichtums oder Mangels an Vieh, bezogen auf ein jeweils Anderes, die Nuer in der Version der Dinka, die Weißen in der der Shilluk.

Ein anderer Shillukmythos begründet die Differenzierung der urzeitlichen Geschwistergruppe mit dem ebenfalls archaischen Motiv der sichtbaren und verborgenen Kinder der Menschenmutter. In einer von Westermann aufgezeichneten Version ist die Kuh die Großmutter der Menschen; sie gebiert einen Kürbis, mit dem Jwok zwei Kinder zeugt, einen Schwarzen und einen Weißen; als Jwok die Menschenmutter besuchte, zeigte diese ihm den Weißen, den sie haßte, und verbarg den Schwarzen, den sie liebte; da verurteilte Gott die Schwarzen dazu, von den Weißen beherrscht zu werden.[36] In der von Hofmayr überlieferten Version zeigt die Menschenmutter ihre drei ersten Söhne, den Türken, den Abessinier und den Darfurer, während sie den Shilluk als den jüngsten verbirgt; sie läßt den Türken hungern und nährt den Shilluk, den Darfurer und den Abessinier; der Vater küßt den Mund des Türken und verflucht seine übrigen Söhne.[37]

Dieser Mythos artikuliert das Verhältnis von Nahrung und Hunger proportional zu dem zwischen der Sichtbarkeit des Identischen und der Verborgenheit des Anderen als Resultat einer urzeitlichen Inversion; die Shilluk sind hungrig und sichtbar, die Türken satt und verborgen, weil, in der Logik des Mythos, die Menschenmutter das Gegenteil gewollt hatte.

Wir werden dieser Konstellation im Zusammenhang mit den *zar*- und *bori*-Kulten noch einmal begegnen, wo das Thema des Mythos die Verborgenheit der Geister und die Sichtbarkeit der Menschen ist; hier genügt der Hinweis, daß das Andere dieser Mythenstruktur einmal die unsichtbare Welt der Geister sein konnte, ein anderes Mal Darfur, Abessinien und die Türkei.

Zunächst scheint dem Mythos von den sichtbaren und verborgenen Kindern der Menschenmutter das Moment des Trotzes gegen den Vater, das den Mythos vom nächtlichen Viehdiebstahl prägte, zu fehlen. Doch muß man wohl nicht Psychoanalytiker sein, um das Von-der-Mutter-Verborgenwerden mit der Ablehnung väterlicher Autorität in Verbindung zu bringen. Man fühlt sich hier auch an die klassische Beschreibung des sakralen Königtums der Shilluk bei J. G. Frazer erinnert; an den König, der, selber der Mörder seines Vaters, Nacht für Nacht in die schwärzesten Schatten späht, auf der Hut vor dem Sohn, der ihn töten wird, sobald der König ein Zeichen von Schwäche zeigt; an den Brauch, die Söhne vom Hof des Königs zu verbannen, bis einer von ihnen stark genug ist, den Vater abzulösen; und schließlich an den Glauben, der sterbende König werde eingemauert, den Kopf im Schoß einer Jungfrau.[38] Zwischen Verborgenheit und Rebellion besteht eine notwendige Beziehung, und so überrascht es nicht, daß der Vater im Mythos nicht etwa die Menschenmutter für ihren Ungehorsam bestraft, sondern den verborgenen Sohn selbst.

Daß der Vorfahr der Weißen oder der Türken an der Rebellion gegen den Vater nicht teilhat und nicht von der Mutter verborgen wird, bedeutet, daß er außerhalb der Schuld steht, in die der Mythos die eigene Kultur von den Ahnen her verstrickt sieht. Diese Idee bestimmt auch die zweite Gruppe von Mythen, die den Mythos vom Ursprung des Todes zu einer Charta der kulturellen Differenz überarbeitet.

In einem Mythos der Ashanti wird erzählt, wie Gott drei Weiße und drei Schwarze schuf und zwischen zwei Kalebassen wählen ließ; zuerst wählen die Schwarzen, und zwar die Kalebasse, die Eisen, Gold und andere Metalle enthält; die zweite Kalebasse, in der sich ein Stück Papier befindet, wird somit zum Los der Weißen.[39] Die benachbarten Ewe erzählen, wie Gott ein schwarzes und ein weißes Paar formt und zwischen zwei Körben wählen läßt, die er an einem Seil vom Himmel herabläßt; gierig greifen die Schwarzen nach dem größeren Korb, der eine Hacke zum Feldbau, Baumwolle zum Spinnen, Bogen und Pfeile zur Jagd und Goldstaub zum Handeln enthält; so fällt der kleinere Korb, in dem sich diesmal ein Buch befindet, an den Weißen.[40]

Dieser Mythos scheint zunächst an den Glauben an eine pränatale Bestimmung zu erinnern, den die Ashanti und Ewe mit vielen westafrikanischen Völkern teilen; danach tritt die ungeborene Seele im Himmel vor Gott und wählt das Schicksal, das ihr Leben bestimmen soll; das im Himmel gesprochene Wort verkörpert sich und erzwingt seine Erfüllung, unabhängig vom bewußten Willen der Seele, die es gesprochen, bei ihrer Geburt aber vergessen hat. Bescheidene Seelen verlangen nur das, was das menschliche Leben ausmacht, andere stellen maßlose Forderungen. So legitimiert die pränatal gewählte Bestimmung jenes Teil Glück und Unglück, das der Einzelne zu seinen Lebzeiten nicht nach eigenem Willen herbeiführen oder abwenden kann.[41] Wie die Seele im Himmel ihr künftiges Geschick wählt, so wählen die Ahnen der Schwarzen und Weißen in unserem Mythos das Geschick ihrer Nachkommen. Diese Parallele erstreckt sich sogar auf den Inhalt der Wahl, denn wer maßlos fordert, geht oft leer aus; unbescheiden und gierig wählt Schwarz den großen Korb, und deshalb müssen seine Nachkommen das Feld bestellen, mit Pfeil und Bogen jagen und Handel treiben, während Weiß mit dem Buch Wissen und Herrschaft gewinnt. Doch kehrt sich dieses Verhältnis in der Folge der Urwahl um, da es dann für die Schwarzen gerade Feldbau, Jagd und Handel sind, die das menschliche Leben ausmachen.

Vielleicht erklärt der Schicksalsglaube tatsächlich, weshalb sich in den westafrikanischen Varianten die gierige Wahl in ein karges Los verkehrt. Er wird aber kaum die gesamte Motivgruppe begründet haben, da sich Mythen mit gleicher Struktur auch außerhalb Westafrikas finden, wo sich ein entsprechender Glaube an pränatale Bestimmungen nicht nachweisen läßt. Allerdings in diesen Varianten wird der Wählende nicht von Gier geleitet, er wählt töricht.

Wir haben den Mythos von der törichten Wahl zwischen Leber und Lunge bei den Bergdama bereits kennengelernt. Ich begnüge mich mit einer einzigen weiteren Variante. Die Lotuho, südliche Nachbarn der Nuer und Dinka, erzählen, wie Ajok, Gott, eine Frau schuf, die ein rotes und ein schwarzes Paar gebar; ihre roten Kinder waren die Vorfahren der Galla, Araber und Europäer, die anderen die der Lotuho und der übrigen Schwarzen. Ajok veranstaltete einen Wettlauf, an dessen Ziel zwei Gegenstände zur Wahl aufgestellt waren; Schwarz gewann den Wettlauf und wählte den Schild, womit die übrigbleibende Waffe, das Gewehr, an Rot fiel, den Ajok beauftragte, Schwarz zum Sklaven zu nehmen.[42]

Vergleichen wir das Wahlmotiv bei den Nama, Bergdama, Ashanti, Ewe und Lotuho, so fällt sogleich ein allen Varianten gemeinsamer Zug auf, die Tatsache nämlich, daß im Grunde stets nur eine Partei wählt und daß dies in allen Fällen die Partei der eigenen Vorfahren ist. Bei den

Lotuho gewinnt Schwarz den Wettlauf, Schwarz wählt; bei den Nama wählt Rot, bei den Bergdama, den Ashanti und Ewe wählt Schwarz; stets fällt das zweite Los automatisch an die andere Partei. Daraus läßt sich zum einen ablesen, daß die eigenen Vorfahren die wahren Akteure des Mythos sind; zum anderen wird darin eine Struktur erkennbar, die intakt bleibt, wenn der Mythos überhaupt nur von einer einzigen Partei erzählt.

Wie wir seit Herrmann Baumanns großer Studie zur afrikanischen Mythologie wissen, variieren die Wahlmythen einen älteren Mythos vom Tod im Bündel, dem zuweilen das Wahlmotiv fehlt. So erzählen die Kumbi am Victoriasee von einer Zeit, in der es weder Tod noch Leiden gab; doch eines Tages schnitt ein Mann einen Kürbis auf, aus dem Tod, Unglück und Armut herauskamen. Bei den Pygmäen des Ituriwaldes gab Gott der Kröte einen Topf, den sie nicht zerbrechen durfte, da der Tod in ihr gefangen war; doch die Kröte gab den Topf einem Frosch, der ihn zerbrach. Bei den Lamba wurde ein Bote zu Gott geschickt, um Saatgut zu holen; er erhielt zwei Bündel, von denen er eines nicht öffnen durfte; aus diesem verbotenen Bündel kam der Tod. Bei den Wemba dagegen sollte das erste Menschenpaar zwischen zwei Bündeln wählen und wählte den Tod. Schließlich erzählen die Bemba von zwei Parteien; Menschen und Tiere entscheiden sich für das Bündel des Todes, das andere, das die Unsterblichkeit enthält, fällt der Schlange zu.[43]

Unsere letzte Motivgruppe beruht auf einer ähnlichen Transformation: Das Verhältnis zwischen dem Menschen und der Schlange wird überarbeitet zum Verhältnis zwischen der eigenen Kultur und ihrem Anderen. So berichtet ein Mythos in Rwanda, wie Gott dem Menschen gebot, des Nachts zu wachen; aber beim ersten Hahnenschrei schlief der Mensch ein, so daß nur die Schlange das Wort von der Erneuerung des Lebens vernahm und der Mensch weiterhin zum Sterben verurteilt blieb.[44] In Loango wurde erzählt, wie Gott zwei Menschenpaare schuf und sie anwies, neben einem Brunnen zu schlafen; beim ersten Hahnenschrei erwachte das eine Paar, sprang in den Brunnen und wusch sich weiß; das andere verschlief, bis sich nur noch schmutziges Wasser im Brunnen fand, und blieb seither schwarz.[45]

Ich habe zu zeigen versucht, daß die Ätiologien, von denen sich Baumann und Görög-Karady bei ihren Interpretationen afrikanischer Mythen vom Ursprung der Differenz leiten ließen, gegenüber der Tiefenschicht dieser Mythen, die eigentliches Menschsein definiert, von zweitrangiger Bedeutung sind. Der Schein, diese Mythen handelten von der Superiorität der Weißen, ergibt sich nur aus ihren Schlußformeln, die aber nichts anderes besagen, als daß es vorteilhaft ist, in das von den Ahnen erwählte Los nicht verstrickt zu sein. Daß dies eine im genauen Sinn des Wortes mythische Aussage ist, die sowohl der christlichen Heilsgeschichte wie dem modernen Fortschrittsdenken fremd und unverständlich gegenübersteht, hat wohl nur Hofmayr erkannt, der als Missionar bei den Shilluk arbeitete und folglich mit den unbegreiflichen Widerständen des mythischen Denkens vertraut war.

»Die Shilluk«, so faßt Hofmayr seine Überlegungen zusammen, »erkennen ihre Inferiorität den Weißen gegenüber an, und erzählen den Grund in (...) Fabeln, in denen sie jedoch immer ihr eigenes Schuldgefühl anerkennen.« Indes schöben sie trotz dieses Schuldgefühls »schließlich ihrem Cuok doch wieder alle Schuld in die Schuhe (...), denn er hat sie als Stiefkinder geschaffen und er darf diesen Stand auch nicht verbessern, denn: ›Wie das Ding geschaffen ist, so muß es bleiben.‹«[46]

Wenn neuere Autoren die afrikanischen Differenzmythen als Ausdruck einer »pessimistischen Geschichtsanschauung« deuten – oder, mit anderer Wertung, als Ausdruck »einer merkwürdigen Selbstverachtung und resignierten Erkenntnis von der Überlegenheit der Weißen« –, so verkennen sie die Geschichtsfremdheit des Mythos, die Hofmayr zu Recht in diesem altväterlich anmutenden Sprichwort der Shilluk formuliert sah.[47] Die mythische Überlieferung vermeidet die Anerkennung des Neuen; die erste Begegnung mit dem Unbekannten, der fremden Kultur der Nama, der Araber oder Europäer, wird nicht, wie wir erwarten, als historisches Ereignis gedeutet, sondern als Wiederkehr von etwas, das in der Urzeit unwiderruflich geschaffen wurde und das deswegen auch in der Zukunft nicht verändert werden kann.[48] Erst in der späteren Kolonialzeit entstanden Erzählungen, in denen die kolonialen Asymmetrien nicht mehr als Resultat schwarzer Schuld, sondern weißen Betrugs erscheinen[49]; und die südafrikanischen Äthiopisten verkehrten den Noachidenmythos zu einer Charta schwarzafrikanischen Selbstbewußtseins, indem sie sich zwar weiterhin als Ama-Kushi, Kinder von Kush, definierten, aus der Tatsache, daß ihre Ahnen im Gegensatz zu den Ahnen der Weißen auf den ersten Seiten der Bibel erwähnt werden, jedoch auf höhere Anciennität und Dignität des eigenen Kirchenvolks schlossen.[50]

Diese neueren Versionen nähern sich sowohl der christlichen Erlösungshoffnung als auch dem modernen Glauben an die Veränderungsbedürftigkeit der Welt, deren Unvollkommenheit und Ungerechtigkeit die Mythen als unabwendbar hingenommen hatten. Vielleicht können wir uns die älteren Versionen des Differenzmythos verständlich machen, wenn wir uns vergegenwärtigen, daß sich unterprivilegierte Schichten überall, soweit sie kein Ressentiment gegen die Reichen und Mächtigen entwickeln, gern selbst die Schuld an ihrer mißlichen Lage geben, um nicht an der Ungerechtigkeit einer ihrem praktischen Zugriff entzogenen Welt zu verzweifeln. Das wäre durchaus nicht unvereinbar mit der These, daß die Differenzmythen lediglich das Thema der Mythen vom Ursprung des Todes abwandeln. So wie der Mensch sich mit dem Los der Sterblichkeit abfinden muß, so muß er hinnehmen, daß er das Feld bestellt, jagt und handelt, eine bestimmte Hautfarbe hat oder in einem Land lebt, in dem man keine großen Viehherden halten kann.

Die Differenzmythen bezeichnen die am Fremden wahrgenommene Andersheit mit symbolhafter Verkürzung; wie die Skarifizierung für die Ashanti nicht ein kulturelles Merkmal unter anderen, sondern Inbegriff der nördlichen Barbaren war, so verwenden die Mythen die Hautfarbe oder den Besitz eines bestimmten Kulturguts, Vieh, Papier, Buch oder Gewehr, um das Andere der eigenen Kultur in der Sprache des Mythos auszusprechen. Zwar wird die eigene Kultur im Gegenzug auf vergleichbar einfache Merkmale reduziert, indes gewinnen die eigenen Ahnen im Gegensatz zu denen der Fremden Gestalt und Farbe, da ihnen allein die Initiative der Handelnden zufällt. Der Weiße des Shillukmythos bleibt stumm, passiv und gehorsam, während die Shilluk selbst – wie wirkliche Menschen – über ihre Armut murren, lauthals nach Milch und Bier verlangen, des Nachts Kühe stehlen und ihren Diebstahl hartnäckig und verstockt leugnen. Die Ashanti und Ewe wählen die Geräte, die sie zu zwar ruchloser, aber immerhin menschlicher Arbeit brauchen, während der Weiße passiv im Hintergrund bleibt und ein rätselhaftes Papier erhält. Die Mythen setzen ein mit dem Bild eines ursprünglich allen Menschen gemeinsamen Standes der Unschuld und erzählen, wie ein Teil der Menschheit diesen Stand verwirkt, während ein anderer ohne eigenes Handeln, ohne eigenen Willen in diesem Stand verharrt.

Bringen wir die Differenzmythen auf diesen Begriff, so erinnert ihr Bild vom unschuldigen Anderen an unseren eigenen Topos vom Edlen Wilden, der für die Aufklärung dadurch bestimmt war, daß er außerhalb der Zivilisation stand, weder verbildet noch sittlich verdorben. Wie der Wilde des Ashantimythos seine geheimnisvolle, überlegene Weisheit aus einem Stück Papier bezog, so sah das 18. Jahrhundert die Chinesen mit aufgeklärter Weisheit ausgestattet; die Romantik suchte im Orient tiefe, schwer verständliche Geheimnisse. Der Wilde war den Gesellschaftsvertrag nicht eingegangen und so von den Übeln der Zivilisation verschont geblieben. Bekanntlich galt der Wilde in der europäischen Geschichte zuweilen als gut, zuweilen als böse, in der Regel aber als jenseits von beidem, als ein Wesen, das der Natur nahestand oder vollständig in ihr aufging. »So finden wir in Afrika«, schrieb Hegel, »im ganzen das, was man den *Stand der Unschuld*, der Einheit des Menschen mit der Natur genannt hat. (...) Paradeisos ist der Tiergarten, wo der Mensch im tierischen Zustande gelebt hat und unschuldig war, was der Mensch nicht sein soll. Der Mensch ist erst dann Mensch, wenn er das Gute weiß, den Gegensatz kennt, sich entzweit hat.«[51]

Die afrikanischen Mythen vom Ursprung der kulturellen Differenz erwiesen sich uns in ihrer fundamentalsten Schicht, die den Mythos vom Ursprung der Sterblichkeit abwandelt, als überarbeitete Anthropogonien; sie erzählen, wie der Mensch zu dem wurde, was er ist, sterblich, verurteilt zu Mangel und Arbeit. Das Ungenügen am Vorhandenen, das den Urmenschen dazu bringt, gegen den Vater und Schöpfer zu rebellieren, die Faulheit, die ihn die Botschaft von der Unsterblichkeit verschlafen läßt, und die törichte Neugier, die ihn treibt, wenn er das Bündel des Todes öffnet, all das sind Bestimmungsmerkmale des Menschen, der, modern zu sprechen, die Schwelle vom Naturzustand zur kulturellen Ordnung überschreitet, der sich mit der Natur entzweit. Es fügt sich, daß die Mythen das Andere der eigenen Kultur als das Andere der Kultur überhaupt bestimmen, ob dieses Andere Kröte oder Schlange im Gegensatz zum Menschen ist, Rot oder Weiß im Gegensatz zu Schwarz oder Papier im Gegensatz zu Hacke, Pfeil und Bogen. Dieser Modus einer negativen Ausgrenzung wird sich nun auch an den Kosmologien beobachten lassen, welche die eigenen Ahnen der kultivierten Erde zuordnen, die Fremden der Wildnis.

Die weiblichen Ahnen bei den Tallensi

Nicht erst überhaupt, aber nachdrücklicher und mit größerer analytischer Transparenz wissen wir seit der Veröffentlichung von Meyer Fortes' Studie über Ödipus und Hiob in westafrikanischen Religionen, daß das vormonotheistische Denken afrikanischer Völker das Selbst nicht als identische, seiner selbst bewußte Einheit auffaßt, sondern als Komplex heller und dunkler Sphären, die, teils dem bewußten Willen des Subjekts zugänglich, teils ausgeliefert an fremde Mächte, zuweilen ihre Anerkennung im Ritual einfordern.[52] Solche Rituale, die einerseits der Erhellung einer dunklen Sphäre im Selbst dienen, bedeuten in bestimmten Fällen, so lautet meine These, andererseits die Anerkennung einer Kategorie von Außenstehenden. Das trifft bei den Tallensi zu auf die Errichtung des *bakologo*-Schreins, durch die ein Mann seiner Berufung zum Wahrsager Folge leistet.

Der Sinn der *bakologo*-Konstellation zeigt sich im Horizont von Ahnenkult und Schicksalsglaube, die Fortes in *Ödipus und Hiob* analysierte. Den Kern des Selbst bildet das *yin*, die Seele des Menschen, die in ihrer pränatalen Existenz vor den Himmelsgott tritt, um das Wort auszusprechen, das eine eigene Gestalt annehmen und das irdische Leben seines Urhebers bestimmen wird. Es ist dem *yin* nicht freigestellt, ob es geboren werden wird oder nicht, und es kann sich auch kein Schicksal wählen, das seine irdische Verkörperung auf Kosten seiner Mitmenschen erhöht; doch entscheidet das Wort darüber, ob dem zukünftigen Menschen all das zuteil wird, was eine gewöhnliche und eigentlich menschliche Existenz ausmacht, ob er sich in die Gemeinschaft der Lebenden einfügt, ob er Kinder zeugt oder gebiert und ob er imstande ist, den Unterhalt für seine Familie herbeizuschaffen. Nach seiner Geburt kann das *yin* oder der Mensch, dessen Seele es ist, sich nicht an das Wort erinnern, das es im Himmel gegeben hat, aber das Wort selbst ist bei ihm, es ist der glückliche oder unglückliche Genius des Menschen.

Das Wort ist nicht imstande, sich aus eigener Kraft zu erfüllen, es bedarf des Beistands spiritueller Mächte, die es auswählt, die sich dem Menschen verkünden und verlangen, daß er sie als die Wächter seiner Bestimmung anerkennt und ehrt. Diese Mächte können hinsichtlich ihres moralischen Charakters in drei Klassen eingeteilt werden; die erste besteht aus Ahnen, die der Gesamtheit der Ahnen der Patrilineage eines Menschen unterstellt sind und folglich gegen die Werte der korporativen Lineage nicht verstoßen können; die zweite besteht aus Wildnismächten, die außerhalb der menschlichen Gesellschaft überhaupt stehen und von den Tallensi als böse gefürchtet werden; und die dritte aus Ahnen mütterlicherseits, die weder der Wildnis noch der eigenen Patrilineage angehören; insofern sind sie, auf dem Standpunkt korporativer Moral, moralisch indifferent.

Das Wort, das eine gute Bestimmung verkörpert, wird die Wächter seiner Seele zunächst nur unter den Mächten der ersten Klasse suchen. In der Adoleszenz, wenn sich allmählich der Charakter eines Menschen formt, kristallisiert sich nach und nach eine Konstellation von Bestimmungsahnen, auf welche die Tallensi die besonderen Eigenschaften eines Individuums zurückführen. Schritte auf dem Weg zur Individuation, auf dem sich die erfolgreiche Aufnahme in die Gemeinschaft entscheidet, beginnen jedesmal mit Leid; eine ungewöhnliche Begebenheit des Alltags, eine Krankheit oder ein Mißgeschick wird als Zeichen gedeutet, daß ein neuer Bestimmungsahn danach verlangt, durch ein Ritual in die *yin*-Konstellation der Bestimmungsahnen aufgenommen zu werden. Leidvoll ist nicht nur die Art, in der Bestimmungsahnen sich verkünden, auch die Regeln, die sie verhängen, wenn ihr Mündel sie anerkennt, und deren Beachtung allein das ursprüngliche Leid abwenden kann, zwingen zuweilen zu schmerzlicher Entsagung. Aber niemand kann sich dem Ruf seiner Bestimmungsahnen entziehen; sie vollstrecken die Bestimmung, die sich jeder vor dem Himmelsgott gegeben hat; und da sie der Gemeinschaft der Ahnen unterstehen, können sie nicht ungerecht sein, weder ihr Mündel auf Kosten seiner Genossen erhöhen noch ihm dauerhaft schaden. Es bleibt also keine Wahl, als sich den Bestimmungsahnen bedingungslos zu unterwerfen und Leid als notwendige Prüfung hinzunehmen – wie der biblische Hiob, mit dessen Gott Fortes die Bestimmungsahnen der Tallensi verglich.

Die Wildnis umgibt und bedroht die Ordnung der bebauten Erde, ihre Mächte sind, wie der Leviathan des Buchs Hiob, Mächte des Chaos. Die Tallensi begegnen diesen Mächten behutsam, zuletzt jedoch immer abweisend. Ein Fremder vor der Tür meines Hauses kann ein böser Baum oder Stein in Menschengestalt sein; da er die Macht hat, mich mit Wahnsinn zu strafen, werde ich ihn höflich aufnehmen und bewirten, dann aber dem Häuptling übergeben, dessen rituelle Macht mystischen Sanktionen gewachsen ist. Mitunter erweist sich ein Wesen, das von einer Frau geboren wurde und inmitten der Gemeinschaft aufwuchs, im Lauf seines Lebens als so widerspenstig und böse, daß Tallensi zu dem Schluß kommen, es sei eine als Mensch maskierte Macht der Wildnis. Und schließlich schleicht sich zuweilen eine Wildnismacht in die *yin*-Konstellation eines Menschen ein, bringt ihn in ihre Gewalt und versucht ihn zu verderben; auch mag das Wort einer schlechten Bestimmung von sich aus eine solche Macht wählen; aber die Tallensi glauben sich solchen Mächten nicht ohnmächtig ausgeliefert; sie werden zumindest versuchen, das Subjekt von der Anerkennung der dunklen Macht, die sich in ihm zeigt, abzubringen, es von ihr zu reinigen.

Selbst in einer so strikt patrilinearen Gesellschaft wie der der Tallensi wird der Charakter eines Individuums nicht nur die Eigenschaften seiner patrilinearen Vorfahren widerspiegeln, stets wird er auch von Zügen geprägt sein, die der Betreffende und seine Verwandten auf die Mutterseite zurückführen, so daß nicht überrascht, wenn in der *yin*-Konstellation im allgemeinen Ahnen aus der Patrilineage der Mutter oder Muttersmutter mitvertreten sind. Darin finden Charakterzüge sowie soziale und Gefühlsbindungen an die Verwandtschaft mütterlicherseits ihren rituellen Ausdruck, aber im ganzen bleibt die *yin*-Konstellation doch den Ahnen der Patrilineage ihres Mündels unterstellt, gegen deren moralische Ordnung sie ebensowenig verstoßen darf wie ihr Mündel selbst. Außerhalb dieser Ordnung, wenngleich nicht im Widerspruch zu ihr, wie die Wildnis, steht hingegen die *bakologo*-Konstellation, die sich ausschließlich aus mutterseitigen Ahnen zusammensetzt. Wenn ein Mann seine *bakologo*-Ahnen anerkennt, indem er ihnen einen eigenen Schrein widmet, wird er zum Wahrsager.

Die Divination, der wir im Gang dieser Studie noch oft begegnen werden, gilt in afrikanischen Gesellschaften im allgemeinen nicht als Arbeit im modernen Sinn, als Handwerk, das jeder erlernen und ausüben kann, wenn er es nur will, sondern als eine Art *téchne* im griechischen Sinn, ein Inbegriff von Fähigkeiten, wie wir ihn nur noch mit dem Werk des Künstlers in Verbindung bringen. Der Wahrsager ist ein Wissender, der Verborgenes erkennt, aber er bedarf eines Genius, mit dem er kommuniziert und der seinerseits mit jenen Mächten kommuniziert, die seine Klienten beunruhigen. Dieser Genius steht nun nach Art und Herkunft in keiner Beziehung zu dem im Himmel gegebenen Schicksalswort oder zu den von diesem gewählten Bestimmungsahnen, vielmehr kommuniziert er mit den Ahnen seiner Klienten durch die Ahnen von Außenstehenden, *saan*.

In *Ödipus und Hiob* erwähnt Fortes die *bakologo*-Ahnen mit keinem Wort, obwohl sie, nicht die väterlichen Ahnen, es sind, die einen Mann zuweilen hartnäckig mit den schwersten Mißgeschicken heimsuchen. So ließe sich der Tallensi, der von einer unerbittlichen *bakologo*-Konstellation verfolgt wird, am ehesten mit Hiob vergleichen, aber die Macht, der Charakter und die moralische Konstitution der *bakologo* verbieten es, eine Parallele zu ziehen zum Gott Hiobs. Dieser Gott offenbart sich, ebenso wie die väterlichen Ahnen der *yin*-Konstellation, im Leiden; beider Gerechtigkeit darf weder bezweifelt noch vindiziert werden; kein anderer Weg bleibt dem Heimgesuchten als die bedingungslose Unterwerfung. Sind Rachsüchtigkeit und Eifersucht als die zentralen Attribute der *bakologo*-Ahnen in mancher Hinsicht auch Attribute des biblischen Gottes, so zeigt sich die Differenz zum Buch Hiob doch wieder darin, daß der Heimgesuchte den Haß seiner *bakologo*-Ahnen in Liebe verwandelt, indem er ihnen einen Schrein errichtet, sie ehrt und gelobt, dem Geschäft des Wahrsagers nachzugehen. Erwartet man von den väterlichen Ahnen zuletzt Gerechtigkeit, so gewähren die mütterlichen Liebe.

Der Charakter eines Tallensi wird – vor allem in der Adoleszenz – von den Ahnen der *yin*-Konstellation geprägt; wenn er die Mitte seines Lebens erreicht, zum Vater und Oberhaupt einer eigenen Familie geworden ist, tritt die *yin*-Konstellation allmählich in den Hintergrund. Es ist dies die Zeit, in der er tiefere Gefühle von Schuld und Unsicherheit entwickelt, Krankheit, Unglück und Leid als Werk der *bakologo*-Ahnen deutet. Er versucht, sich ihren Forderungen so lange wie möglich zu widersetzen, aber in neun von zehn Fällen sieht er sich schließlich doch zu ihrer Anerkennung gezwungen, obwohl er nur selten sein Gelöbnis halten und tatsächlich als Wahrsager praktizieren wird. Psychologisch gesprochen drängen ihn also Schuld- und Unsicherheitsgefühle, nicht etwa der Wunsch, Wahrsager zu werden.[53]

Die Tallensi bezeichnen das Ganze einer *bakologo*-Konstellation als weiblich, und in fast allen Fällen steht in ihrem Mittelpunkt eine Frau, eine Vorfahrin der eigenen Mutter, und um diese kristallisieren sich weitere Ahnen aus matrilateral verbundenen Lineages, zum größten Teil, aber nicht ausschließlich Frauen. Fortes deutet die *bakologo*-Konstellation darum als Mutterbild, auf das Männer in der Mitte ihres Lebens Gefühle von Schuld und Unsicherheit zu projizieren beginnen, das sie zunächst zu verdrängen versuchen, von dem sie aber Liebe und Weisheit erwarten, wenn sie es schließlich anerkennen und ehren. Allerdings, der eigenen Mutter widmet ein Mann bei ihrem Tod ebenfalls einen Schrein, der zuweilen für ihn große Bedeutung gewinnt und neben dem *bakologo*-Schrein bestehen bleibt. Die Frau im Mittelpunkt der *bakologo*-Konstellation ist also ein Ideal, ein Inbegriff weiblicher Eigenschaften, und ein Anhänger der Tiefenpsychologie könnte sie ebensogut als Anima deuten. Noch vor solchen psychologischen Deutungen können wir jedoch festhalten, daß sich in der *bakologo*-Konstellation eine Sphäre reiner Emotionalität verdichtet, die man in der patrilinearen Gesellschaft allgemein mit Beziehungen zu matrilateralen Verwandten assoziiert. Es ist eine Sphäre, die komplementär zur korporativen Lineage nicht von Präskriptionen, Geboten und unausweichlicher Moral reguliert wird. Diese Sphäre der Unschuld, der Verhaltensweisen und Gefühle angehören, die von Liebe und Haß geprägt sind, von Eifersucht und Nachsicht, in der aber die Unterscheidung von Gut und Böse keine Rolle spielt, durchkreuzt und überquert die Grenzen der politisch-rechtlichen Ordnungen; sie verbindet Menschen und Ahnen, die sich in politischer und rechtlicher Hinsicht als *saan*, Fremde, gegenüberstehen, und reicht sogar über die kulturelle Einheit der Tallensi hinaus. Zuweilen erscheinen nämlich in einer *bakologo*-Konstellation auch Bilder von Frauen, die nicht Tallensi waren, Mamprussi oder Frauen anderer Nachbarvölker.[54] Wenn also die Anerkennung einer *bakologo*-Konstellation die Aufhellung einer dunklen, verdrängten und unheimlichen Sphäre im Selbst bedeutet, so bedeutet sie zugleich die Anerkennung eines Fremden und Anderen, das sich in denselben Leiden unabweisbar offenbart. Diese These über die rituelle Anerkennung von Außenstehenden soll nun in intersozietalen Vergleichen an Plausibilität gewinnen.

Die Topographie der Moral in Ashanti

»Wir in Ashanti«, so zitiert Rattray einen Priester, den er gefragt hatte, weshalb er neben dem Einen Gott noch eine Vielzahl anderer Mächte ehre, »wagen nicht, allein den Himmelsgott, die Erdgöttin oder einen einzigen Geist zu verehren. Wir müssen uns gegen die Geister aller Dinge im Himmel und auf Erden schützen und wenn möglich von ihnen Gebrauch machen. Man geht in den Wald, sieht ein wildes Tier, schießt, tötet es und entdeckt dann, daß man einen Menschen getötet hat. Man entläßt seinen Diener und entdeckt, daß er einem fehlt. Man nimmt ein Buschmesser, um etwas abzuhacken, was man für einen Ast hält, und sieht, daß man seinen eigenen Arm abgehackt hat. Es gibt Leute, die sich in Leoparden verwandeln können; die Leute des Graslands besitzen besonders die Fähigkeit, sich in Hyänen zu verwandeln. Es gibt Hexen, die bewirken, daß man hinfällig wird und stirbt. Es gibt Bäume, die auf einen fallen und einen töten. Es gibt Flüsse, die einen ertränken. Wenn ich vier oder fünf Europäer sehe, so werde ich mich nicht mit einem allein befassen und die anderen ignorieren, denn auch sie könnten Macht besitzen und mich hassen.«[55]

Das Weltbild, das in dieser Rede zum Ausdruck kommt, stellt die Unberechenbarkeit und Undurchdringlichkeit der Erscheinungen in den Vordergrund. So wie man einen Europäer ehren muß, weil man nicht weiß, welche Macht sich in ihm verkörpert, so muß man einer Reihe von Dingen behutsam gegenübertreten: Himmel und Erde, deren Macht sichtbar und allen offenkundig ist, Tieren, die Masken von Menschen sein können, den Leuten der nördlichen Savannen, die sich in Hyänen verwandeln, Hexen, Bäume und Flüsse. Vielleicht zeigt sich die größte

Distanz zum aufgeklärten Denken an der Auffassung der beiden letzteren Dinge; zwar wird jedermann zugeben, daß man in einem Fluß ertrinken oder von einem umstürzenden Baum erschlagen werden kann, aber der Priester spricht von einem Fluß, der einen ertränkt, von einem Baum, der einen erschlägt, und er begründet nicht, daß man sich vor Flüssen und Bäumen in Acht nimmt, sondern daß man sie achtet und ehrt und wenn möglich von ihnen Gebrauch macht. Auch daß man sich vor Hexen oder Leuten aus dem Norden fürchtet, ist unserem aufgeklärten Denken nicht ohne weiteres verständlich. Die Rede des Priesters enthält jedoch ein Moment, dessen Realitätsgehalt sich bei psychologischer Lesart nicht von der Hand weisen läßt, die Tatsache nämlich, daß in manchen unserer Handlungen eine Kraft mitwirkt, als deren Urheber wir uns nicht erkennen. Es wird nun zu zeigen sein, wie sich diese Anerkennung des Widerspruchs im Subjekt an die Anerkennung fremder Mächte in der Außenwelt koppeln läßt.

Die Kosmologien der Tallensi und Ashanti decken sich im Kernbereich des Schicksalsglaubens, während sie sich hinsichtlich der moralischen Klassifikation der Ahnen gleichsam spiegelverkehrt zueinander verhalten. Garantieren bei den Tallensi die Ahnen der Patrilineage die Moral ihrer Nachkommen, während das mütterliche Erbe, außerhalb der rechtlichen Ordnung, Liebe und Weisheit verleiht, so gelten in Ashanti die Ahnen der Matrilineage als Garanten der korporativen Ordnung, die von patrilinear vererbten Kräften komplementär ergänzt wird. Hinter dieser formalen Spiegelung wird freilich eine tiefere, qualitative Differenz spürbar.

Dem Denken der Ashanti stellt sich der menschliche Mikrokosmos als Kompositum aus Seele, Blut und Samen dar.[56] Die Seele spricht im Himmel das Wort, das Gestalt annimmt und auf Erden über der Erfüllung des gewählten Schicksals wacht. Doch wählt das Wort hier nicht die Mächte, die Geschick und Charakter des Menschen prägen. Urheber der zentralen Bindung ist vielmehr das Blut der Mutter, das den Menschen unauflöslich an den Körper, die Körperschaft der Matrilineage bindet. Der Samen des Vaters vermittelt dagegen eine Qualität, die allen patrilinear verbundenen Individuen gemeinsam ist. Blut und Samen sind einerseits physische Substanzen, andererseits spirituelle Kräfte, die an der moralischen Konstitution, am Charakter und den inneren Prozessen des Individuums Anteil haben; obgleich die Substanz großer Gruppen von Menschen, kristallisieren sie sich in Verbindung mit einer Seele im einzelnen Menschen zu je eigenen Kräften, welche die allgemeinen Substanzen einerseits vertreten, andererseits zu ihnen auch in einen gewissen Widerspruch treten. So zeichnen sich im Inneren des Mikrokosmos Widersprüche ab zwischen der Seele, die ihr Schicksal vergessen hat, ihrem Wort, das über seiner Erfüllung wacht, dem Blut, das die Lineage verkörpert, seiner spirituellen Macht, die für die solidarische Einheit der Körperschaft einsteht, dem Samen, der mit dem Vater und den Verwandten durch patrilineare Bindungen vereint, und dessen Hypostase, die von denen trennt, mit denen man durch das Blut verbunden ist, sich aber auch gegen den Vater kehren kann. Der Mikrokosmos erweist sich mithin als Spiegel der sozialen Welt, deren Widersprüche der Einzelne verinnerlicht hat.

Die Elemente des Mikrokosmos besitzen, ausgedehnter und prägnanter als bei den Tallensi, makrokosmische Entsprechungen. Das Blut und seine spirituelle Hypostase im Subjekt korreliert mit den Ahnen der Lineage, der Samen und seine Hypostase mit den Gottheiten, *abosom*, die sich in Flüssen und zuweilen in Bäumen manifestieren. Jede patrilineare Einheit bindet sich an ihre Gottheiten und widmet ihnen einen Kult. So werden die moralischen Valenzen der vom Subjekt verinnerlichten sozialen Kräfte auf die Topographie umgesetzt. Der bebauten Erde korreliert das harmonische Leben der Gemeinschaft, den Ahnen das Wohlergehen der Lineage, den Ahnen der Häuptlingslineage das politische Leben des Häuptlingstums; den patrilinearen Einheiten korrelieren die Flüsse und Teile der Wildnis, das Wohl des Einzelnen, insofern es nicht von den durch matrilineare Instanzen regulierten Bereichen abhängt oder im Widerspruch zu ihnen steht. Die Achtung, die man nach der priesterlichen Ansicht Himmel und Erde, Flüssen und Bäumen bezeugen sollte, wird vor dem Hintergrund dieser Korrelationen um einiges verständlicher.

Die strukturelle Analogie zwischen den *bakologo*-Schreinen der Tallensi und den Kulten der *abosom* in Ashanti, die beide der komplementären Filiation entspringen, einmal matrilateralen Bindungen Ausdruck verleihen, das andere Mal patrilateralen, ist ein Beispiel dafür, wie die Verschmelzung der rituellen Anerkennung des außermoralischen Anderen im Subjekt mit der Anerkennung einer Kategorie des Außenstehenden im Kosmos sich sowohl auf die soziale wie die natürliche Welt erstrecken kann. An die Stelle der fremden Ahnen sind Flüsse und Bäume getreten. Eine Verschmelzung des Anderen im Subjekt mit dem Anderen der eigenen Kultur findet sich dagegen wieder bei den beiden verbleibenden Dingen, vor denen man sich nach der priesterlichen Anweisung hüten muß, den Hexen und den Leuten des Graslands.

Ein Schlüssel zur mystischen Bedeutung der Leute aus dem Grasland ist der Hexenglaube, den die Ashanti mit vielen afrikanischen Gesellschaften und einem großen Teil der Menschheit überhaupt teilen. Fast allen moralischen Topographien zufolge findet der nächtliche Hexenkonvent außerhalb der Siedlung statt, in Wald oder Wildnis, aber die Ashanti glauben, wie andere matrilineare Gesellschaften, zugleich, daß die Lineage als das Herz der sozialen Ordnung der Ort ist, an dem die Hexerei entspringt und an dem Hexen ihre Opfer suchen.

Die unheimliche, destruktive Macht, die zuweilen in einem Menschen wohnt, der nichts davon weiß, daß er des Nachts seine Verwandten anfällt, krank macht und tötet, wird nach dem Glauben der Ashanti von einer Mutter an ihre Kinder vererbt, teils sobald sie sie gebiert, teils bei einer späteren Berührung, manchmal erst auf dem Sterbebett, wenn die Hexenmacht der Mutter mit einem Hauch entweicht und in ihr Kind eindringt. So gehört die Hexenmacht der Lineage, wie das Blut selbst, das in allen Gliedern einer sozialen Körperschaft kreist und sie zu der unverbrüchlichen Einheit eines einzigen Corpus zusammenschließt; wie Söhne und Töchter gleichermaßen Teil des Corpus sind, zu dem ihre Mutter gehört, so wohnt die Hexenmacht in Männern und Frauen der Lineage, am meisten aber in Frauen, und nur Mütter, nicht Väter, vererben sie ihren Kindern. Und auch die Opfer der Hexen und Hexer sind stets Angehörige der eigenen Lineage, vorzugsweise nahestehende uterine Verwandte, nie Außenstehende, weder patrilaterale Verwandte noch Gatten und Gattinnen.[57]

Dennoch empfinden Hexen die ihnen innewohnende Hexenmacht als etwas durchaus Fremdes, nicht zu ihnen Gehörendes. Das äußert sich in dem Gefühl, die Hexenmacht sei als Schlange in den Körper oder die Vagina der Hexe eingedrungen. Zudem spielt sich das geheime, nächtliche Leben der Hexe nicht in dem befriedeten, geordneten Bezirk der Siedlung ab, dem Schauplatz des täglichen Lebens der Menschen, die sich nahe stehen und durch matrilaterale Bande zu wechselseitig altruistischem Verhalten verpflichtet sind, sondern in den Wäldern außerhalb des bebauten Landes. Die Hexe unterhält zuweilen sexuelle Beziehungen zu *sasabonsam*, einem unheimlichen Waldgeist, Hexer und Hexen treten des Nachts zum Konvent im Wald zusammen, wo jeder, der in den Konvent aufgenommen werden will, ihnen das Fleisch und Blut eines uterinen Verwandten zum kannibalischen Mahl ausliefern muß.

In der Welt der Hexe verkehren sich alle Dinge in ihr Gegenteil. Im Mittelpunkt all dieser Umkehrungen steht die Umkehrung von Liebe in Haß; die Opfer der Hexe sind die Menschen, die sie in der Menschenwelt am meisten liebt – freilich aufgrund einer unentrinnbaren moralischen Ordnung auch lieben *muß*. In der Hexenwelt herrscht das ebenso unerbittliche Gesetz, diejenigen zu hassen und zu vernichten, gegen die man sich in der Menschenwelt selbst dann nicht wenden darf, wenn sie einem weh tun, einen vernachlässigen oder im Stich lassen. In ihrer Gegenwelt gehen die Hexen nackt, mit dem Kopf nach unten, sie fliegen, verwandeln sich in Tiere, Eulen, Krähen, Geier, Fliegen, Hyänen, Schlangen und anderes. *Sasabonsam*, ihr Herr und Geliebter, erscheint als Inbegriff der Verkehrtheit (s. Abb. 4); er haust in Teilen des dichtesten Urwalds; er hat langes Haar, riesige rote Augen, lange Beine, seine Füße weisen nach hinten und vorn. In seiner Einsamkeit ist er ein Feind des Menschen, besonders der Priester, Jäger fallen ihm zum Opfer, er verkehrt mit den Hexen.[58]

In alten Zeiten wurden Hexen in Ashanti durch Ordale überführt und erdrosselt, da es verboten war, ihr Blut zu vergießen. Geständigen Hexen gab man eine Fackel zu tragen, man vertrieb sie aus dem Dorf und verständigte die Nachbardörfer, die sie ebenfalls vertrieben, so daß

4 Akan, Ghana, Waldgeist mit langem Haar und nach rückwärts gewandten Füßen.

sie höchstwahrscheinlich im Wald umkamen. Die Kolonialmacht verbot solche Bräuche, womit sie in den Augen der Ashanti die Hexen in Schutz nahm. Die Frage, ob die Angst vor Hexen infolge des Verfolgungsverbots zunahm, infolge der allgemeinen Verunsicherung, welche die Kolonialisierung und Modernisierung mit sich brachten, oder ob sich nur die Bräuche der Hexenverfolger wandelten und die Angst vor den Hexen gleichblieb, ist für die Erörterung der Beziehungen zwischen Lineagemoral und menschenferner Wildnis ohne Bedeutung. Wenn man die Hexen nicht mehr töten durfte, konnte man sie doch isolieren oder in den Selbstmord treiben. Daneben bestand aber noch ein zweites, kultisches Verhaltensmuster, das wohl nicht erst als Antwort auf die Unterbindung von Hexenverfolgungen geschaffen wurde, sondern lediglich in der Kolonialzeit für europäische Berichterstatter zu Tage trat, sich allmählich als einziges Muster durchsetzte und schließlich jene neuen Formen aufgriff, die man aus den nördlichen Savannen importierte.[59]

Dieses Muster besteht in seinem Kern darin, daß derselbe Widerstand gegen die Identität der Matrilineage, den die Hexe unbewußt durchlebt, und dieselbe Bindung an eine außersoziale Macht, die die Hexe in ihrem verbotenen Verkehr mit *sasabonsam* erfährt, von einem Priester, der zuvor eine analoge, aber legitime Erfahrung gemacht hat, ins Bewußtsein gehoben und in eine anerkannte Besonderung umgemünzt wird. An die Stelle des Verkehrs mit *sasabonsam* tritt die rituelle Bindung an die Gottheit eines Schreins, an die Stelle der Aggression gegen das eigene Fleisch und Blut die komplementäre Identifikation mit einer Kultgemeinde, durch die sich die vormalige Hexe zumindest von den Leuten unterscheidet, die sie als Hexe gehaßt hatte. Die Gottheit dieser Kultgemeinde ist entweder ein *obosom* in Analogie zu den *abosom* der patrilinearen Einheiten, denen ein Mensch kraft des väterlichen Samens angehört, oder eine fremde Gottheit aus den Savannen des Nordens.

Die Macht, die verwundet, heilt. Rattray, dessen Beobachtungen aus einer Zeit stammen, in der die sog. neuen Schreine zwar schon hier und da existierten, aber noch nicht in Mode gekommen waren, berichtet von einem alten Priester, einem Hexenfänger, der von *sasabonsam* besessen war, also von derselben Kreatur, mit der die Hexen verkehrten, der aber von diesem Geist, der wie ein Wind über ihn kam, gelernt hatte, wie man Hexen an ihrer Aura aus rotem Rauch erkennt, sie einfängt und entweder tötet oder von ihrer Hexenmacht reinigt.[60]

Die *abosom* der patrilinearen Einheiten, die Gottheiten der Flüsse und Bäume, befaßten sich nicht mit Hexen; aber neben ihnen gab es schon in alten Zeiten die *abosom-brafo*, Gottheiten, die als Henker oder

Scharfrichter der Hexen dienten. Die Kulte dieser oder neuer Gottheiten, die ihrem Muster folgten, übernahmen in der Kolonialzeit die Aufgabe, Hexen zum Geständnis zu bewegen, zu reinigen und mehr oder minder gut angepaßt in die Gesellschaft zurückzuführen. Kultleiter war jeweils ein Priester, der selber von einem bestimmten *obosom* besessen war oder der Hilfe eines Mediums bedurfte, in dem der *obosom* seinen Willen offenbarte (s. Abb. 5). Die typische Berufungsgeschichte des Priesters oder Mediums – sie wird sich in allen afrikanischen Besessenheitskulten wiederholen – begann mit Trauer und Niedergeschlagenheit, Anfällen und Krämpfen, die wiederkehrten, bis der Berufene wie von Sinnen aus dem Dorf lief; zuweilen gelang es, ihn einzufangen, zuweilen verbrachte er aber auch Wochen und Monate fern des Dorfes. Nach seinem Leben in der Wildnis begab er sich in die Obhut eines Priesters, um die Riten seiner Gottheit zu erlernen und schließlich, im Einverständnis mit dem Häuptling des Gebiets, einen eigenen Schrein zu eröffnen. Die außergewöhnliche Hellsicht und Freiheit, mit der er die verworrenen Verhältnisse seiner Klienten aufdeckte, verschafften ihm und der Gottheit, die dann aus ihm sprach, Achtung und Ansehen.[61]

5 Akan, Ghana, Priester und Medium.

Die Trauer und Niedergeschlagenheit, mit der die Berufung einsetzt, entspricht der Stimmung, in der die Klienten den Schrein aufsuchen und in der sie sich mit der größten Bereitwilligkeit der furchtbarsten Verbrechen gegen ihre Matriverwandtschaft bezichtigen; das Eintauchen in die Waldeinsamkeit verwirklicht die Vision des Hexenflugs, und die Aufnahme der Gottheit in den eigenen Körper, ihre Verinnerlichung, gleicht der verbotenen Aufnahme *sasabonsams*.

Die zweite Kategorie von Schreinen, an denen Ashanti und ihre Nachbarn in der Kolonialzeit Hexen überführten und reinigten, stand in keinem anderen Verhältnis zur Moral der Lineage einerseits und zu deren innerer Umkehrung in der Gegenwelt der Hexen andererseits. An die Stelle des *obosom-brafo* in der moralisch-mystischen Topographie von Ashanti tritt hier eine fremde Gottheit aus den Savannen des Nordens; an die Stelle der Berufungsgeschichte und der Initiationszeit in den Wäldern tritt die Reise zu den Leuten des Graslands, den Barbaren, die einmal die Kategorie *odonko* konstituiert hatten; und an die Stelle der Unterweisung durch einen Priester von Ashanti tritt die Einweihung in einen fremden Kult. Aber im Norden dienten diese Kulte selten der Hexenreinigung, sie erhielten ihre Aufgabe, ihre Struktur und ihre soziale Einbettung erst im Süden; sie wurden zu Schreinen von Ashanti und bewahrten von ihrer Herkunft nichts als das Gepräge und den Nimbus des Nordens.

Neben der strukturellen Äquivalenz zwischen der Gegenwelt der Wälder im Verhältnis zur Siedlung und der Gegenwelt des Graslands im Verhältnis zu den Waldgebieten von Ashanti lassen sich zwei weitere Momente geltend machen, die dem Brauch, Reinigungsschreine zu importieren, Plausibilität verleihen. Einmal wird man in Ashanti ein vages Bewußtsein davon gehabt haben, daß die Gesellschaften des Nordens patrilinear organisiert waren oder daß sie jedenfalls die Matrilineage, aufgefaßt als Inbegriff von Zivilisation, nicht kannten, und da für Ashanti die Hexenmacht ja nur innerhalb der Matrilineage übertragen wird und die Hexe nur in diesem Bereich ihre Opfer findet, konnte man daraus schließen, daß es im Grasland keine Hexen geben könne. Wenn es aber keine Hexen dort gab, so mußte es mächtige Gegengewalten geben, die ihr Treiben unterbanden. Bei diesem Gedankengang, der gelegentlich vorgebracht wurde, wird es sich jedoch eher um eine zusätzliche Rationalisierung handeln, da diese importierten Schreine von den matrilinearen Akan aus mit gleicher Funktion auch zu den patrilinearen Ewe weiterwanderten.[62]

Größere Anschaulichkeit besaß vermutlich die andere, kolonial geprägte Differenz zwischen dem Süden der Goldküste und seinem Hinterland, die Tatsache nämlich, daß die ökonomische Entwicklung im Süden, ausgelöst durch die Monokultur von Kakao, den Verfall der traditionalen Kultur beschleunigte, während die Modernisierungsprozesse den Norden nur tangierten. Darum erschienen die Leute des Graslands nicht mehr primär als ungesittete Wilde, die zu versklaven ein selbstverständliches Recht der Ashanti war, sondern als die kraftvollen Stämme, die dem Kulturverfall, den sozialen Konflikten und psychischen Belastungen des modernen Daseins erfolgreich widerstanden.[63] Die Ashanti hatten den Eindruck, daß die Hexerei im Lauf der kolonialen Durchdringung bedrohlich um sich griff; die Leute pilgerten in Scharen zu den Reinigungsschreinen, um sich, wie unter Geständniszwang, selbst der Hexerei zu beschuldigen. Die Hexerei war, wie wir sahen, ein Inbegriff von Schuld, und in diesen Selbstbezichtigungen äußerten sich zweifellos tiefe Schuldgefühle. Man selbst war schuldig geworden, aber die Leute des Graslands verharrten, um das oben analysierte Mythologem aufzugreifen, im Stand der Unschuld.

Es scheint also einem weit verbreiteten und auch aus der europäischen Geschichte bekannten Muster zu entsprechen, daß die Ashanti, als Angehörige einer hoch differenzierten und zunehmend konfliktgeladenen und unübersichtlichen Zivilisation, sich die wundertätigen Schreine der urtümlichen, kraftvollen Stämme im Norden aneigneten und sogar scharenweise zu den rituellen Festen im Hinterland pilgerten, um dort Nachwuchs, Profit und Schutz vor Rivalen zu erflehen. So erfreuten sich zum Beispiel die Erdschreine der Tallensi in Tongo besonderer Beliebtheit; die Tallensi räumten den Pilgern aus dem Süden besondere Wegerechte ein, wie sie Außenstehende fremder Zunge sonst nicht genossen. Allerdings, der Schrein, den die Ashanti von dort importierten, wurde schlicht Tongo genannt und hatte im Süden seinen Charakter als Erdschrein verloren. Und Schreine anderer Art, die man von den Lobi, den Gonja und noch entfernteren Völkern übernahm, unterlagen ähnlichen Umdeutungen.[64]

Die meisten importierten Schreine wurden erst in Ashanti zu Schreinen von Gottheiten. Schon deshalb wäre es unzutreffend, wollte man den Beitritt zu einem ihrer Kulte als Konversion bezeichnen. Die Inkorporation von fremden Gottheiten bedeutet keine Veränderung im religiösen Weltbild von Ashanti. Den Mittelpunkt des kultischen Lebens bilden weiterhin der Ahnenkult und der Kult der *abosom*, dem jeder kraft Patrifiliation angehört. Die fremden Gottheiten verleihen keine neue kultische Identität, sie erweitern lediglich die vorhandenen Identitätssphären, indem sie eine dunkle, unbewußte Sphäre im Subjekt bewußt machen und legitimieren. Diese rituelle Anerkennung einer dunklen Sphäre, stets erzwungen durch Gefühle von Schuld und Unsicherheit, häufig bei älteren Erwachsenen, deren sozialer Ort bereits fest umrissen ist, erinnert an die Errichtung des *bakologo*-Schreins bei den Tallensi, nur daß sich hier nicht ausschließlich Männer von ihren Schuldgefühlen befreien, sondern vornehmlich Frauen. Die gereinigte Hexe kehrt in den Schoß ihrer Lineage zurück, aber sie wird doch mit ihrer Gemeinschaft nie wieder ganz identisch; von den übrigen Angehörigen ihrer Lineage unterscheidet sie, daß sie zugleich Mitglied einer Kultgemeinde ist und die besonderen Regeln einer Gottheit beachtet, die ihrer Lineage fremd und gleichgültig gegenübersteht. Wenn sich bei den Tallensi der Mann, der einen *bakologo*-Schrein errichtet, als Wahrsager auszeichnet, ist die Novizin der fremden Gottheit stigmatisiert. Sie wird freundlich behandelt und zugleich gemieden[65]; sie ist, wie eine Fremde und wie die fremde Gottheit, deren Schutz sie untersteht, fern und nah zugleich.

So finden wir die genauere Parallele zum Wahrsager der Tallensi in den Priestern der fremden Gottheiten, die über ähnliche außermenschliche Gaben und ähnliche Weisheit verfügen wie er. Diese Priester sind zwar Ashanti, aber sie stellen sich dar als Fremde. Wenn sie in ihren Riten die charakteristischen Paraphernalien nördlicher Kulte verwenden, es sind dies insbesondere der Gebrauch von Kolanüssen und ein dramatisches Hühnerorakel, so werden wir annehmen dürfen, daß dies eben notwendige Elemente des entlehnten Kults sind. Indes tragen sie auch charakteristische Trachten des Nordens, nicht etwa priesterliche Gewänder, die man als authentische Bestandteile des ursprünglichen Kults auffassen könnte, sondern Trachten, die allgemein den ethnischen Hintergrund des Graslands kenntlich machen.[66] Diese in den Augen der Ashanti exotisch wirkenden Trachten verleihen den Darbietungen der Priester, die an den Schreinen die Geständnisse der Hexen einleiten und begleiten, eine entschieden dramatische und theatralische Note. Halten wir uns an das, was der Pilger am Ziel seiner Wallfahrt wirklich sieht, so waren das eigentlich Neue an den Schreinen der fremden Gottheiten die Verkleidungen, die man von traditionalen Medien in der Trance nicht kannte.

Durch die exotische Ritualtracht hoben sich die Priester der fremden Gottheiten von der Masse der gewöhnlichen Ashanti ab, die Tracht war der sichtbare Ausdruck ihres Fremdseins und ihrer Andersheit. Darüber hinaus entwickelten die dramatischen Aufführungen der Verkleideten jedoch sicher eine Eigendynamik, die es schließlich erlaubte, sie aus dem kultischen Kontext der Überführung und Reinigung von Hexen herauszulösen. Die benachbarten Ewe, die diese Kulte von den Ashanti übernahmen, haben die dramatischen Darbietungen zum Teil bis heute beibehalten, obwohl die ursprünglich an sie gebundenen Hexenordale wohl nicht mehr praktiziert werden. Die rituelle Katharsis kann sich zu ästhetischer zu sublimieren beginnen. In den *vodu*-Konventen der Ewe opfert man der Gottheit Kunde, die spätestens 1918 von den Ashanti aus dem Norden eingeführt und irgendwann an die Ewe weitergegeben worden war, noch Kolanüsse, und sie besitzt noch Medien, die ihre ekstatischen Tänze in der Tracht der nördlichen Savannen aufführen (s. Taf. A und B).[67] Die Medien sind von Gottheiten besessen, die vor Jahrzehnten importiert wurden, sie verkörpern diese Gottheiten, aber zugleich stellen sie sich selbst damit als Leute des Graslands dar. In der Trance, in der sie die exotische Tracht anlegen, sind sie Fremde. Ich werde zeigen, daß dieses Verhaltensmuster, verschieden gedeutet, aber in seiner Erscheinung immer gleich, in weiten Teilen des Kontinents eine elementare Antwort auf kulturelle Heterogenisierungen darstellt, der sich schließlich auch das *objet trouvé* aus Ashanti zuordnen läßt.

Über transsaharische Konvergenzen

Die Seele und die Landschaft

Die partielle Identifikation mit dem Anderen, sei es als Bindung an einen Gegenstand der natürlichen Umwelt, sei es als Aufnahme einer fremden Gottheit, ausgestattet mit den Attributen einer anderen Kultur, oder als Errichtung eines Schreins für die Ahnen von Außenstehenden, stellte sich in der Erfahrung und im Denken der Ashanti und Tallensi als Anerkennung einer fremden Macht dar, deren Forderungen sich der Mensch zuletzt gegen seinen bewußten Willen fügen muß. Der moderne Betrachter denkt sich diese Mächte, an deren Eigenständigkeit er nicht glaubt, gern als Projektionen des Unbewußten oder als Wiederkehr des Verdrängten.

Der Schicksalsglaube der Tallensi, das war die These, die Meyer Fortes in *Ödipus und Hiob* entwickelte, erschließt sich dem gebildeten Europäer aus seiner Verwandtschaft mit dem Mythos von Ödipus, ihr Ahnenkult, der die Chance eröffnet, das Verhängnis einer schlechten Bestimmung abzuwenden, aus seiner Verwandtschaft mit der Theologie des Buchs Hiob. Bei dieser Synthese von Ethnographie und humanistischer Bildung spielte die Psychoanalyse Freuds die Rolle des verborgenen Mittlers. Robin Horton hat darauf in seinem Kommentar zu *Ödipus und Hiob* hingewiesen.[1] Seine Explikation der Analogien von Psychoanalyse und Weltbild kann zum Verständnis des Subjekts im Prozeß der rituellen Anerkennung von Außenstehenden beitragen.

Nach Hortons Lektüre von *Ödipus und Hiob* ist das *yin* der Tallensi, die Seele, die im Himmel ihr irdisches Schicksal ausspricht, und dieses Wort, zu einem eigenständigen Wesen personifiziert, das Gegenstück zu jenem Teil des Unbewußten, den Freud das Es nennt. Wie das Es gilt das *yin* als Quelle von Strebungen, die dem Ich nicht bewußt sind und die oft seine Absichten durchkreuzen. Das *yin* des Vaters und das des Sohnes stehen sich feindlich gegenüber; eine gute Bestimmung wird diese Feindschaft mildern und, mit Hilfe der Bestimmungsahnen, die das *yin* auswählt, den Sohn dazu bringen, die Autorität des Vaters und mit ihr die der Gesellschaft, die der Vater vertritt, zu akzeptieren – im Gegensatz zu einer schlechten Bestimmung, die den Sohn dazu treibt, sich gegen den Vater aufzulehnen, und ihm, in Opposition zu den Werten der Gesellschaft, Unglück zuzieht, ihn scheitern läßt. Darum ist es wichtig, die Ahnen der *yin*-Konstellation, die sich in der Adoleszenz nach und nach ankündigen, mit einem Schrein zu ehren, m.a.W. bewußt zu machen, eine Macht der Wildnis, die sich in die Konstellation einschleicht oder von einem schlechten *yin* gewählt wird, aber zu demaskieren und auszuscheiden.

Als Gegenstück zum Über-Ich nennt Horton die Ahnen, die der Mensch nach und nach als die Elemente seiner *yin*-Konstellation verinnerlicht und die ihm helfen, sich der Gesellschaft anzupassen. In anderen Fällen bleiben sie fern und verurteilen ihr Mündel zum Scheitern. Es ist wichtig, daß das Über-Ich hier nicht, wie bei vielen anderen Autoren, mit den Lineage-Ahnen gleichgesetzt wird, obwohl die *yin*-Konstellation diesen unterstellt ist.

Nach dem gleichen Korrelationsprinzip lassen sich die entsprechenden Konzeptionen der Ashanti in ein Verhältnis zur Psychoanalyse setzen, das aber gebrochener sein muß, da der Vater in der matrilinearen Gesellschaft seine Rolle mit dem Mutterbruder teilt. In der Version der Ashanti erscheint das Schicksalswort zwar ebenfalls als Gegenstück zum Es, unbewußt und unter Umständen feindlich, doch wählt es nicht die außermenschlichen Mächte, die den Menschen prägen und leiten. Es ist vielmehr die Hypostase und individuelle Kristallisation des väterlichen Samens, die an die Gottheiten bindet, und diese Gottheiten unterstehen nicht, wie die Ahnen der *yin*-Konstellation, den Ahnen der Lineage; sie verbinden Vater und Sohn, die sie gemeinsam ehren. Das Über-Ich korrespondiert den Ahnen der Matrilineage, der man durch das mütterliche Blut angehört. Den radikalen Gegensatz zum Über-Ich, so müssen wir Horton ergänzen, konstituieren bei den Tallensi die Wildnismächte in einer *yin*-Konstellation oder in der Maske eines Menschen, bei den Ashanti die Hexenmacht, vererbt in der Lineage, aber als Negation der Werte, für die das Über-Ich einsteht.[2]

Die Wege, auf denen ein Mensch zu sich selbst findet, sich in seine Bestimmung fügt, trotzig oder resignierend, schließlich zuweilen fremde und unbekannte Mächte in sich erkennt und anerkennt, sind also vorgezeichnet durch die Familienverhältnisse, geprägt durch matrilineare oder patrilineare Strukturen, die folglich den Bauplan der Weltbilder mitbestimmen. Darin eingeschlossen ist das Maß der Differenzierung, das Maß, in dem sich der Einzelne von den Nahestehenden unterscheidet, Eigenschaften erwirbt, die er nicht mit den übrigen Angehörigen seiner Körperschaft teilt. Anders gesagt: die Weltbilder und rituellen Praktiken reflektieren nicht nur die Linearität und die unterschiedliche Rolle des Vaters, der Mutter und des Mutterbruders, sondern zugleich den Grad der Korporativität, das Verhältnis zwischen dem Zwang zu korporativer Identität, der in der Macht der moralischen Instanz zum Ausdruck kommt, und dem Raum, der zur Differenzierung, zur Entfaltung von Individualität zur Verfügung steht und von anderen, außermoralischen Mächten beherrscht wird.

An unseren beiden Paradigmen, dem Weltbild der Tallensi und dem der Ashanti, ist nicht das unterschiedliche Verhältnis von Korporativität und Differenzierung erkennbar, wohl aber die unterschiedliche Weise, mit der sie sich auf die Differenzierung einlassen. In beiden Paradigmen verkörpert das im Himmel gegebene Wort die individuelle Bestimmung, aber nur bei den Tallensi wählt das Wort die Bestimmungsahnen, die es verwirklichen; diese Ahnen entstammen in ihrer Mehrheit der Lineage ihres Mündels und können so, obschon sie differenzierend wirken, als die moralische Instanz verinnerlicht werden, die Horton mit dem Über-Ich vergleicht. Die Differenzierung vollzieht sich, abgesehen von der Wahl der *bakologo*-Ahnen, die erst in der Lebensmitte einsetzt, im Rahmen der Lineage. Die Ashanti setzen als differenzierendes Moment dagegen die patrilinear übermittelten Gottheiten der Flüsse und Bäume, was der Anerkennung eines Widerspruchs zwischen Individuation und korporativer Identität gleichkommt, aber noch nicht der radikale Widerspruch ist, der sich als Hexerei oder als Bindung an fremde, nicht ererbte Gottheiten äußert.

So läßt sich das Ashanti-Paradigma nicht nur als matrilineare Umkehrung des Tallensi-Paradigmas lesen, sondern auch als Steigerung, und zwar sowohl des korporativen Identitätszwangs wie der Differenzierungschancen. Für die Steigerung korporativer Zwänge spricht die Verbreitung der Hexereiobsession, die die analoge Angst vor den maskierten Wildnismächten quantitativ überbietet, für die Erweiterung des Differenzierungsraums die frühe und ererbte Bindung an die väterlichen Gottheiten, der die lebenszeitlich verzögerte Wahl der mütterlichen *bakologo*-Ahnen als schwächere Variante gegenübersteht. Die rituelle Anerkennung des Vaters setzt aber in Ashanti nicht nur früher und weniger krisenhaft ein als die der Mutter bei den Tallensi; eine Asymmetrie wird auch an den Mächten erkennbar, als deren Anerkennung sie sich äußert. Denn während die *bakologo*-Konstellation aus mütterlichen *Ahnen* besteht, verehren die Ashanti väterliche *Gottheiten*, assoziiert mit Flüssen und Wäldern.

Diese letzte Asymmetrie gewinnt schärfere Konturen, wenn man sie von den Objekten her formuliert: Die Ashanti akzeptieren eine Bindung an die Gottheiten der Flüsse und Wälder, durch die das Subjekt sich von seiner Lineage differenziert, die Tallensi dagegen verurteilen jede Beziehung zu den Mächten der Wildnis, durch die das Subjekt nach ihrer Auffassung von der Lineage abfällt. Diese Asymmetrie in der Bewertung des unbebauten Landes, Busch, Wald oder Gewässer, erweist sich, wenn wir Hortons Kommentar zu *Ödipus und Hiob* folgen, als der prägnanteste Ausdruck für den Differenzierungsgrad, den Ashanti bzw. Tallensi dem Individuum zugestehen. Wenn wir ein drittes Paradigma in unsere Betrachtung einbeziehen, wird diese These an Plausibilität gewinnen.

Der Lebensraum der Kalabari, deren Erforschung wir Horton verdanken und an deren Weltbild er seine These am überzeugendsten demonstriert, ist das Nigerdelta, geeignet zu Handel und Fischfang. Bei den Kalabari tritt die Korporativität der Lineage hinter der der Siedlung zurück; über die Zugehörigkeit zur Lineage entscheidet weder allein die Matrifiliation, wie in Ashanti, noch allein die Patrifiliation, wie bei den Tallensi; die Kinder einer Mutter, für die ein hoher Brautpreis bezahlt wurde, gehören zur Lineage ihres Vaters, die Kinder einer Frau, deren Mann einen niedrigen Brautpreis gezahlt hat, zu der ihrer Mutter. Die Familienverhältnisse sind also nicht eindeutig und gleichförmig von Linearitätsprinzipien geprägt, elterliche Autorität nicht ohne weiteres mit einer politischen Körperschaft gleichzusetzen, die von der Lineage ausgeübten Identitätszwänge vergleichsweise schwach.

Während die Wildnis als unbebautes Land für die bäuerlichen Tallensi und Ashanti in scharfem Gegensatz zum Kulturland steht, erscheinen die Flußläufe des Deltas den Kalabari zwar als Gegensatz zur Siedlung, aber sie bilden doch den Schauplatz, den der erwachsene Kalabari kennen muß, um seiner alltäglichen Arbeit als Händler oder Fischer nachzugehen.

Auch die Kalabari glauben, daß die Seele im Himmel ihr Schicksal wählt und daß ihr Wort Gestalt annimmt, um sich auf Erden zu verwirklichen. Manchmal bewerkstelligt das Wort diese Aufgabe selbst, manchmal wählt es Wassergeister, *owuamapu*, die seinen Urheber prägen und leiten. Die *owuamapu*, die bei den Kalabari eine ähnliche Rolle spielen wie die Bestimmungsahnen der *yin*-Konstellation bei den Tallensi, leben in den Flußläufen des Deltas; zu ihrem Funktionsbereich gehören die Fische und Wassertiere und das Wasser selbst; sie wühlen das Wasser auf und vereiteln den Fischfang, sie glätten es und gewähren reiche Fänge. Menschen und Wassergeister heiraten; das Wort eines Mannes mag eine Wasserfrau wählen, das einer Frau einen Wassermann. Solche Menschen begegnen ihren aquatischen Partnern in der Einsamkeit der Flußläufe und errichten Schreine, um sie zu ehren. Das gute Bestimmungswort wählt Wassergeister, die ihrem Partner und Mündel Glück, Macht, Erfolg und besondere Fähigkeiten verleihen; ein schlechtes Wort mag dagegen betrügerische Geister wählen, die ihr unglückliches Mündel mit Mißgeschick überhäufen.

Diesen Wassergeistern, die nach Gunst und Laune, aber nicht nach moralischen Prinzipien über Glück und Unglück einzelner Menschen entscheiden, stehen wiederum die Ahnen gegenüber, als die gerechten Hüter ihrer Nachkommen, und die Heroen, die man als die Gründer der Siedlungen ehrt und die die Einheit und Stärke der politischen Ordnungen bewahren und fördern.[3]

In den Weltbildern der Tallensi, der Ashanti, der Kalabari – und der Yoruba, auf die ich hier nicht eingehe – stehen den moralischen Instanzen, den »Kräften der Gesellschaft«, nach Hortons These außermoralische Instanzen, die »Kräfte der Natur«, in komplementärer Ergänzung gegenüber.[4] Die »Kräfte der Gesellschaft« entsprechen, wenn wir den kosmologischen Code in den psychoanalytischen übersetzen wollen, dem Über-Ich, die »Kräfte der Natur« dem Es. Bei den Kalabari konstituieren sich die »Kräfte der Gesellschaft« aus den Ahnen und den Heroen des Dorfes, bei den Tallensi aus den Ahnen der Patrilineage und der Erde, d. h. dem Kulturland im Gegensatz zum nicht kultivierten Busch, bei den Ashanti aus den Ahnen der Matrilineage und, wiederum, der Erde. Die »Kräfte der Natur« ließen sich ebensogut als »Wildnismächte« bezeichnen, da sie alle, ob Savanne, Fluß, Meer oder Regenwald, in Opposition zu den Kulturlandschaften stehen, die der Mensch der Wildnis abgerungen und domestiziert hat.

Die beiden Seiten dieses Schemas – eine auf afrikanische Weltbilder gemünzte Variante der strukturalistischen Mythostheorie – werden in den ausgewählten Paradigmen unterschiedlich bewertet, und diese Wertschätzungen lassen sich jeweils auf das Maß der sozialen Differenzierung – oder der Ausbildung individueller, kompetitiver Strebungen und Fähigkeiten, wie Horton sagt – beziehen. Die Selbstbehauptung in einer relativ offenen, individualistischen und agonalen Gesellschaft wie der der Kalabari gelingt nur dann, wenn sich das Individuum in hohem Maße mit seiner Gesellschaft »entzweit«; zwar kann es sich innerhalb des politischen Lebens der Gemeinschaft nicht den moralischen Forderungen der Heroen entziehen, die für die Einheit, Solidarität und Stärke der Dorfgemeinschaft eintreten, innerhalb des Familienverbands nicht den Geboten der Ahnen, aber außerhalb dieser Sphäre eines notgedrungen harmonischen Zusammenlebens soll und darf der Einzelne als Fischer und Händler Eigenständigkeit, Geschick und Initiative entwikkeln. Da Erfolge und Mißerfolge auf den sozialen Status zurückwirken, entsteht jener Widerspruch zwischen Individualismus und kollektiver Solidarität, den wir aus der modernen Gesellschaft kennen; und wie wir Eigenschaften, Geschicke und Mißgeschicke möglicherweise auf eine Konstellation von Ich und Es beziehen, so sprechen die Kalabari von Ehen und Verwandtschaftsbeziehungen zwischen Mensch und Wassergeist; sie halten diese Beziehungen für ebenso prekär wie unumgänglich.

Die Ashanti fördern sowohl den Kollektivismus der Matrilineage als die individuelle Leistung, die sie bezeichnenderweise nicht allein als von der komplementären Vaterbindung abhängig sehen, sondern mit dieser zugleich an den Kult der Gottheiten, also an Flüsse und Wälder außerhalb des Kulturlands, binden. Nur bei den Tallensi hängt der gesellschaftliche Erfolg des Einzelnen nicht an seiner persönlichen Leistung, an seinen Eigenschaften, sondern ausschließlich, abgesehen von schweren physischen und psychischen Handicaps, an seinem genealogischen Status und am meisten an seinem Vater, da er erst bei dessen Tod rechtsmündig wird. Die außermoralischen »Kräfte der Natur«, die nach dem Glauben der Tallensi das Individuum dazu treiben, sich gegen den Vater und die von ihm repräsentierte Gesellschaft zu kehren, gelten deswegen nicht nur als außermoralisch, sondern als böse; sie müssen demaskiert und rituell ausgetrieben werden.

Hortons Kommentar zu *Ödipus und Hiob* läßt sich nunmehr unter den beiden Aspekten zusammenfassen, die sich in den folgenden Schritten meiner Untersuchung an ost- und zentralafrikanischen Kulten und Weltbildern bewähren. Afrikanische Gesellschaften gestehen dem Individuum in unterschiedlichem Maß die Chance zu, sich zu differenzieren, Eigenschaften und Fähigkeiten zu entwickeln, durch die es sich von seinen Mitmenschen und insbesondere von seiner Körperschaft abgrenzt; und sie artikulieren diese Differenzierung als individuelle Bindung an bestimmte »Kräfte der Natur«, die sie mit Orten und Gegenden außerhalb und im Gegensatz zur eigenen, vertrauten Kulturlandschaft assoziieren.

Einige Erweiterungen dieser These zeichnen sich bereits ab. Ich habe den Begriff der Differenzierung, im Anschluß an Simmel, eingeführt, um den Erwerb spezifischer Eigenschaften mit kultureller Heterogenität zusammenzuschließen. Denkt man nämlich bei der Individualisierung etwa an eine Stärkung des Ichs, und Hortons Hinweis auf die Analogien zwischen dem kosmologischen und dem psychoanalytischen Code könnten das nahelegen, so entsteht der wahrscheinlich irreführende Eindruck, das Ich sei bei den Tallensi schwächer entwickelt als bei Ashanti und Kalabari; der »kosmologische Code« der Tallensi besagt aber keineswegs, daß alle Angehörigen einer Patrilineage »gleich« seien, da die *yin*-Konstellation jedes Individuum als etwas Besonderes und Einzigartiges auszeichnet, ohne deshalb auf die »Kräfte der Natur« rekurrieren zu müssen. Unbestreitbar ist dagegen, daß die akephale Gesellschaft der Tallensi, ohne Schichtung und eigentliche Zentralinstanz, in höherem Maße auf soziale Gleichheit und kulturelle Homogenität angewiesen ist als die der Ashanti oder Kalabari. Ashanti und Kalabari waren Händler oder räumten Händlern Residenzrechte in ihrem Territorium ein; Ashanti war kulturell heterogen, die Kalabari standen im Austausch mit den Europäern einerseits, den Gesellschaften des Hinterlands andererseits.

Fremde als Repräsentanten kultureller Heterogenität konnten an die Stelle jener Wesen treten, die Horton als »Kräfte der Natur« zusammenfaßt. In sehr geringem Ausmaß war dies bei den Tallensi der Fall; in die *bakologo*-Konstellation, durch deren Anerkennung ein Mann die spezifischen, differenzierenden Eigenschaften und Fähigkeiten des Wahrsagers erwirbt, gingen zuweilen mütterliche Ahnen ein, die nicht nur Lineages von Außenstehenden, *saan*, angehörten, sondern fremden, »ethnischen« Kategorien, wie den Mamprussi. Die Ashanti praktizierten neben den Kulten patrilinear ererbter Gottheiten, die sie als »Kräfte der Natur« den Flüssen und Wäldern außerhalb des Kulturlands, aber innerhalb von Ashanti zuordneten, Kulte fremder Gottheiten, die sie mit den Attributen fremder, »ethnischer« Kategorien ausstatteten und deren Heimat das nördliche Grasland war. Die Kalabari verliehen einem Teil ihrer Wassergeister in ihren später zu besprechenden Maskeraden die Züge von Europäern. Und viele Gesellschaften der Ostküste, Zimbabwes und Angolas stellten die Mächte, die in Hortons Schema den »Kräften der Natur« entsprechen, überhaupt nicht als Gottheiten oder Geister der Wildnis, der Gewässer, der Wälder oder der Savannen, dar, sondern ausschließlich als die Geister von Toten, die zu Lebzeiten einer fremden »ethnischen« Kategorie angehört hatten.

Der mögliche Einwand, es sei schließlich gleichgültig, welche Bestandteile der sichtbaren Welt im Rahmen eines strukturierten Weltbilds dazu auserwählt werden, als »Kräfte der Natur« zu fungieren, müßte sich über zwei ethnographische Tatsachen hinwegsetzen. Einmal legen die Priester und Adepten der Kulte den größten Wert nicht nur auf die Unterscheidung der Geister, sondern auf die genaue Identifikation und Identität ihrer sichtbaren Manifestation; und zum anderen *ehren* sie die Gottheiten und Geister als handelnde, mit eigenem Willen begabte Wesen, die dem Kult nicht zur Verfügung stehen wie die Elemente eines Codes, sondern von den Menschen Besitz ergreifen. Dieser Tatsache kommt selbst dann noch Bedeutung zu, wenn die Seele in ihrer pränatalen Existenz im Himmel ihr Schicksal gewählt hat und das Gestalt gewordene Wort die Mächte wählt, die es vollstrecken. Außerhalb Westafrikas fehlt dieser Schicksalsglaube, so daß die Objekthaftigkeit des Menschen, der den Mächten ausgeliefert ist, noch schärfere Konturen gewinnt.

Wenn wir die von Horton konstatierten Identifikationen von Teilen der Seele mit Teilen der Landschaft nicht nur als »intellektuelle Operation« auffassen, was sie unbestreitbar ist, so ergibt sich die weitergehende Frage nach der gefühlsmäßigen Qualität der Bindungen an Gottheiten und Geister, denen die Kulte eine feste, rituell fixierte Gestalt verleihen. Der alternde Tallensi, der sich von mütterlichen Ahnen verfolgt sieht, kennt die Orte, die diesen Ahnen zu eigen sind; er kennt das Mamprussiland jenseits des Weißen Volta, das er besucht hat, wenn etwa der Hunger dazu zwang, außerhalb der Heimat nach Nahrung zu suchen. Der werdende Priester und das berufene Medium durchirren in Ashanti die Wälder, bevor sie sich dem Kult einer Gottheit weihen. Die Kalabari durchstreifen auf langen, einsamen Fahrten die Flußarme des Deltas, bevor sie ihren aquatischen Geliebten und Gatten begegnen und ihnen Schreine errichten. Wir können zwar nicht die Eindrücke der Landschaft auf die Seele im Einzelnen nachvollziehen, wohl aber auf die Erfahrungsweise eingehen, die sich in der Anschauung äußert, es sei die Landschaft selbst, die sich der Seele einprägt.

Die Macht des Anschaulichen

Der Ethnologe, der sich dem Problem fremder Glaubensvorstellungen über Geister und Gottheiten stellt, bescheidet sich längst nicht mehr mit der schlichten Feststellung, dieses oder jenes Volk »glaube« eben an sie. Geister und Gottheiten gelten, um an E. E. Evans-Pritchard zu erinnern, als »Refraktionen« sozialer Wirklichkeit.[5] Wo die ältere Ethnologie von »Manismus« und »Animismus« sprach, als handelte es sich um Ideologien oder Glaubenssysteme, entdeckten wir, im Anschluß an Fortes und Horton, Projektionen innerseelischer Komplexe, Ahnengeister als Elternbilder, Naturgeister als personifizierte Triebe. Zu den stillschweigenden Voraussetzungen dieses Verfahrens gehört die Überzeugung, daß der Ethnologe und sein Leser über die Theorie verfügen, mit deren Hilfe sich die anderen Glaubensvorstellungen entschlüsseln lassen.

Die rationale Erklärung des Glaubens an Geister und Gottheiten des Ethnozentrismus zu bezichtigen ist Mode. Selbst Robin Horton, ein Vertreter des kritischen Rationalismus, der seinen Ansatz ausdrücklich »intellektualistisch« nennt, bemüht sich nicht um eine Erklärung westafrikanischer Kosmologien, sondern nurmehr um den Nachweis, kosmologische und psychologische Codes seien wechselseitig ineinander zu übersetzen. Damit wird unsere Psychologie zu einem System von Glaubensvorstellungen relativiert, die Kosmologie zu einer Psychologie unter anderen.[6]

Außerhalb psychoanalytischer Deutungen legte Godfrey Lienhardt mit *Divinity and Experience* einen Versuch vor, die Kosmologie der Dinka in eine moderne Sprache zu »übersetzen« und die Gottheiten, an die Dinka glauben, als eigentümlichen Ausdruck ihrer Welterfahrung verständlich zu machen.[7] Anstatt sich aber, wie Horton, mit den Begriffen unserer Gegenwartspsychologien zu begnügen, griff er ein lateinisches Wort auf, um eine Art der Erfahrung und der Auffassung von Erfahrung zu bezeichnen, für die es in den modernen Sprachen kein Wort mehr gebe.

Das, was wir Leidenschaften nennen, Englisch *passions*, entspricht nicht mehr dem Sinn des Wortes *passiones*, das den inversen Aspekt des Handelns meint. Aber nur mit Hilfe dieses Gegenbegriffs läßt sich der den Dinka eigene Begriff der Mächte, der Geister und Gottheiten, treffend übersetzen. Die Mächte sind »die Bilder der menschlichen *passiones*, aufgefaßt als die aktiven Quellen jener *passiones*«. Der Ethnologe, der so formuliert, sagt, daß wir simplifizieren und eine entscheidende Bedeutung des Originals unterschlagen, wenn wir das, was für die Dinka »Bilder von *passiones*« sind, in der Übersetzung als »Leidenschaften« oder »Triebe« wiedergeben und mit dem Es gleichsetzen.[8]

Die Differenz zwischen unserer Psychologie und der Kosmologie der Dinka wird in mehreren Erfahrungsbereichen und Redewendungen spürbar. Wie wir sagen, daß sich jemand eine Krankheit holt, so sagen die Dinka, jemand sei von einer Krankheit gepackt worden. Wie wir sagen, daß wir uns an etwas erinnern, auch wenn wir wissen, daß wir uns oft unwillkürlich erinnern, so erkennt der Dinka, der sich an eine Schuld erinnert, darin das Werk einer Macht, die im Auftrag des Gläubigers handelt. Auch gehen die Dinka mit Erinnerungsbildern anders um als wir; der Dinka wird das Bild eines Gegenstands oder Ereignisses, das ihn einmal getroffen hat – oder, wie wir sagen würden, betroffen gemacht hat –, als eine seiner Mächte ehren und achten.[9]

Nur ein reiner Empirist, der nichts anderes als Erfahrungen gelten läßt, könnte der polytheistischen Kosmologie gerecht werden.[10] Die Bilder und Subjekte der *passiones* befinden sich einerseits in den sichtbaren Dingen, in Unscheinbarem, das nur wenigen etwas bedeutet, in den großen, eindrucksvollen Erscheinungen, in Himmel und Sonne, Regen, Erde und Wildnis, und andererseits im Inneren des Menschen, der sie wahrnimmt und ehrt. Das bedeutet, daß wir die Mächte nicht als Wesenheiten auffassen dürfen, als ausgedehnte, an einen Ort gebundene Körper oder Substanzen, und das menschliche Selbst nicht als unabhängige Einheit; die Mächte wirken als Subjekte in der Welt und im Menschen. Wenn die Subjekte im Selbst sich dissoziieren, wenn eine Macht in einem Menschen die anderen in ihm verdrängt, verkörpert der Mensch diese eine Macht, deren Wirkungen dann mit den *passiones* verschmelzen.[11]

Nicht jedes Ereignis, nicht jede Erscheinung bewirkt eine *passio*; einige Menschen teilen *passiones*, andere nicht; gleiche *passiones* verbinden, ungleiche trennen. Die Dinka unterscheiden »Kräfte der Gesellschaft«, die Clan-Gottheiten, und »Kräfte der Natur«, die Freien Gottheiten und die geringeren Mächte. Alle Angehörigen eines Clans sind einander verbunden und in bezug auf die Gottheit ihres Clans eins; in bezug auf andere Erfahrungsbereiche sind sie ungleich, jeder Einzelne unterscheidet sich, die Differenzierung fällt zusammen mit den vielfältigen Bindungen an die Mächte. Den Kategorien von Mächten, mit anderen Worten den Erfahrungsinhalten, entsprechen moralische und außermoralische Werte und differenzierte Verhaltensweisen gegenüber den sichtbaren Manifestationen, Ehrerbietung und Brüderlichkeit gegenüber den Clan-Gottheiten, ekstatische Erregung gegenüber den anderen Mächten und der Gottheit der Priester-Clans.

Wenn Lienhardt auf den Begriff der *passiones* zurückgreift, um eine afrikanische Glaubensweise in eine europäische Sprache zu »übersetzen«, so reflektiert dieser Rückgriff unausgesprochen einen tiefgreifenden innereuropäischen Wandel und nicht etwa eine Differenz europäischer und afrikanischer Codes, wie Horton es im Rahmen seines eigenen, analogen Entwurfs voraussetzt. Die entscheidende Grenze trennt keineswegs afrikanische und europäische Auffassungen von der sozialen und individuellen Konstitution des Subjekts, sondern überhaupt Kosmologie von Psychologie. Die Übergangsstelle von Kosmologie und Psychologie liegt in den mikrokosmischen Refraktionen der Mächte im Menschen, die man üblicherweise nicht als *passiones* bezeichnet, sondern als Besessenheit, Ergriffenheit oder Erfülltsein.

»Ergriffenheit und Besessenheit«, schreibt Ernst Benz, »sind Urformen der religiösen Erfahrung, die sich bis auf die ältesten Zeiten der Religionsgeschichte zurückverfolgen lassen. Die Differenzierung von Ergriffenheit und Besessenheit ist allerdings erst neueren Ursprungs und läßt sich sprachgeschichtlich auf das 17. Jahrhundert datieren. Seit dieser Zeit bezeichnet ›Ergriffenheit‹ eine Begegnung mit dem Göttlichen in seiner beseligenden, heilenden, erneuernden Form, während ›Besessenheit‹ eine Überwältigung im Sinn einer Besitzergreifung durch einen dämonischen oder teuflischen oder einen bösen Geist bezeichnet, der in einer schädigenden, zerstörenden Weise sich im Bereich einer menschlichen Persönlichkeit bemerkbar macht. In den älteren Schichten der Terminologie religiöser Erfahrung stehen sich beide Begriffe noch ziemlich nahe und sind zum Teil gegeneinander auswechselbar, sie bezeichnen zwei variable Aspekte des Enthusiasmus, des von einem Gott oder Dämon oder Geist Ergriffen-, Erfüllt-, Besessen-Seins.«[12]

Die Unterscheidung von Ergriffenheit und Besessenheit hängt demnach von der in ihr als handelnd erkannten Macht ab. Es fällt nicht schwer, afrikanische Übersetzungen für die hier genannten »göttlichen« und »dämonischen« Mächte zu finden. Der Dualismus war, wie wir sahen, auch den afrikanischen Weltbildern zu eigen, ohne sich allerdings auf den Dualismus von Gut und Böse, Gott und Teufel reduzieren zu lassen. Christen und Tallensi lehnen die dämonischen Mächte der Natur ab, aber in den meisten afrikanischen Kosmologien galten diese lediglich als außermoralisch.

Es ist falsch, in diesem Zusammenhang an den Teufel als abstrakte Macht des Bösen zu denken. Im Besessenen wiederholen sich die Mächte des Kosmos, Tiere wie Landschaften, so daß wir tatsächlich von *passiones* erfahrener Wirklichkeit sprechen können. Unbeschadet der größten Gegensätze im christlichen und afrikanischen Umgang mit Besessenen, in denen sich Grade der Toleranz gegen außermoralisches Verhalten abzeichnen, die Symptome der Besessenen sind stets von der gleichen Art: plötzliche Umwandlung in tierische Sitten, schwerer Schlaf, Toben, barbarische, ungewohnte Laute und tierisches Heulen, ein schrecklicher Gesichtsausdruck, große Unruhe, so daß der Betreffende nicht an einem Ort bleiben kann, sondern die Einsamkeit aufsucht usw.[13]

Erfahrungsweisen, die wir mit Lienhardt *passiones* nennen, überdauern den historischen Verlust des Glaubens an Gottheiten und Geister als eigenständige Mächte, in deren Zugriff sich der Mensch als Objekt erfährt. Die *passiones* werden zu seelischen Zuständen, die sich unter dem »Eindruck« bestimmter Begegnungen bilden, als flüchtige Stimmungen oder als beständige Spur und Prägung. Die Worte Ergriffenheit und Besessenheit, wie wir sie heute verwenden, halten diesen Sinn fest, ohne daß wir an handelnde Mächte denken müßten. Die historische Umwandlung des kosmologischen in den psychologischen Code vollzog sich im 17. Jahrhundert. »Die moderne psychologische Bedeutung von Ergriffenheit«, so vervollständigt Benz seine Begriffsgeschichte, »im Rahmen deren man von der Ergriffenheit durch ein Gefühl oder durch ein Theaterstück, ein Musikstück, ein Gedicht, ein Gemälde oder auch eine Landschaft zu sprechen gewohnt ist, geht erst auf die Psychologisierung älterer mystischer Begriffe in der Sprache des Pietismus des 17. Jahrhunderts zurück, die auch die Sprache der deutschen Klassik aufs stärkste beeinflußt hat.«[14]

Es gehört zum Metier des Ethnologen, in den Ausdrücken der Alltagssprache nach unexplizierten Weltbildern zu suchen. Alle unsere Deutungen afrikanischer Weltbilder verdanken wir ja nicht etwa der Auslegung von Texten, in denen Afrikaner ihr Weltbild mehr oder minder systematisch zum Ausdruck bringen, sondern gerade der Analyse von unscheinbaren Worten und alltäglichen Redewendungen. Wenden wir dieses Verfahren auf unsere Gegenwartssprache an, so stoßen wir auf ein immer noch hinreichend präzises Vokabular zur Bezeichnung psychologischer Pendants von *passiones*.

Nach dem *Wörterbuch der deutschen Gegenwartssprache* verwenden wir die Adjektive »besessen«, »erfüllt«, »ergriffen« in klar voneinander abgegrenzten Kontexten. Zwar glauben wir nicht, jemand sei von Geistern besessen, aber wir sagen, jemand arbeitet, schimpft, schreit wie besessen, rennt wie besessen davon oder springt wie ein Besessener auf. Das »Wie« entfällt, sobald die Rede ist von Vorstellungen, Ideen oder Leidenschaften. Jemand ist von seinem Spiel, seiner Arbeit oder seiner Aufgabe besessen, von Stolz, Furcht, Ehrgeiz, Wahrheitsliebe, einem Wunsch oder Wahn. Es wäre möglich, in einige dieser Wendungen das Adjektiv »erfüllt« einzusetzen, nicht jedoch »ergriffen«.

»Erfüllt«, aber nicht »besessen« sind wir von neuen Eindrücken und erregenden Erlebnissen, vor allem von Empfindungen, von Heiterkeit, Freude, Mißtrauen, Bitterkeit, Zorn, Haß, Ungeduld, Besorgnis, Kummer, Angst, Entsetzen, Grauen, Verzweiflung, Verlangen, Bedenken, Zweifel, Sorgen, Genugtuung, Hoffnung, Verlust, Trauer oder Trost.

»Ergriffen« fühlen wir uns schließlich nur von erhabenen Dingen, von Schicksal und Not, von Trauerreden, von Musik; wir kennen – und dieser Ausdruck verweist auf die Sprache der Mystik wie kein anderer – den ergreifenden Augenblick. Ergriffen schweigen oder weinen wir, ergriffen nehmen wir Abschied.

Die Adjektive besessen, erfüllt und ergriffen bezeichnen seelische Zustände, die wir weder für normal noch für krankhaft halten. In allen drei Fällen sprechen wir nicht von Handlungen, sondern von *passiones*; einmal erscheint der Mensch als eine Art Reittier, besessen von Vorstellungen oder Leidenschaften, das andere Mal als Gefäß, erfüllt von Empfindungen, schließlich als ergriffen von Erhabenem, wobei vor allem letzteres heute nur noch in gehobener oder ironisch distanzierender Rede gesagt werden kann. Trotz der passivischen Formulierung äußert sich jeder der drei Zustände in je eigenen Verhaltensweisen, die wir allerdings nicht uneingeschränkt als bewußte und willentliche Handlungen auffassen.

In den Verhaltensweisen zeichnen sich dieselben Modifikationen ab wie in den *passiones*. Am deutlichsten ist dies am Verhalten der Besessenen und Ergriffenen zu erkennen; während wir nämlich von einem, der wie besessen arbeitet, sagen, er sei von seiner Arbeit, seiner Aufgabe oder Vorstellung besessen, wäre es komisch zu sagen, jemand sei von *seiner* Trauerrede, *seiner* Musik oder *seinem* Schicksal »ergriffen«. Das bedeutet aber, daß wir die Vorstellungen oder Leidenschaften, von denen jemand besessen ist, unumwunden auf das besessene Individuum selbst beziehen, während wir nur von etwas ergriffen sein können, was als Erhabenes in keiner besonderen Beziehung zu einem einzelnen Individuum steht, sondern notwendig andere einbegreift. Sprachgeschichtlich war ja Ergriffenheit Ergriffenheit von Göttlichem, Besessenheit Besessenheit vom Dämonischen.

Unsere Sprache bewahrt also die Reste, die Ruinen einer Kosmologie, unter deren Herrschaft einmal jede als außergewöhnlich erfahrene Wirklichkeit als »Bild von *passiones*« gedeutet wurde. Der wissenschaftliche Diskurs hat dieses Deutungsmuster zugunsten einer »Emphase des Handelns« verdrängt.[15] Vorstellungen, von denen wir sagen, jemand sei von ihnen »besessen«, gelten zum Beispiel, wenn sie sich zu Wahnvorstellungen verhärten, in der Psychiatrie als Hervorbringungen des Subjekts selbst. Jürg Zutt, ein bedeutender Außenseiter der Psychiatrie, hat sich allerdings ausdrücklich gegen die Einseitigkeit dieser Emphase ausgesprochen und versucht, aufgrund der klinischen Erfahrung eine transkulturelle Psychiatrie zu entwickeln, in der wir eine möglicherweise weiterführende Definition der »Bilder von *passiones*« wiederfinden.

Zutts Überlegungen, die den Vorteil bieten, nicht auf exotische Glaubensvorstellungen, sondern nur auf jedermann zugängliche Erfahrung zu rekurrieren, scheinen am besten geeignet, den kosmologischen in einen psychologischen Code zu »übersetzen«. Der entscheidende Schritt besteht darin, die Inhalte außerordentlicher seelischer Zustände nicht mehr einfach als deren »mehr zufällige Akzidentien von geringerer Bedeutung« anzusehen.[16] Zutt illustriert die Notwendigkeit, nicht von den Inhalten abzusehen, am überzeugendsten an den phobischen Ängsten, am Höhenschwindel, an der Angst vor leeren Räumen, an der Klaustrophobie.

Es sei nicht so, wie es »nach einer deskriptiv-psychologischen das Phänomen zerstückelnden Betrachtungsweise scheinen könnte, daß der Abgrund gleichsam ein unspezifischer Reiz ist, der im Menschen eine unvernünftige, grundlose Angst hervorruft, die ihrerseits den Menschen ergreift, eine lähmende Wirkung hat und ihn so am Weitergehen hindert. Im Abgrund vielmehr enthüllt sich eine Macht des Anschaulichen. Der Abgrund tut etwas: Er tut sich auf, er gähnt, er ergreift so den Menschen, er jagt ihm spezifische Angst ein, nämlich die Angst, zu fallen und in die Tiefe zu stürzen. Er, der Abgrund nämlich, zwingt in die Knie und zum Rückzug, nicht die Angst zwingt den Menschen. Die Angst selbst ist das Gezwungensein. Nicht alle Menschen erfahren in dieser Weise das Abgründige. Nicht alle Menschen sind Höhenschwindlige. Nicht alle Menschen werden niedergezwungen von dieser Macht des Anschaulichen. Nicht allen entbirgt sich die gähnende Gefahr. Manche bleiben gleichgültig. Manche aber geraten in einen Rausch, das Abgründige ergreift auch sie, aber in anderer Weise. Es verlockt sie, den Abgrund zu überwinden und den Gipfel zu ersteigen (...). So wie der Mensch vom Abgrund und vom Gipfel ergriffen werden kann, so auch vom Dunkeln oder von der Weite, in die er hineingerät. Auch das Menschengedränge kann etwas Fortreißendes haben, in der Marschkolonne, in der Arena. Viele Phobische aber meiden das Gedränge und können nicht einmal mitten im Konzertsaal sitzen, sondern nur am Rande nahe der Tür. In allen solchen Situationen zeigt das Anschauliche seine Macht.«[17]

Geist in seinen Verkörperungen

Der extreme Empirismus, den Lienhardt beschreibt, wenn er die Geister und Gottheiten der Dinka als »Bilder von *passiones*« faßt, kennzeichnet nicht-monotheistische Weltbilder in Afrika überhaupt. Unsere vieldeutige Rede von den »Geistern« erweckt leicht den irreführenden Eindruck, als gingen Afrikaner in ihren Kulten mit erfundenen, halluzinierten Schemen und Wesen um[18], an die man eben glaubt oder nicht glaubt, die aber in jedem Fall zweitrangig seien gegenüber entweder den Klassifikationssystemen, zu denen sie sich ordnen, oder den Beziehungen und Prozessen, unter denen man sie verehrt. Tatsächlich bezeichnen aber die Grundworte afrikanischer Sprachen, die wir mit »Geist« übersetzen, zunächst den Geist von etwas. Ich möchte dies an einem west- und zwei zentralafrikanischen Paradigmen erörtern, um auf die Rede vom »Geist des Anderen« oder vom »Geist des Fremden« vorzubereiten.

Das Akanwort, das den Charakter, die »Persönlichkeit« oder Individualität eines Menschen bezeichnet, also das, was wir als Inbegriff der mit dem väterlichen Samen vermittelten Eigenschaften, kristallisiert im Subjekt, kennenlernten, lautet *sunsum*. Das Wort meint aber nicht nur das »Wesen« eines Menschen, sondern allgemein das »Wesen« eines Gegenstands, das, was dem Gegenstand charakteristische Eigenschaften verleiht und ihm erlaubt, Macht auszuüben und sich in der ihm eigentümlichen Weise zu verhalten. Es ließe sich also mit unserem Wort »Geist« wiedergeben, wenn wir darunter das Ganze und Eigentümliche eines Menschen oder einer Erscheinung verstehen, im Unterschied also zu einem »Geist«, der seiner Erscheinung nur »innewohnt« und sie als etwas Zweites beherrscht.[19]

Daran knüpft sich der Begriff der Gattung. Alles, was ist, ist geistbegabt, jedes einzelne Seiende unterscheidet sich durch seinen Geist von jedem anderen, die Typen oder Kategorien von Geist bewirken die Gattungen. Aber neben dem in den Dingen, in den Gattungen und im Ganzen der Welt sichtbaren *sunsum* gibt es ein *sunsum*, das nichts anderes ist als *sunsum* und das nur außergewöhnliche Menschen in außergewöhnlichen Situationen als etwas Sichtbares wahrnehmen: Gottheiten, Ahnengeister und personifizierte Talismane (»Fetische«). Auch die unsichtbaren Geister nehmen jedoch eine allen sichtbare Gestalt an, wenn sie einen Menschen ergreifen, sein eigenes *sunsum*, seine eigene »Persönlichkeit« gleichsam verdrängen; das unsichtbare *sunsum* wird dann als »Geist« eines Menschen sichtbar. Mit anderen Worten: als Besessener ist der Mensch selbst die Gottheit, der Ahnengeist oder der personifizierte Talisman.[20]

Im Denken vieler anderer Völker erscheint nicht das Ganze der Welt als geistbegabt, sondern nur das, was wir in unserer Tradition als »Selbstbewegtes« zusammenfassen. So bedeutet das Wort *muuya* in der Sprache der Tonga von Zambia, gemeinhin als »Geist« übersetzt, zunächst Luft oder Atem. Menschen, Tiere und gewisse körperlose Mächte der Wildnis besitzen *muuya*; das *muuya* kann sich von seinem sichtbaren Pendant ablösen, verselbständigen und aus eigenem Willen bewegen; es erscheint anderen in Träumen und Visionen, und zwar auch noch nach dem Tod des Lebewesens, dessen *muuya* es ist. Es ist körperlos, keine Substanz, sondern Bewegtheit, die man an etwas wahrnimmt. Tonga vergleichen es deswegen mit dem Wind; sie nennen die Geister »Wind«, »weil wir sie nicht sehen. Wir wissen, was sie sind, aus dem, was sie tun, gerade so, wie wir den Wind nicht sehen, aber aus dem, was er tut, wissen, daß er da ist.«[21]

Jedes einzelne *muuya* ist das Wesen einer Gattung, das sich in allen Exemplaren einer Gattung reproduziert, jedes Lebewesen zu einem Exemplar seiner Gattung macht. Unter Umständen kann es auch dem Exemplar »entströmen« und in einen Menschen eindringen, um sich ihm aufzuprägen. Wiederum wird das *muuya* des Menschen verdrängt, der dann von dem fremden *muuya* erfüllt oder besessen ist, d. h. die Eigenschaften einer anderen Gattung annimmt. Diese Fähigkeit besitzt nicht nur das *muuya* von Menschen und Tieren, sondern auch das von Gegenständen, die wir als selbstbewegt, aber nicht lebendig auffassen: Autos, Traktoren, Züge, Motorboote und Flugzeuge.

Der Geistbegriff der Tonga steht dem Begriff des menschlichen Geistes zweifellos näher als der Geistbegriff der Akan. Die Beschränkung des Geistbegriffs auf Selbstbewegtes ließe sich, wenn auch nur sehr vage, einem kosmologischen Code zuordnen, den die ältere, kulturhistorische Ethnologie als »manistisch« bezeichnete. Im Gegensatz zu dem in Westafrika und im Sudan dominierenden Glauben an die »Belebtheit« oder »Geistbegabtheit« der Natur überhaupt – also im Gegensatz zum »Animismus« – stehen im Mittelpunkt des »manistischen« Weltbilds die Geister der Verstorbenen. Das Verhältnis zwischen den Geistern der Ahnen und Heroen, den »Kräften der Gesellschaft«, und den Geistern und Gottheiten der Wildnis und der Gewässer, den »Kräften der Natur«, das wir an westafrikanischen Kosmologien beobachteten, läßt sich in den »manistischen« Bantu-Kosmologien nicht mit gleicher Prägnanz nachweisen, sei es, weil nur Selbstbewegtes als begeistet gilt, wie bei den Tonga, sei es, weil bestimmte Naturerscheinungen zwar als »belebt« gelten, ihr »Geist« aber mit dem Geist eines Verstorbenen gleichgesetzt wird, wie zum Beispiel bei den Bemba.

»Im Bantu-Gebiet«, schreibt Hermann Baumann, »ist allgemein die Kategorie dieser nicht-manistischen Geister weniger entwickelt, und nicht selten ist ihr Zusammenhang mit den allmächtigen Ahnengeistern noch deutlich zu erkennen.«[22] Zwar offenbart sich Geist auch hier in Naturerscheinungen, im Wirbelwind, im Regen, in der reichen Ernte, in Grotten, Quellen und einsamen Wäldern, aber dieser Geist gilt dann nicht als das »Wesen« der Erscheinung selbst, sondern als Geist eines Verstorbenen, der sie bewirkt. Solche Geister Verstorbener gleichen aber jener Art des *sunsum* bei den Akan, das nicht selbst das »Wesen« einer Erscheinung ist, sondern sich, nur außergewöhnlichen Menschen sichtbar, in den Erscheinungen »manifestiert«.

Die Worte, die wir als »Geist« übersetzen, besitzen in vielen Bantusprachen zugleich den Sinn von Wind, Hauch oder Atem. Die Bewegtheit von Geist scheint verständlich, wo Selbstbewegtes als geistbegabt gilt, reflektiert aber auch, daß als Geist einer Erscheinung das gilt, was den Menschen berührt oder bewegt. So sprechen die Tonga vom *muuya* vor allem solcher Erscheinungen, von denen Menschen besessen oder ergriffen sind. Der Vergleich des Geistes mit Wind, Hauch und Atem unter dem Aspekt der Bewegung bezieht zwar die Wechselfälle des Bewegtseins ein, nicht jedoch ein Werden und Vergehen von Geist selbst. *Muuya* ist vielmehr gerade das Unwandelbare, das bleibt, wenn das Lebewesen stirbt, das Gattungsspezifische, das in den Lebewesen wiederkehrt und sogar den Körper eines Menschen umprägen kann.[23]

Die Aufgabe, das Unwandelbare zu bezeichnen, das sich in einer Vielzahl von Erscheinungen reproduziert und auch Menschen erfüllt, übernimmt zuweilen ein Wort, das in seiner Grundschicht Schatten oder Abbild bedeutet. Bei den Cokwe von Angola ist das pneumatische Prinzip, *moyo*, Atem oder Leben, zu einem Vergänglichen geworden, das mit dem Lebewesen stirbt. Das Unwandelbare der Erscheinungen nennen die Cokwe *cizulie*, das Bild, die in den sich wandelnden Erscheinungen gleichbleibende Form, ungreifbar, aber sichtbar, körperlos, aber handelndes Subjekt. *Cizulie* kann als »Schatten« (oder »Seele«) übersetzt werden, aber die Cokwe verwenden nicht dieses, sondern andere Worte, um den Schatten im buchstäblichen Sinn zu bezeichnen.

So meint *cizulie* genauer die Gestalt, die man sowohl an den Gegenständen wie an ihren Schatten wahrnimmt, ebenso an Bildern, im

Spiegel und an Skulpturen aus Lehm oder Holz. Das, was den Menschen an den Dingen, den Lebewesen und den Toten bewegt, ist ihr *cizulie*, das im Traum erscheint und mit Pein oder Glück erfüllt. Es ist das *cizulie*, das Menschen ergreift und ihnen sich – die Gestalt – aufzwingt.[24]

Die Geistbegriffe afrikanischer Sprachen bilden eine Familie, deren Genealogie wir nicht kennen. Was in der einen Sprache der Name eines bestimmten Geistes oder einer Gruppe von Geistern ist, kann in einer benachbarten Sprache Geist im allgemeinen bezeichnen, wobei wir nicht wissen, ob sich dies einer Verallgemeinerung verdankt oder einem Verfall ins »Dämonische«. Mit den Worten wechseln die Bedeutungen; unser eigener Begriff von Geist kann diesen Bedeutungsveränderungen nur teilweise folgen, wir sind gezwungen, Begriffe des Wesens, der Gestalt oder des Bilds in der Übersetzung mitzudenken. Dennoch zeichnet sich in unseren Paradigmen ein eigentümliches Verhältnis von Geist und Wirklichkeit ab, das sich am besten in der Konstellation von beobachtetem Gegenstand, bewegendem Geist und darstellender Besessenheit beschreiben läßt.

In allen drei Paradigmen erscheint Geist einerseits als an einen Ort gebanntes Gegenüber des Menschen, andererseits als ein frei Umherschweifendes, Bewegtes, das zuweilen einzelne Menschen bewegt und erfüllt. *Sunsum*, das nicht der Geist einer Erscheinung ist, sich aber in Erscheinungen manifestiert – ebenso der Geist eines Verstorbenen, der sich in der Natur offenbart –, *muuya*, das Gattungsspezifische des Selbstbewegten, und *cizulie*, das unwandelbare Bild in den Erscheinungen, verkörpern sich, soweit sie sichtbar werden, entweder im Kosmos oder im Menschen; sie gehen von einem Ort zum anderen und von Mensch zu Mensch.

Das Wechselspiel von Bannung und Bewegung des Geistes in der Außenwelt wiederholt sich in der rituellen Praxis. Der bewegte Mensch gleicht sich der Gestalt an, die ihn bewegt; und er errichtet ihr in der Regel einen Schrein, in dem er den Geist, der ihn manchmal erfüllt, als ruhendes, gebanntes Gegenüber verehrt. Die rituelle Praxis vergegenwärtigt den Geist. Sie schiebt sich, weil sie tradierbar ist, zwischen den beobachteten Gegenstand, der einmal als Manifestation des Geistes galt, und seine menschliche Verkörperung. Dabei ist es in diesem Zusammenhang, wo es um die Auslegung der Begriffe *cizulie, muuya* und *sunsum* geht, ohne Belang, ob sich die Gestalt, welche die rituelle Praxis einerseits im Schrein, andererseits in der bewegten Darstellung vergegenwärtigt, im Laufe der Zeit, von Generation zu Generation, verändert: Sie gilt als unwandelbar.

Man kennt die Gestalt der Verstorbenen aus der eigenen Erinnerung, später, wenngleich modifiziert und verallgemeinert, aus der rituellen Praxis ihrer Schreine und aus ihren Verkörperungen in Menschen, den Gliedern einer von Generation zu Generation fortgesetzten Kette, in der sich die Gestalt, neben der »wirklichen« Genealogie, überliefert.

Der Anblick der Naturmächte, Regen und Gewitter, Tiere und Bäume, Berge, Wälder, Flüsse und Seen, und der Anblick von Fremden, mit ihrer exotischen Tracht, ihrer Ausrüstung, ihrer Gestalt und Hautfarbe, kehrt zwar von Zeit zu Zeit zurück, ohne jedoch alltäglich und praktisch verfügbar zu werden. In allen diesen Fällen ist Geist also das Bild einer *passio*, deren Subjekt, ob vergangen oder entfernt, praktisch abwesend und unzugänglich, sich in Schreinen und Menschen verkörpert.

Die These vom Empirismus dieser Konzeptionen von Geist darf freilich nicht so verstanden werden, als sei das, was als »Bilder von *passiones*« notwendig auf ein Anschauliches zurückverweist, immer mit einer Wirklichkeit identisch, die der »empirischen Überprüfung« im wissenschaftlichen Sinn standhält. Im Gegenteil, die »Bilder von *passiones*« wirken auf die, die sie nicht teilen, oft als reine Phantasmen, verzerrt gegenüber der Wirklichkeit, verkleinert, vergrößert, zergliedert und verkehrt oder verschoben zusammengesetzt. An Phantasmen erinnern die Bilder amorpher Erscheinungen, Windhosen, Sturmwinde, Gewitter, farb- und formloses Wasser. Aber Jäger zum Beispiel begegnen auf ihren Wanderungen auch Wesen, die wir in einem schlichten Sinn »Geister« nennen könnten.

Ich illustriere diesen Aspekt von Geist. Bei den Cokwe streift Muhangi, ein alter Mann, der einmal ein großer Jäger war, schauerlich rufend durch die Wälder; Kanyali, der die Gestalt eines Mädchens hat, trägt einen Termitenhügel auf dem Kopf und verfolgt Wanderer; Kapwakala, ein Kind, das in Baumlöchern haust, raschelt mit seiner Fellschürze; Ciyeye, ein großes Feuer, läuft im Walde umher; Kalulu, ein kleines, rotes Kind, saust durch die Luft und surrt; Nguza, ein großes Auge, hockt im Baum und glotzt; und Samutambieka, ein Tier mit einem Auge, einem Fuß, einem Arm, einem Ohr und einem Zahn, trägt eine Keule, rot vom Blut erschlagener Menschen.[25]

Anderswo glaubt man an *sasabonsam*, dessen Füße vorwärts und rückwärts weisen; an halbe Menschen, an Wesen, aus deren Wunden

Wasser fließt, an andere, die zur Hälfte aus Wachs bestehen oder an solche, die im Wasser leben, halb Mensch, halb Fisch, mit langen, glatten Haaren. Zuweilen sind auch diese zergliederten und zusammengesetzten Wesen Geister, denen man Schreine errichtet und die sich in Menschen verkörpern.[26]

Wie uns diese Geister als Phantasmen erscheinen, so wirkten unsere Phantasmen, unsere Experimente mit theriomorphen und anthropomorphen Formen, auf Afrikaner in der ersten Phase ihrer Begegnung mit der modernen Technik häufig als Manifestationen von Geist, der sich, wie andere Geister, auch in Menschen verkörperte. Das Flugzeug, das wie ein Vogel dahinflog, der Panzer, der wie ein Rhinozeros durch das Gelände stampfte – all diese neuen, eisernen Manifestationen von Geist konnten in Schreinen verehrt und gebannt und in Tänzen dargestellt werden.

Im Griff einer anderen Kultur

Die Shona und die Leute von der Küste

Der rituelle Prozeß, in dem ein Mensch Geistern und Gottheiten Schreine errichtet, um sie zu ehren, und zu anderen Zeiten diese Geister und Gottheiten mit seinem Körper darstellt, weil er von ihnen »besessen« ist, läßt sich, wenn wir annehmen, die erörterten Übersetzungsmöglichkeiten seien mit je eigenem Recht heranzuziehen, unter zwei komplementären Aspekten betrachten: unter einem subjektiven, nach dem das Ritual innerseelische Komplexe ausdrückt und anschaubar macht, und unter einem objektiven, nach dem es außerordentliche, »bewegende» Ereignisse wiederholt, als kulturelle Leistung anschaubar macht und somit zu ihrer kontrollierten Verinnerlichung beiträgt. Der Mensch, der die »Bilder seiner *passiones*« teils in sich empfindet, verkörpert, teils in Schreinen sich gegenübersetzt, unterzieht sich, seine *passiones*, einem Ritual, in dem er zugleich jenen Teil seiner selbst, durch den er sich von den Nahestehenden abgrenzt, als das Andere seiner eigenen Kultur anerkennt.

Wir stießen auf dieses »Andere der eigenen Kultur« bei den Tallensi, dort genauer zu definieren als das »Andere der eigenen Lineage«, also die spezifischen Eigenschaften – und in diesem Sinn die »Kultur« – von *saan*, Fremden, ein »Anderes«, das die Riten als *bakologo*-Konstellation artikulierten. Dieses Andere besaß in erster Linie weibliche und mütterliche Züge, die nur dann mit dem Bild einer anderen Kultur in unserem Sinn verschmolzen, wenn ein Mann in seinen *bakologo*-Schrein die »Bilder« von Mamprussifrauen aufnahm, mit denen er durch seine Mutter verwandt war.

Der rituelle Kosmos von Ashanti artikulierte das »Andere der eigenen Lineage« als das *sunsum*, die durch den Samen übertragenen Eigenschaften des Vaters und seiner Verwandtschaft väterlicherseits, das Andere im Sinne einer absoluten Negation der eigenen Lineage, des eigenen Bluts, als Bindung an *sasabonsam*, eine Macht des undurchdringlichen Regenwalds. Inbegriff des »Anderen der eigenen Kultur« waren dagegen die Savannen des Nordens, die fremdeste Landschaft, und ihre Bewohner, die man in alten Zeiten mit der Kategorie des *odonko*, des Sklaven, ineinssetzte, in der Kolonialzeit jedoch als unverdorbene Naturmenschen bewunderte, deren »Geist« sich Scharen von Ashanti rituell aneigneten.

Bei Ashanti und Tallensi fällt also das »Andere der eigenen Kultur«, das rituell von denen geehrt wird, die es bewegt und die sich darin von Nahestehenden differenzieren, manchmal, aber keineswegs vorrangig, mit dem zusammen, was wir, auf dem jeweiligen Standpunkt, als eine »andere Kultur« bezeichnen würden. Diese Rangfolge in der inhaltlichen Bestimmung des »Anderen« kehrt sich nun um, wenn wir gewisse Regionen des Bantu-Gebiets betreten, nämlich solche, deren Landschaften einförmiger sind als die von Ashanti und deren soziale Systeme mehr kulturelle Heterogenität zulassen als das der Tallensi. Wir stoßen hier zugleich auf jene Kosmologien, die Baumann dem »Manismus« zurechnete, d. h. auf Kosmologien, in denen Geist immer oder überwiegend der Geist Verstorbener ist, auch wenn er sich zusätzlich in Naturerscheinungen oder Tieren verkörpert. Indes sind Totengeister keineswegs immer Ahnen, neben den Ahnen gibt es vor allem die Totengeister von Fremden, die ich, um eine ethnologische Konvention aufzugreifen, »Fremdgeister« nenne.[1] Diese »Fremdgeister« erweisen sich nun als Inbegriff eines »Anderen der eigenen Kultur«.

Die Shona, ein Konglomerat von Stämmen mit wechselseitig verständlichen Dialekten und untereinander verwandten Sozialstrukturen, leben im heutigen Zimbabwe und in angrenzenden Teilen Mosambiks. Seit Jahrhunderten standen sie im Austausch mit Fremden, die als Händler, Jäger und Siedler in ihr Land kamen. Schon vor einem Jahrtausend wurde zwischen Zambezi und Limpopo Gold gewonnen. Vom 11. bis zum 15. Jahrhundert kontrollierte Groß-Zimbabwe die Handelswege zwischen den Goldminen und dem Indischen Ozean; es war, obgleich im Inneren des Kontinents, an die Handelswege des Indischen Ozeans angeschlossen. Bei Ausgrabungen in den Ruinen von Zimbabwe fand man persische Fayencen und chinesische Teller aus dem 13. und 14. Jahrhundert.

Nach dem Untergang von Groß-Zimbabwe entstanden zwei neue Reiche, die sich die Kontrolle des Goldhandels teilten. Im goldreichen Tal des Mazoe entstand das Reich des Mwene Mutapa, im Süden, nahe dem heutigen Bulawayo, das des Changamire. Beide Reiche bestanden aus einer Schicht von Bauern, Goldgräbern und Kriegern, deren Kultur der der heutigen Shona schon sehr ähnlich war, und einer Aristokratie, die wenigstens in der Erinnerung der Priester noch überdauert. Längs des Zambezi entstand ein System von Handelsposten, unter der Kontrolle islamischer Küstenbewohner, das aber schon im 16. Jahrhundert, zusammen mit dem Reich des Mwene Mutapa, unter portugiesischen Einfluß geriet. Im Laufe des 17. Jahrhunderts betraten Dominikaner und Jesuiten das Reich, am Zambezi siedelten sich desertierte portugiesische Seeleute und Soldaten an, Waisenmädchen und Prostituierte aus Portugal, Inder aus Portugiesisch Goa. Dagegen wurde das Reich des Changamire erst in den dreißiger Jahren des 19. Jahrhunderts von den Ndebele unter Gundwane zerstört, die sich dort ansiedelten und schließlich, zusammen mit den Shona, von den Engländern kolonisiert wurden. Sowohl die Dynastien wie die Begegnungen mit Fremden hinterließen ihre Spur in den Kulten der Shona.

Das Shonawort, das wir als »Geist« übersetzen, lautet *mwea* und bedeutet, wie *muuya* bei den Tonga, Hauch oder Atem, den die Shona mit Wind vergleichen. Geist erkennen die Shona nur an lebenden Menschen, freigesetzt als Geist Verstorbener, sowie an Pavianen, die menschenähnlicher sind als andere Tiere; der Geist Verstorbener verkörpert sich in Löwen, in den Gewässern, in Himmelskörpern, Regen, Gewitter und Wind, sowie in lebenden Menschen, ihren Medien. Es gibt, wie in vielen Bantu-Kosmologien, vier Kategorien von Geistern, die Heroen *(mhondoro)*, die Ahnen *(vadzimu)*, die friedlosen Toten *(ngozi)* und die Fremdgeister *(mashave)*.

Die Shona transfigurieren in ihren Bestattungsritualen den Geist des Toten in einen Ahnengeist, der dann seine patrilinearen Nachkommen unterstützt und überwacht. Wer aber bei seinem Tod einen Groll hegt, sei es, weil er ermordet wurde, sei es, weil er zu seinen Lebzeiten jemandem einen Dienst leistete oder jemandem etwas lieh, und Dienst oder Pfand wurden nicht zurückerstattet, sei es wegen einer enttäuschten Ehe oder einer nicht anerkannten Elternschaft, dessen Geist wird den Schuldigen oder einen seiner nahen Verwandten überfallen, von ihm Besitz ergreifen und durch seinen Mund Sühne oder Begleichung der Schuld verlangen. Solche friedlosen Totengeister ziehen sich zurück, sobald man das Unrecht beglichen hat.[2]

Die Geister der Heroen sorgen für das Wohlergehen des Landes, jeder in seiner Landschaft, und regeln die politischen Geschicke der Einwohner. Sie sind gerecht wie die Ahnen und sogar die friedlosen Toten, die nur erlittenes Unrecht gesühnt sehen wollen. Die Menschen begegnen den Heroen ihrer Landschaft jedoch nicht mit der innigen Vertrautheit, mit der sie ihren Ahnen begegnen. Die Stämme ziehen die Grenze zwischen sich und den Heroen auf je eigene Weise, im Glauben, daß sich die Heroen in der fremden Natur verkörpern oder daß sie nicht dem Land selbst entstammen, sondern in grauer Vorzeit aus einer Gegend nördlich des Zambezi einwanderten, oder daß sie sich umgekehrt nie in den Autochthonen ihrer Landschaften verkörpern, sondern nur in Menschen fremder Landschaften.[3]

In den Bildern der Heroen verschmelzen die Naturerscheinungen mit den großen Dynastien der Vergangenheit und den charismatischen Priestern, die diese Bilder von Generation zu Generation verkörpern. Chaminuka wird ineinsgesetzt mit dem Regen und dem Mwene Mutapa, Nehanda mit dem Morgenstern und dem Reich des Mwene Mutapa, Dzivaguru zuweilen mit Regen, Donner, Blitz und Wind. Oft leben die Heroen als Löwen in der Wildnis, wie entfernte Ahnen manchmal in Bäumen residieren, am Grund der Teiche und Flüsse, in den Wäldern, auf den Bergen oder im Himmel.[4]

Der Heroenkult, der im Reich des Mwene Mutapa schon vor der Ankunft der Portugiesen eine politisch wichtige Rolle spielte, überdauert vor allem bei den Korekore am Zambezi, einem Amalgam aus Shona sprechenden Karanga, die im 15. Jahrhundert das Reich des Mwene Mutapa begründeten, und autochthonen Tonga und Tavara. Jeder Heros wird, wie ein autochthoner Erdgeist, nur in seiner eigenen Landschaft verehrt, aber untereinander bilden die Heroen eine Hierarchie, die das politische System der Eroberer abspiegelt. Gruppen von Landschaften schließen sich zu einer Provinz zusammen, die Heroen dieser Landschaften unterstehen einem Heros höheren Rangs. An der Spitze der Hierarchie steht ein Heros, der manchmal mit dem Mwene Mutapa identifiziert wird.

Die Hierarchie der Geister und Landschaften wiederholt sich als Hierarchie ihrer Priester. Generation um Generation verkörpert ein Priester ein Bild, das er dem des Mwene Mutapa angleicht, andere das seines »Bruders«, »Schwiegervaters«, »Mutterbruders« und anderer »Verwandter«. Solche fiktiven Verwandtschaften definieren die Beziehungen der Geister und Landschaften untereinander und die Hierarchie der Ämter, während die Amtsinhaber (fast) immer von außen berufen werden, als Menschen sich fremd gegenüberstehen und als Fremde kühl und distanziert in den rechtlichen und politischen Fragen urteilen, in denen die autochthone weltliche Autorität oft befangen und selbstsüchtig handelt.

Die Fremdheit zwischen Mensch und Heros äußert sich nicht nur in der Berufung von Fremden zum Amt des Priesters, sondern dramatischer noch in der Berufungsgeschichte selbst. Wer zum Priester berufen wird, ist von einem Geist besessen, der eine Weile als Löwe in der

Wildnis gelebt hat, er brüllt wie ein Löwe, tobt, ißt rohes Fleisch, irrt in der Wildnis umher, um verborgenes Wissen zu erlernen und das Wesen seines Geistes zu erkennen. Erst dann stellt er sich dem ranghöchsten Priester, läßt sich prüfen und in sein Amt einsetzen.[5]

Die Heroen, ob autochthon oder zugewandert, schaffen Gerechtigkeit in dem Land, das sie regieren, und dieser unverbrüchlichen Bindung an das Land und seine Bewohner widerspricht in keiner Weise die doppelte Distanz, in der ihre Priester als Fremde und zeitweilig Verwilderte zur gerechten Ordnung des Landes stehen, weil ein gerechtes und unbefangenes, unparteiisches Urteil eine solche Distanz voraussetzt. Die an keinen Ort gebannten *shave* dagegen, um noch einmal unser Akan-sprichwort aufzugreifen, brechen kein Gesetz; als Totengeister von Fremden stehen sie, wie Fremde, außerhalb der Rechtsordnung. Die Berufungsgeschichten der Priester des Heroenkults und der von *shave* besessenen Menschen folgen dem gleichen Muster, dem allgemeinen Muster der Übergangsriten, aber bei den *shave*-Besessenen zeigen sich während der Initiation nur milde Zeichen von Verwilderung; sie verlassen ihren heimatlichen Lebenskreis nicht; sie gewinnen keine – oder nur wenig – Distanz, die zu objektivem Urteil befähigt, wohl aber spezifische Gaben, Eigenschaften und Fähigkeiten, die sie zur Ausübung eines Berufs qualifizieren und durch die sie sich gegenüber den Nahestehenden in Verwandtschaft und Nachbarschaft differenzieren; und während die Priester der Heroenkulte eine hierarchische Körperschaft bilden, bilden die von einer Kategorie von Fremdgeistern Besessenen eine lockere Gemeinschaft von Gleichen, die gelegentlich zu kultischen Zwecken zusammentritt und die ich deswegen »Konventikel« nenne.

Ein *shave*-Konventikel faßt, jeweils innerhalb einer nicht näher bestimmten Region, alle zusammen, die von den Totengeistern eines bestimmten »Stammes« besessen sind, seien dies Shona fremder Clans, fremder Stämme, Ndebele, Europäer oder Leute von der Küste, die als Händler oder Jäger zu den Shona kamen und dort starben. Da die Besessenen die Eigenschaften eines Stammes annehmen, bietet ein *shave*-Konventikel in gewisser Hinsicht auch das Bild eines Stammes. Wenn sich, wie ich annehme, die Besessenheit nicht allein als Projektion und Differenzierung verstehen läßt, sondern stets zugleich »Bilder von *passiones*« entwirft, müssen wir auf die Ethnizitätsbilder der einzelnen Konventikel ebenso viel Aufmerksamkeit verwenden wie auf deren Struktur und Rekrutierung, d. h. wir müssen uns auf die Details der dargestellten Trachten und Bräuche einlassen. Das ist möglich dank der akribischen Aufzeichnungen, die Michael Gelfand zum *shave*-Kult der Zezuru im mittleren Shonaland veröffentlicht hat.[6]

Ich beginne meinen Überblick über die vergeisteten Fremden mit einem *shave* namens Zvipenzi, dessen Ethnizität ich allerdings nicht angeben kann. Von Zvipenzi werden nur Mädchen und Frauen besessen. Wenn ein elf- oder zwölfjähriges Mädchen von seiner Mutter einen kleinen Auftrag erhält, z. B. Wasser zu holen, es diesen Auftrag gewissenhaft ausführt, die Mutter sich bei ihm aber nicht bedankt, kann es passieren, daß sein Kopf plötzlich wie haltlos in den Nacken fällt. Man sagt dann nicht, das Mädchen lasse den Kopf hängen; vielmehr vermutet man, es habe den Zvipenzi, einen Geist, der es zu fleißiger Arbeit treibt und unwillig macht, wenn sein Fleiß nicht mit einem Dankeswort belohnt wird. Nun kommt es den Shona nicht in den Sinn, jungen Mädchen diesen eigenwilligen Geist auszutreiben. Statt dessen wird der Vater eine Frau aus dem Zvipenzi-Konventikel einladen, die seine Tochter begutachtet, um festzustellen, ob sie wirklich den Zvipenzi hat. Falls ja, macht man sich unverzüglich an die Festvorbereitungen; die Verwandten kommen zusammen und die Frauen brauen Bier, wobei sie Zvipenzi-Lieder singen: »Ich bin ein Narr, laßt mich ein Narr sein.«

Zum Fest kommen dann neben Nachbarn und Verwandten Scharen von Zvipenzi-Frauen, um zu tanzen, Preislieder zu singen und Bier zu trinken; in der Hand tragen sie eine Axt und einen Stock, sie ziehen die Kleider an und schmücken sich mit den bescheidenen Kleinodien, worin der Geist sich darzustellen liebt: ein cremefarbener Rock mit Taschen, eine Halskette mit einer weißen Muschel und eine andere, die sie um die Taille legen. Auf zwei kleinen Trommeln schlägt man den Rhythmus, der den Zvipenzi herbeizitiert. Die Frauen schwingen Rasseln und tanzen den Zvipenzi. Nach einer Weile legt auch die Debütantin die Tracht des Geistes an und fällt, noch unbeholfen, in den Tanz mit ein. Ihre Initiation ist damit abgeschlossen, sie wird fortan mit den gleichbesessenen Frauen zum Konventikel gehören und bei der Initiation weiterer Mädchen mittanzen. In ihrem alltäglichen Arbeitsleben wird sie, von Zvipenzi erfüllt, zu einer ebenso fleißigen wie empfindlichen Frau heranwachsen. Wenn sie heiratet und ihr Ehemann einmal vergessen sollte, sich für die Hausarbeit zu bedanken, wird sie nicht mehr, wie als uneingeweihtes Mädchen, den Kopf in den Nacken werfen, sie wird, als und wie eine Besessene, gerade die Arbeit ohne Sinn und Nutzen wiederholen und wiederholen, für die ihr der Dank versagt wurde. Ihr Hals verrenkt sich, und doch wird sie nicht aufhören, Wasser heranzuschleppen, bis ihr Mann die Besonderheit ihres Geistes ausdrücklich anerkennt und rühmt.[7]

Bleibt in diesem Fall dunkel, welchem wirklichen Stamm die Shona den Geist der fleißigen Hausfrau abgeschaut haben, so liegt die Herkunft eines anderen Geistes, Varungu, der die Leute zu peinlicher Sauberkeit anhält, leider nur allzu deutlich auf der Hand. Es ist dies der Geist der Europäer. Varungu, ein Geist, dessen Name wie die Namen der meisten Fremdgeister ein Pluralpräfix trägt, weil es der Geist einer Gattung ist, ist der Geist der toten Europäer, die in alten Zeiten auf der Suche nach Gold und Jagdwild zu den Shona kamen.[8] Lange bevor die Shona Bräuche, Tracht oder Speisen der Europäer in ihrem Alltagsleben übernahmen, schliefen die Besessenen des Varungu-Konventikels in Betten mit weißen Bettlaken, sie trugen weiße Hemden und weiße Hüte, sie aßen mit Messer, Gabel und Löffel von weißen Tellern und tranken aus weißen Tassen; Reis, Fisch, Huhn, Pfeffer, Zwiebeln, Tomaten und gekochte Eier, der alltäglichen Küche unbekannt, waren ihre Kultspeisen. Wenn sie in Trance fielen, neigten sie zur Nörgelei; sie zeigten auf das eine oder andere Hemd und sagten, es sei alt, oder auf ein Bettlaken, das ihnen zu schmutzig war. Auch außerhalb des Konventikels achteten sie peinlich auf Sauberkeit, ständig wuschen sie sich die Hände, zweimal täglich am ganzen Körper, und wenn sie sich setzten, breiteten sie immer eine Matte oder ein Fell aus, um ihre makellose Kleidung nicht schmutzig zu machen.[9]

Nicht alle Europäer, die die Shona kannten, waren so sauber und harmlos wie Varungu. Madona, ein *shave*, der sich nur in Frauen verkörpert, trägt einen sauberen Hut, ein weißes Hemd, ein weißes Schultertuch, weiße Perlen und eine kleine Axt; er speist mit Messer und Gabel, pfeffert sein Bier und schlürft es vom Teller. Wird eine Frau seines Konventikels schwanger und der Ehemann vernachlässigt sie, m. a. W. er versäumt es, ihren Geist zu achten, so wird sie ihr Kind verlieren. Man sagt dann, Madona habe den Foetus gegessen.[10]

Viele *shave* besaßen mehrere Gestalten, wie nicht alle Menschen einer ethnischen Kategorie sich gleichen. Mazungu, der Geist der Leute von der Küste, die das Shonaland einst als Sklaven- und Elefantenjäger durchzogen hatten, zieht, wie der Europäer, in dessen Dienst er steht, ein weißes Hemd an, aber er setzt einen Strohhut oder ein rotes Hütchen auf und kleidet sich in Tücher mit schwarzen und weißen Punkten; er liebt gepfefferten Reis, begnügt sich aber auch mit Mehl, vermischt mit rohen Eiern und Pfeffer. Manchmal spricht er Portugiesisch, manchmal Englisch oder Afrikaans. In einer seiner Gestalten ist er Katswamuni, ein Reisender, den es nie an einem Ort hält, in einer anderen Boroma, der Orte liebt, an denen viel Wasser fließt. Demgemäß gliedert sich das Mazungu-Konventikel in Sektionen, deren jede über eine der besonderen Fähigkeiten verfügt, die man an den Leuten von der Küste beobachtet hatte, die einen waren Jäger, die anderen Wahrsager und wieder andere Heiler oder Hexer.[11]

Die Mitglieder eines anderen Konventikels verehren Bveni, den Geist der Paviane. Sie initiieren acht- bis elfjährige Jungen und Mädchen, die besessen werden und plötzlich mit großer Gewandtheit auf Bäume klettern, wenn ein Besessener während eines Konventikels auf sie zeigt. Die Kinder kommen erst wieder aus den Bäumen, wenn man ihnen Kürbisse, Mais oder Erdnüsse vorwirft, die sie sich grapschen und in sicherer Entfernung verzehren. Wer vom Geist des Pavians besessen ist, bindet sich ein schwarzes Tuch um die Taille, an dem hinten ein Pferde- oder Zebraschwanz herabhängt, er setzt sich eine pavianartige Perücke auf und hängt sich zuweilen eine Stickerei aus goldenen, schwarzen und weißen Perlen um die Brust (s. Abb. 6). Die Besessenen, meisterhafte

6 Shona, Zimbabwe, vom Geist des Pavians Besessene in ihrer Tracht.

Akrobaten, belustigen die Zuschauer mit ihren Tänzen, sie heilen und besitzen die Gabe der Hellsicht, oft entdecken sie in Höhlen verborgene Schätze.[12]

Die Geister verstorbener Ndebele verkörpern sich als Jäger, Heiler und Hexer. Die Jägersektion gliedert sich wiederum in Unterabteilungen, die einen fangen das Wild in Netzen, die anderen stellen Fallen auf, und wieder andere gehen mit der Büchse oder Hunden auf die Jagd. Sie legen schwarze Perlenketten um die Stirn, tragen Speere mit eisernen Widerhaken und kennzeichnen sich mit dem Fell einer Buschkatze, einer gefleckten Ginsterkatze, einer Wildkatze oder einer roten Katze (s. Abb. 7). Die Heilersektion trägt eine gebogene Axt, einen Federkopfschmuck, sechs Fibern, je zwei um beide Schultern geschlungen, die fünfte und sechste an die beiden Doppelfibern angebunden, und oberhalb der Wade eine taube Rassel. Auf ihren Konventikeln schlürfen die Besessenen das Bier von den Äxten, sie suchen rastlos nach Sauermilch und essen geröstete Mäuse. Die Hexensektion ist von Geheimnissen umgeben; man sagt, daß eine Schwangere, besessen von einem hexeri-

7 Shona, Zimbabwe, Besessene der Jägersektion des Ndebele*shave* in ihrer Tracht.

schen Ndebele, ihr eigenes Kind frißt, wenn ihr Mann unterwegs von seiner Jagdbeute ißt, anstatt sie unangetastet nach Hause zu bringen. Sobald Ndebele die Frau verläßt und sie wieder zu sich selbst kommt, entdeckt sie ein Bein ihres Kindes, das der *shave* übriggelassen und an der Hüttendecke aufgehängt hat; ihre Kinder erzählen ihr, daß sie selbst den Foetus verzehrt hat; sie weint bitterlich, sieht plötzlich ein blutverschmiertes Messer und stellt fest, daß ihre Hände über und über mit Blut besudelt sind. Obwohl man die Untat nicht »ihr selbst«, sondern »ihrem Geist« zuschreibt, wird der Jäger sie zu ihren Eltern zurückschicken; das Ndebele-Konventikel versucht, Frauen, die von dieser Variante seines Geistes besessen sind, fernzuhalten, obwohl sie die gleiche Tracht tragen wie die Angehörigen der Heilersektion, ähnliche Lieder singen und ähnliche Tänze aufführen.[13]

Das Shonawort, das wir als »Fremde« übersetzen, lautet *vatorwa* und bezeichnet, wie das Tallensiwort *saan*, alle Personen, die nicht zu der patrilinearen Lineage, in diesem Fall dem Clan des jeweiligen Sprechers gehören: die Kategorie der Außenstehenden. *Shave* sind die Totengeister von *vatorwa*, die Geister der Europäer, der Leute von der Küste, der Paviane, der Ndebele, der Shona anderer Stämme – bei den Zezuru gehört hierzu der *shave* Makorekore, bei den Korekore umgekehrt der *shave* Mazezuru – und schließlich auch die Geister anderer Clans des Stammes, zu dem man selbst gehört. Jeder Clan stellt sich als je eigenes Totem dar; jeder Mensch gehört zu einem Totem; von diesem kann er nie »besessen« sein, wohl aber von *shave*, den Totengeistern von Menschen, die zu ihren Lebzeiten einem anderen Totem des Stammes angehörten. So gibt es bei den Zezuru des Distrikts Mtoko einen *shave* namens Mazezuru, der sich, wie die Zezuru selbst, in Clans und Totems teilt. Ein Zezuru kann von jeder Variante dieses *shave* besessen sein, die sich von seinem eigenen Totem unterscheidet.

Die Besessenen des Mazezuru-Konventikels besitzen Medizinhorn, Axt und Speer; sie kleiden sich in zwei Felle, vorne und hinten als Schurz getragen, sie legen ein schwarzes Schultertuch um, an dem ein großes Messer befestigt wird, und binden ein schwarzes Tuch um die Stirn. Sie arbeiten als Heiler und Wahrsager, und zwar mit denselben Mitteln, mit denen die »eigentlichen» Heiler und Wahrsager der Zezuru arbeiten, während die Besessenen anderer *shave*-Konventikel, soweit sie diesen Beruf ausüben, sich fremder Praktiken bedienen. Indes sind die »eigentlichen« Wahrsager der Zezuru nicht »besessen«, sie »lesen« Verborgenes in geworfenen Knochen. Die Wahrsager des Mazezuru-Konventikels identifizieren sich zwar einerseits mit den »eigentlichen« Wahrsagern der

Zezuru, doch besteht zwischen diesen und ihnen andererseits eine dreifache Distanz: Wenn sie arbeiten, befinden sie sich in einem Trancezustand; es sind nicht »sie selbst«, die das Verborgene im Geworfenen »lesen«, vielmehr ist es der Geist eines anderen Totems in ihnen; und sie werfen im allgemeinen nie Knochen, wie die »eigentlichen« Wahrsager, sondern Nachbildungen von Knochen aus Holz oder Pflanzensamen.[14]

Vergegenwärtigen wir uns die ungeheure Bedeutung, die der Tracht, den Artefakten, den Speisen, den Sprachen und Bewegungsgewohnheiten fremder Kulturen in den *shave*-Konventikeln beigemessen wird, so wirkt diese Substitution der Knochen überraschend. Offensichtlich werden die kulturellen Attribute, profan, wie sie in ihren »eigentlichen« Kontexten sind, für die Besessenen zu Paraphernalien ihres Kults. Nur das Ritual erfordert die peinliche Genauigkeit, mit der die Besessenen jedes einzelne Attribut überprüfen. Und doch vermeiden sie die Aneignung »echter« Paraphernalien, und zwar gerade in einem Fall, in dem dies die geringsten technischen Schwierigkeiten bereiten würde. Möglicherweise lastet auf den Paraphernalien der »eigentlichen« Wahrsager ein Tabu, das ihre Verwendung durch Außenstehende verbietet. Doch auch dann zeigt die Substitution ein entscheidendes Moment in der Struktur der Mimesis, um die es hier geht, die Tatsache nämlich, daß der Besessene nie ganz mit dem identisch wird, was er bei einem Konventikel darstellt; er ist vom Geist, der Gestalt einer Sache besessen, nicht von der Sache selbst.

Die Shona und die Gemeinschaft der Ahnen

Wer von einem *shave* besessen ist, unterscheidet sich, nicht in seiner Gesamtheit, aber in einem Teil seiner selbst, von der Körperschaft, die ihn einbeschließt, und den Genossen, denen er in einem idealen Sinn gleich sein soll. Die Shona kennen keine andere Kategorie von Geistern, auf die sie die Differenzierung innerhalb der Körperschaft zurückführen könnten, und einen bewußten Willen zur Differenzierung erkennen sie nicht an. So bewirken auf ihrem Standpunkt die Fremdgeister das, was die väterlichen Gottheiten für die Ashanti bewirken, die väterlichen Ahnen der *yin*-Konstellation für die Tallensi; und jene *shave*, welche die Gabe der Divination verleihen, erinnern darüber hinaus auch an die mütterlichen Ahnen der *bakologo*-Konstellation, durch deren Anerkennung ein Mann zum Wahrsager berufen wird.

Die Shona akzeptieren den menschlichen Eigensinn, der sich im Besessenen äußert, in einer starken Variante während des Konventikels, wo er sein Anderssein als Verschmelzung mit dem Geist eines Fremden darstellt, in einer schwachen Variante im Alltagsleben, wo man teils seine besondere Begabung als Jäger, Heiler oder Wahrsager schätzt, teils seine Idiosynkrasien toleriert, seinen Waschzwang, seine Empfindlichkeit. Ihr Glaube, das Anderssein des Besessenen sei nicht in dessen eigenem Sinn, sondern Äußerung eines fremden Subjekts, setzt aber ein Ideal der Selbstbeherrschung voraus, dem der Besessene offenbar nicht uneingeschränkt gerecht wird. Während das Subjekt der Tallensi seine *yin*-Konstellation vor seiner Geburt vorausbestimmt und das Subjekt der Ashanti schon bei der Empfängnis an die väterlichen Gottheiten gebunden wird, stoßen wir hier also auf den offenen Widerspruch von idealer Autonomie und kontingenter Besessenheit.

Die Shona nennen das Ideal des Shonaseins *unhu*, ein Wort, das Gelfand als »Persönlichkeit« oder »Charakter« übersetzt.[15] Das Kunstwort »Personsein« scheint mir den Sinn von *unhu* genauer wiederzugeben, da es weder einen Inbegriff der allen Menschen zugesprochenen Werte der Menschlichkeit bezeichnet noch die »Persönlichkeit« in unserem, etwas antiquierten Sinn eines Ideals, in dem sich allgemeine Humanität mit einem je einzigartigen, unverwechselbaren Charakter verbindet. *Unhu* meint weniger abstraktes Menschsein als eine spezifische Qualität der Shona und weniger individuellen Charakter als gleiche Eigenschaften der Clangenossen.

Als Abstraktum bezeichnet *unhu* ein moralisches Ideal, die Lebensweise, zu der die Ältesten anhalten. »Jemand, der *unhu* besitzt, beträgt sich gut, achtet seine Eltern und gibt ein gutes Beispiel. Er achtet den Fremden, besonders wenn er älter ist als er selbst. Im Besitz von *unhu* kann man sich jeder Umgebung anpassen; man wird mit besonderer Sorgfalt vermeiden, das Ansehen anderer zu schädigen, man wird kein Unrecht zulassen.«[16] Wer solche Regeln befolgt, ist eine Person, *munhu*. »*Munhu* denkt vernünftig und verantwortlich; er kontrolliert seine Leidenschaften, Instinkte und Sehnsüchte. Wenn jemand einem Verlangen nachgibt, sagt man, er habe kein *unhu*. Jemand, der *unhu* besitzt, steht über den Tieren, wer gierig ist, dem fehlt *unhu*, er hat sich einem animalischen Instinkt ergeben.«[17] *Unhu* ist also ein Inbegriff von Tugend, Vernunft und Selbstbeherrschung; *unhu* fehlt Tieren und Kindern, Unvernünftigen und Unbeherrschten. Kinder gelangen in dem Maß in den Besitz von *unhu*, in dem sie zu Erwachsenen heranreifen und als soziale Personen Anerkennung finden.

Wie Eltern für das Verhalten ihrer Kinder verantwortlich sind, so sind die Ahnen für das Verhalten ihrer mündigen Nachkommen verantwortlich. Sie garantieren das *unhu* der Lebenden und sind selbst die einzigen reinen Repräsentanten von *unhu*. Die Verwandlung eines Menschen, der zu seinen Lebzeiten dem *unhu* mehr oder minder nahekommt, in einen Ahnengeist, der es ganz erfüllt, vollzieht sich in den Bestattungsriten, die wir dank der Analyse von Peter Fry für die Zezuru beschreiben können.

Wenn ein Zezuru stirbt, führen seine Angehörigen drei Riten durch, um sich Besitz, Eigentum und Status des Verstorbenen anzueignen. Im ersten Ritus bestatten sie den Leichnam und verteilen die persönliche Habe, Kleider, Kissen und Pfeifen; ein Jahr später übergeben sie seinem rechtlichen Nachfolger im genealogischen Status, also seinem Bruder oder Sohn, das Eigentum, das der Verstorbene zu Lebzeiten treuhänderisch kraft seines genealogischen Status innehatte, also sein Vieh, seine Frauen, für die er bei der Heirat einen Brautpreis aus dem Eigentum der Lineage überreicht hat, und den Brautpreis, den er für seine Töchter noch erhalten hätte. Markieren die Riten für die Lebenden die rechtsgültige Verteilung von Besitz und Eigentum, so bewirken sie für den Verstorbenen die Transfiguration zum Ahnengeist; der erste Ritus reinigt den Totengeist von allen privaten Eigenschaften, der zweite initiiert ihn in die Gemeinschaft der Ahnen, und der dritte soll wahrscheinlich ausschließen, daß er als *ngozi*, als friedloser Totengeist, noch einmal die Gemeinschaft der Lebenden belästigt. Die Gemeinschaft der Ahnen besteht demnach nur aus Figuren, die von allen individuellen Eigenschaften, von Besitz, Wünschen, Leidenschaften und Ressentiments gereinigt wurden.[18]

Das, wovon der Geist eines Menschen gereinigt wird, wenn man seine persönliche Habe im ersten Bestattungsritual unter den Hinterbliebenen aufteilt, also gleichsam die Beimischung, durch die sich der menschliche Geist vom reinen Ideal des Ahnen unterscheidet, ist der *shave*. Jeder Shona ist von einem *shave* besessen, obwohl nicht jeder sich dessen bewußt wird, den Geist identifiziert und seinem Konventikel beitritt[19]; und deswegen kann auch niemand ohne die reinigenden Bestattungsriten in die Gemeinschaft der Ahnen eingehen. Wie man im ersten Bestattungsritual den Besitz vom Verstorbenen trennt und an Verwandte, nicht nur Agnaten, verteilt, so trennt man auch den *shave* ab, der dann ebenfalls irgendeinen Verwandten ergreifen kann, um sich in ihm erneut zu verkörpern.

Viele *shave* vererben sich von Generation zu Generation, teils durch die komplementäre Matrifiliation, von Müttern an Töchter, teils innerhalb der Lineage. Im zweiten Fall wird der *shave* gewissermaßen von der Lineage adoptiert, er dient der Lineage wie ein Ahnengeist, ohne allerdings für die moralischen Werte der Körperschaft einzustehen; und die Lineage verehrt ihn, fast wie einen ihrer eigenen Ahnen, ohne ihm aber, wie Ahnen und Heroen, Tiere zu opfern.[20] Während die *shave* von Jägern, in geringerem Maße auch die von Heilern und Wahrsagern, oft auf einen Sohn, Brudersohn oder Sohnessohn übergehen, vererben sich die gefährlichen, hexenden *shave* häufig von Müttern an Töchter.[21] Das bedeutet nichts anderes, als daß die Shona glauben, jeder erbe wahrscheinlich seinen Charakter, seine Empfindlichkeiten und seine Talente vom Vater oder von der Mutter, von Großvätern oder Großmüttern. Insofern erinnern die *shave* an die Bestimmungsahnen der Tallensi, aber in der mütterlichen Linie vererben sich *shave* an Frauen, *bakologo*-Ahnen an Männer, und vor allem sehen die Tallensi die Vererbungslinien als schicksalhaft vorgezeichnet, die Shona als kontingent bzw. als Willensäußerung des *shave*.

Da die *shave* von Generation zu Generation vererbt werden, bilden sie ein wahrscheinlich relativ abgeschlossenes Inventar von Figuren, die sich über längere Zeiträume überhaupt nicht oder nur unmerklich modifizieren. Die *shave*-Konventikel stellen gleichsam ein System geronnener Geschichte dar. Wie die Priester des Heroenkults in jeder Generation Geister verkörpern, die man bei den Korekore mit den glorreichen Herrschern der Vergangenheit assoziiert, so verkörpern die *shave*-Besessenen die überlieferten Gestalten aus jenem anderen Teil der Geschichte der Shona, der von ihren Begegnungen mit den Portugiesen, den Ndebele und den Leuten von der Küste handelt. Wie der Ahnen- und Heroenkult die idealisierte Vergangenheit überliefert, so überliefert der *shave*-Kult vergangene Gestalten, umgearbeitet zu tradierbaren Typen oder Figuren, die im Widerspruch zur idealisierten Vergangenheit standen und die sich dazu eignen, den notwendigen Gegensatz zur idealen Gemeinschaft der Shona auch in der Gegenwart auszudrücken.

Der Widerspruch zwischen der idealen Gemeinschaft der Shona, der Gemeinschaft der Ahnen, und den unkalkulierbaren Wechselfällen des wirklichen Lebens, dem Handlungsraum der *shave*, tritt am deutlichsten in jenem Lebensbereich zutage, in dem die agnatische Lineage sich einheiratenden Frauen öffnet, und überall dort, wo sich dem Einzelnen überhaupt nicht die Aufgabe stellt, sich der agnatischen Moral unterzuordnen und die Pflichten seines genealogischen Status zu erfüllen, wo er vielmehr gerade unabhängig und selbständig handeln muß, als Jäger, Heiler und Wahrsager.

Die Widersprüche und Spannungen zwischen Mann und Frau, die sich wechselseitig als *vatorwa*, Fremde, gegenüberstehen, verlangen beiden Seiten aufmerksame Toleranz ab; und dieses Toleranzgebot, in einigen Ehen wichtiger als in anderen, findet sich nachdrücklich in den rituellen Regeln formuliert, die ein Mann gegen den *shave* seiner Frau, eine Frau gegen den *shave* ihres Mannes beachten muß. Der Mann muß die Hausarbeit loben, wenn die Ehefrau von Zvipenzi besessen ist; er muß Madona preisen, wenn seine Frau schwanger und von Madona besessen ist; er darf unterwegs nichts von seiner Jagdbeute essen, wenn seine Frau schwanger und von der hexenden Variante des *shave* Ndebele besessen ist.

Umgekehrt beziehen besessene Ehemänner oft ihre Frauen in bestimmte Riten mit ein. Bevor z. B. ein Mann der Jägersektion des Mazungu-Konventikels auf die Jagd geht, muß seine Frau ihm ein Tuch, eine Kalebasse, einen Speer und einen großen flachen Kupferknopf, den man an das Tuch oder das Jagdmesser bindet, vorlegen, sich ihm gegenübersetzen und die Rolle des Jägers übernehmen, während der Jäger selbst in diesem Ritual seinen *shave* verkörpert; die Frau muß dann in die Hände klatschen und die Worte sprechen: »*Senhoro* (als einem Geist von der Küste gebührt ihm die portugiesische Anrede), ich gehe auf die Jagd, zeig mir das Wild.« Bei Wahrsagern desselben Konventikels muß die Frau ganz ähnlich das Geld vor ihren Mann legen, das der Klient im voraus gezahlt hat, bevor der Mann die Mazungu-Kleider anlegt und mit der Divination beginnt.[22]

Viele *shave* verleihen nützliche Gaben, sie sind gleichsam die Genien der Heiler, Tänzer, Akrobaten, Wahrsager und Jäger, deren spezifische Fähigkeiten das durchschnittliche Maß überschreiten. In diesen Fällen könnte man das, was ich »Konventikel« nenne, weil es keine eigentlichen Organisationen sind, sondern nur gelegentliche Zusammenkünfte zur Ehrung des je gemeinsamen Geistes, auch als Berufsgruppen bezeichnen, als Vorformen von Gilden oder Zünften, da sie die Personen zusammenfassen, die jeweils einen gemeinsamen Beruf ausüben. Bezeichnenderweise sind weder Bauern noch Priester als solche von *shave* besessen; Bauern nicht, weil ihre Tätigkeit gerade die allen Shona gemeinsamen Kenntnisse und Fähigkeiten voraussetzt; und Priester nicht, weil sie sich in erster Linie nicht mit den individuellen Problemen einzelner Klienten beschäftigen, wie Wahrsager, sondern mit den allgemeinen Belangen der politischen Ordnung, die alle angehen. Jäger und

Wahrsager spüren Verborgenes auf; die einen durchstreifen die Wildnis, die anderen erkennen Krankheiten und den Willen der Geister; zwar bilden sie Konventikel, aber sie üben ihren Beruf allein aus – *als* oder *wie* Besessene.

Allerdings, auch die Priester des Heroenkults sind von Geistern Besessene. Ihre Geister bilden, zusammen mit den Ahnen, die ideale Gemeinschaft der Shona, in der es ja eine Differenzierung nach spezifischen Eigenschaften und Fähigkeiten ebensowenig geben soll wie die Empfindlichkeiten und Eifersüchteleien zwischen Männern und Frauen. Die Geister der Heroen oder die Priester, die sie verkörpern, bewirken folglich keine Differenzierung wie die *shave*; im Gegenteil: ihre Aufgabe ist die Entdifferenzierung, die Aufhebung der Unterschiede, die die Angehörigen einer politischen Gemeinschaft entzweien und an gemeinsamem, solidarischem Handeln hindern. Wenn die Priester den Willen der Heroen verkünden, nehmen sie wenigstens für den Augenblick die ideale Gemeinschaft der Ahnen und Heroen vorweg; sie sind die charismatischen Führer, die ihre Gefolgschaft auf ein gemeinsames Interesse einschwören. Dann muß aber auch ihre Art der Besessenheit eine andere sein als die der *shave*-Konventikel.

Exkurs über Besessenheit als Fest und Charisma

Als einzelner und einziger von der halb göttlichen Macht einer glorreichen Vergangenheit besessen sein und in ihrem Namen einer gläubigen Gefolgschaft Rat und Weisung erteilen, wie die priesterlichen Medien des Heroenkults bei den Korekore, ist eines, in einer Schar von den Totengeistern Fremder besessen sein, sich in eine exotische Tracht kleiden und in einem Konventikel von Gleichbesessenen Bier trinken und tanzen, wie die Medien der *shave*, ein anderes. Der Gegensatz ist universal und oft von Ethnologen und Religionshistorikern beschrieben worden, wobei sich aber keine einheitliche Terminologie herausgeschält hat. Die besondere Art der Individualisierung, die wir in der kollektiven Fremdbesessenheit, aber nicht in der individuellen Besessenheit des Mediums gegenüber dem Kollektiv zu erkennen glauben, ist vor dem Hintergrund der divergierenden Begriffe und Wertungen zu entwickeln.

Wir haben gesehen, daß die gegenwartssprachliche Bedeutung der Adjektive »besessen«, »erfüllt« und »ergriffen« auf die Psychologisierung mystischer Begriffe in der Sprache des Pietismus zurückgeht. Besessenheit als seelischer Zustand, der sich in der menschlichen Physis als Trance und Hyperkinese äußert und im Rahmen eines Glaubenssystems als Ausdruck fremder Mächte im Menschen gedeutet wird, ist in der europäischen Zivilisation infolge der Hexenprozesse und später des Mesmerismus und zusammen mit der Säkularisierung von Geist als Denken und Kultur, subjektiver und objektiver Geist, zu Aberglauben und Spiritismus verkommen. Außerhalb dieser Randbereiche bezeichnen wir als »besessen« aber immer noch eine Verhaltensweise, die sich durch Intensität, Exaltiertheit und extremen Individualismus von der Norm abhebt. Wir erwarten Besessenheit am ehesten bei Berufsmenschen, Spielern und Liebenden, deren selbstvergessene Hingabe einen scharfen Kontrast zum gesellschaftlichen und sogar konventionellen Rahmen ihres Handelns bildet.

Steht die scheinbar selbstvergessene Hingabe an die Sache in keinem Widerspruch zu den agonalen Motiven, die den Besessenen antreiben, sosehr sie im Augenblick besessenen Handelns ausgeschaltet sein müssen, so bewirkt das, was wir »erhaben« oder »ergreifend« nennen, im Augenblick der Ergriffenheit eine Auslöschung des individuellen Agons, weil das Ergreifende an die Gemeinsamkeit der Ergriffenen appelliert. In diese Terminologie spielen also noch deutlich die älteren Bedeutungen von Besessenheit durch das Dämonische und Ergriffenheit durch das Göttliche hinein.

Wenn wir diese Terminologie bei der Beschreibung anderer Kulturen verwenden, so werden wir die drei Bedeutungsschichten, die kosmologische, die psychologische und die soziologische, einzeln betrachten und im Hinblick auf die in ihnen mitgedachten Wertungen überprüfen müssen. Dabei wird sich zeigen, daß die ethnologischen und religionshistorischen Definitionen den Ausdrücken der Gegenwartssprache näher stehen, als ihre oft artifizielle und teils wertfreie, teils offen oder versteckt wertende Fassung vermuten läßt.

Die ersten Europäer, die über afrikanische Besessenheitskulte berichteten, waren noch im Besitz eines alleinseligmachenden Glaubens. Die Heiden galten in ihrer Gesamtheit als vom Teufel besessen, und die Missionare hatten diesen Teufel durch die Taufe zu exorzisieren. Später unterschieden sie zuweilen zwischen dem Ahnenkult, in dem sich immerhin eine Art von Pietät bekundet, und dem Besessenheitskult, den selbst noch so versierte ethnographische Beobachter wie Junod und Lindblom als »Exorzismus« deuteten: Sie unterstellten, daß die Menschen, die sie missionierten, also die Kamba (Lindblom) und die Tsonga (Junod), die Besessenen als von bösen Dämonen besessen betrachteten und daß die Rituale der Besessenen folglich der Exorzisierung dieser Dämonen dienen sollten. Tatsächlich waren diese »Dämonen« in beiden Fällen die Totengeister von Fremden, sie galten nicht als »böse«, sondern, wie die Fremden selbst, als jenseits von Gut und Böse, als außermoralische Mächte, die das Ritual nicht austreiben, sondern in Genien oder Hilfsgeister der Besessenen überführen sollte. Die Diagnose des seelischen Zustands als »Besessenheit« traf zu, aber der christliche Dualismus von Gut und Böse wurde in den moralischen Kosmos der Kamba und Tsonga hineinprojiziert, der christliche Exorzismus in ihr Ritual.[23]

Der erste Ethnologe, der den christlichen Begriff der Ergriffenheit, umgemünzt ins Pagane, auf afrikanische Kulte und Kulturen anwandte, war Leo Frobenius, der den oberflächlichen »Tatsachen« eine Tiefenschicht gegenüberstellte, die »Wirklichkeit«, die sich nicht mit dem Verstand erfassen, sondern nur »schauen« lasse. Solche Schau oder Tiefenschau war für ihn keine Leistung eines autonomen menschlichen Subjekts, sondern Gnade einer zum Subjekt erhobenen Wirklichkeit, die den Menschen »ergreift«. Im Mittelpunkt der »reinen«, nicht orientalisch beeinflußten afrikanischen Kulturen stand für Frobenius der Gottkönig, ein Inbegriff des Erhabenen, und die Ordnung seines Reiches sollte nicht auf Gewalt beruhen, sondern allein auf der »Ergriffenheit«, Hingabe und Selbstopferbereitschaft der Untertanen, die von der Natur, der Wirklichkeit, ergriffen waren und die in der Ergriffenheit des Königs ein mitreißendes Vorbild besaßen.[24] Im Gegensatz zur »Ergriffenheit« als Hingabe an Herrschaft kennzeichnet Besessenheit – von Frobenius verfremdend »Schamanismus« genannt, um im Wort die fremde, »asiatische« Herkunft des Phänomens zu signalisieren – ein rebellisches Moment: »Der Kern beruht in der Entwicklung der ›Ichpotenz‹ bis zur Ausbildung von personifizierten Vorstellungskräften und der Ausübung der Macht über sie. Es ist also das dem Manismus entgegengesetzte Lebensgefühl. Dieses beruht im Einssein mit der Wirklichkeit und entsprechender Hingabe, das des Schamanismus aber in einem Aufbegehren gegen die natürliche Wirklichkeitsordnung. Der Mensch rebelliert gegen die Wirklichkeit. Er vollzieht zwischen sich selbst und der Umwelt einen Schnitt, stellt sich als ›Ich‹ auf und wird zum Usurpator.«[25] – Er hat, m. a. W., den Teufel im Leib.

So monarchistisch Frobenius, so demokratisch Erica Bourguignon. In ihren weltweit vergleichenden Studien übernimmt die Besessenheit im

Sinne eines Bündnisses von Geist und Mensch den positiven Part, Besessenheit in unserem Sinn, als Äußerung des eingedrungenen Geistes in Trancen und Hyperkinesen, den Widerpart des Abgefallenseins von einem Stand der Autonomie. In einem Sample von 488 Gesellschaften aus allen ethnographischen Großregionen der Erde glauben 74 Prozent an Geistbesessenheit, ob mit oder ohne Trance, auf den pazifischen Inseln 88 Prozent, in den mediterranen Kulturen 77 Prozent, bei den südamerikanischen Indianern 64 Prozent, bei den nordamerikanischen Indianern 52 Prozent.[26] Ohne Trance komme Besessenheit überwiegend in Gesellschaften vor, die in hohem Maße vom Jagen, Sammeln und Fischen lebten, weder in Klassen differenziert seien noch Sklaven hielten, die über keine zentralisierte Rechtssprechung verfügten, deren Gesamtpopulation jeweils kleiner als 100000 sei, die nur selten die Knabenbeschneidung praktizierten, aber die heranwachsenden Jungen außerhalb der Gemeinschaft initiierten. Mit Trance sei Besessenheit hingegen charakteristisch für Gesellschaften, die »komplexer« seien, d. h. soziale Beziehungen der Über- und Unterordnung enthielten, wobei sich die soziale Unterordnung in der Trance als Entäußerung des eigenen Willens und der eigenen Identität an fremde Mächte abspiegele.[27]

Ergriffenheit als Gefolgschaft, positiv gewertet, Besessenheit (»Schamanismus«) als rebellische Selbstbehauptung, negativ gewertet bei Frobenius; trancelose Geistbindung als Selbstbehauptung und ursprüngliche Religiosität, positiv gewertet, und Trance als Auslieferung an Herrschaft, negativ gewertet bei Bourguignon – diese und viele ähnliche Entwürfe, die ich hier übergehe[28], klassifizieren jeweils ganze Gesellschaften nach ihrer vermeintlichen Einstellung zu individueller Autonomie und kollektiver Gefolgschaft, ohne der Tatsache gerecht zu werden, daß jede einzelne Gesellschaft beide Momente enthalten und in eine Konstellation bringen muß.

Nicht die Wertungen des Ethnologen, sondern die der jeweiligen Gesellschaft selbst stellt dagegen Raymond Firth in den Vordergrund, wenn er Schamanen als Personen definiert, von denen man glaubt, daß sie Geister beherrschen, ob diese Geister nun in der Außenwelt oder im Inneren des Schamanen lokalisiert werden; Geistbesessene als Personen, die ein »abnormales Individualverhalten« entwickeln, das von der Gesellschaft als Zeichen ihres Beherrschtseins durch einen innewohnenden Geist gedeutet wird; und Geistmittler als Personen, von denen man glaubt, aus ihnen sprächen Wesen der Geisterwelt, deren Verkündigung für die gesamte Gemeinschaft Verbindlichkeit besitze.[29]

Lassen wir das Schamanismusproblem außer Acht, so stehen diese Definitionen unseren pietistischen Begriffen noch sehr nahe, da Firth mit »Geistmittlerschaft« eine »Ergriffenheit« von Mächten meint, die in der jeweiligen Gesellschaft als göttlich oder halb göttlich gelten. Allerdings täuscht die Wahl der Ausdrücke »Geistbesessenheit« und »Geistmittlerschaft« darüber hinweg, daß in Polynesien, worauf Firth sich bezieht, und in Afrika, worauf Beattie, Heintze und Lewis die Firthschen Begriffe angewandt haben, Geistmittler und Geistbesessene gleichermaßen als Gefäße von Geist gelten.[30] Besonders in Afrika beginnt beider Besessenheit fast immer mit Krankheit, Niedergeschlagenheit und Trauer, die das Ritual in eine kontrollierte Bindung des Menschen an den Geist überführt. »Mittler« und »Besessene« unterscheiden sich dann aber nur durch den Rang ihres Geistes.

I. M. Lewis, der in *Ecstatic Religion* die Firthschen Definitionen zu den Begriffen der »zentralen« Besessenheit, die der öffentlichen Moral dient, und der »peripheren«, in der deprivierte Individuen ihr Ressentiment ausleben, weiterentwickelt hat, warf deswegen später all diesen Dichotomisierungen »denselben grundlegenden Fehler« vor, nämlich eine »simplistische Verdinglichung von kulturellen Kategorien und religiösen und emotionalen Phänomenen«.[31] Stets überführe das Ritual Leid und Trauma in einen Zustand, in dem der Besessene die Ekstasen, Trancen und Hyperkinesen meistere und schließlich als Genesender oder Geheilter imstande sei, in seiner Gemeinschaft zu vermitteln, zu helfen und zu heilen. Gegenüber dem Umschlag von Krankheit in Gesundheit, von Trauer in Freude und Erfüllung, von Ohnmacht in die Macht des aus eigenem Leiden erfahrenen Mittlers, Helfers und Heilers erwiesen sich die Unterschiede zwischen den Weltbildern, den Trancen und Hyperkinesen als zweitrangig.[32]

Wir haben gesehen, daß die Initiation der priesterlichen Medien des Heroenkults der Korekore der Initiation in ein *shave*-Konventikel gleicht; gleichermaßen dringt in die Medien der Heroen und der Fremdgeister eine fremde Macht ein, um aus ihrem Inneren zu wirken. Betrachten wir jedoch die gesellschaftliche Form des Heroenkults (s. Abb. 8), so bildet sie einen Gegensatz zu der des *shave*-Kults. Heroen machen einzelne besessen, die Kollektive beeinflussen, *shave* dagegen machen Kollektive besessen, aus denen Individuen mit besonderen Eigenschaften hervorgehen. Wenn man beide Formen wegen des ihnen gemeinsamen Initiationsmusters ineinssetzt, nivelliert man einen religionssoziologischen Gegensatz, der – ebenso wie die Initiation – eine

8 Shona, Zimbabwe, Prozession auf dem Weg zu einem Heiligtum des Heroenkults.

noch allgemeinere Bedeutung besitzt und auch außerhalb von Besessenheitskulten beschrieben werden kann.

Durkheims Soziologie der »Grundformen des religiösen Lebens« hält diesen Gegensatz sehr genau fest, indem sie die Genese des Kollektivbewußtseins an zwei ganz verschiedenen Paradigmen erörtert, an dem der politischen Versammlung und an dem der australischen Totemzeremonien.

Im ersteren Fall spricht ein Einzelner zu einer Masse. »Seine Sprache«, sagt Durkheim, »wird großsprecherisch, was unter gewöhnlichen Umständen lächerlich wäre; seine Gesten haben etwas Herrisches; selbst seine Gedanken werden maßlos und lassen sich zu allen möglichen Übertreibungen verleiten. Er fühlt eben ein ungewöhnliches Übermaß an Kräften, die ausufern und nach außen drängen. Manchmal hat er sogar das Gefühl, daß er von einer moralischen Macht besessen ist, die ihn übersteigt und deren Interpret er ist. An diesem Zug erkennt man, was man oft den Dämon der Beredsamkeit genannt hat. Nun ist aber dieses ungewöhnliche Übermaß an Kräften höchst wirklich: Es wächst dem Redner aus der Gruppe zu, an die er sich wendet. Die Gefühle, die er hervorruft, kommen zu ihm zurück, nur mächtiger und vergrößert, und verstärken wiederum seine eigenen Gefühle. Die leidenschaftlichen Energien, die er entfacht, hallen in ihm wider und steigern seine

Stimme. Es spricht nicht mehr der einzelne, sondern die verkörperte und personifizierte Gruppe.«[33]

Im zweiten Fall steigern sich die Feiernden gemeinsam in eine allgemeine Erregung, tanzen, heulen, springen und bäumen sich im Schein der Fackeln; mit Durkheim kann man sich leicht vorstellen, »daß sich der Mensch bei dieser Erregung nicht mehr kennt. Er fühlt sich beherrscht und hingerissen von einer Art äußeren Macht, die ihn zwingt, anders als gewöhnlich zu denken und zu handeln. Ganz natürlich hat er das Gefühl, nicht mehr er selbst zu sein. Er glaubt sogar, ein neues Wesen geworden zu sein. Die Verkleidungen, die Masken, mit denen er sein Gesicht verdeckt, drücken wirklich diese innere Verwandlung aus, mehr noch: sie tragen dazu bei, sie hervorzurufen. Da sich aber zur gleichen Zeit auch seine Genossen auf die gleiche Weise verwandelt fühlen und ihr Gefühl durch ihre Schreie, ihre Gesten und ihre Haltung ausdrücken, so geschieht es, daß er sich wirklich in eine fremde, völlig andere Welt versetzt glaubt als die Welt, in der er gewöhnlich lebt, in eine Umwelt voll intensiver Kräfte, die ihn überfluten und verwandeln.«[34]

Die Macht, die der im Kollektiv aufgehende Mensch an sich selbst, aber als von sich verschieden erfährt, nennt Durkheim die »Person«. Jemand ist »Person«, insofern er im Kollektiv, der Gesellschaft, aufgeht, oder insofern er das Kollektiv in sich verkörpert. Der einzelne erfährt sein Personsein in periodisch wiederkehrenden Festen und Versammlungen, aber diese Erfahrung bestimmt einen Teil seines gesamten Lebens, nämlich das soziale Handeln.[35] In dieser Hinsicht besteht kein Unterschied zwischen der politischen Versammlung, in der ein Redner die Emotionen und Werte der Masse in sich sammelt und die Masse ihre Einheit und Macht im Redner verkörpert sieht, und dem Fest, in dem sich alle in eine »völlig andere Welt« versetzt glauben.

Durkheims erstes Paradigma scheint geeignet, den sozialen und psychischen Vorgang, der dem Heroenkult der Shona politische Virulenz verleiht, plausibel zu machen. Der Heros, von dem der Priester besessen ist, gilt hier wirklich als die »moralische Macht«, die das ganze Kollektiv bewegt. Als einzelner Mensch könnte der Priester unmöglich so sprechen, wie er als verkörperter Heros spricht, als personifizierter Geist der Körperschaft. Er appelliert an die Einheit, die Macht und die Moral des Kollektivs, das ihm in seinem politischen Handeln Gefolgschaft leistet.

Das zweite Paradigma läßt sich zwar mit den *shave*-Konventikeln der Shona vergleichen, aber die Kollektive, die sich auf diesen Festen mit ihren Verkleidungen und ekstatischen Tänzen in eine fremde Welt, nämlich in die Welt eines fremden Volkes versetzen, werden im politischen Leben der Shona nicht virulent. Außerhalb des Festes geht jeder allein seinem Beruf nach, besessen vom Geist des Festes, im politischen Leben gehören aber auch die von *shave* Besessenen zum Totem ihres Clans und zur Gefolgschaft ihrer Heroen. Niemand wird durch das Fest eines *shave* zu dem, was Durkheim »Person« nennt.

Die Initiation in den Kult der Heroen gleicht der Initiation in ein *shave*-Konventikel; in beiden Fällen erfahren die Initianden einen Umschlag von Krankheit, Trauer und Niedergeschlagenheit in Freude und Erfüllung, wenn auch die einen mehr leiden als die anderen; beide gelten als von fremden Geistern besessen. Indes bedarf es keiner kosmotheologischen »Unterscheidung der Geister«, die von Kultur zu Kultur und wahrscheinlich sogar von Epoche zu Epoche wechselt, um den Gegensatz beider Arten von Medien zu beschreiben. Es ist, um unsere pietistischen Begriffe wieder aufzugreifen, fragwürdig, im einen Fall von »Ergriffenheit« durch das Göttliche zu sprechen, im anderen von »Besessenheit« durch das Dämonische. Doch verfügen, soziologisch gesprochen, die Medien der Heroen über Charisma, d. h. ihre Gefolgschaft läßt sich von ihrer Verkündigung »ergreifen«, während sich auf den Festen der *shave* alle Besessenen gemeinsam verwandeln, ohne Gefolgschaften oder gesellschaftliches Personsein zu begründen.

Betrachten wir also die Struktur und die gesellschaftlichen Folgen der Situation, in der Besessenheiten auftreten, so ließe sich die eine Situation, von Frobenius »Ergriffenheit« genannt, von Firth »Geistmittlerschaft«, als *charismatisches* Milieu charakterisieren, in dem sich Führer und Gefolgschaft, Besessene und Ergriffene gegenüberstehen und sich als mächtige Einheit erfahren, die andere, von Frobenius dem »Schamanismus«, von Firth und anderen der »Besessenheit« zugeordnet, als *akephales* Fest.

Den ausgeprägten Egalitarismus des zweiten Typus, den ich »akephal« nenne, hebt auch T. O. Ranger hervor, wenn er in diesem Zusammenhang von »Kulten ›demokratischer‹ Geistbesessenheit« spricht.[36] Die politischen Konnotationen des Adjektivs »demokratisch« passen jedoch schlecht zu dem apolitischen Charakter dieser Kulte, deren Akephalie einen signifikanten Gegensatz zu den zentralisierten Gesellschaften bildet, in denen sie auftreten.

Charismatische Medien treten in akephalen und in zentralisierten Gesellschaften auf; in letzteren bilden sie zuweilen ein wichtiges Gegengewicht zu den traditional legitimierten Herrschaftsinstanzen im engeren Sinn, gegen deren tendenzielle Verselbständigung sie sowohl die überlieferten Werte als die freiere und objektivere Sichtweise der Außenstehenden geltend machen. »Akephale« Besessenheitskulte gibt es dagegen weniger in akephalen Gesellschaften als in zentralisierten und geschichteten; ihr akephaler und apolitischer Charakter erscheint als Umkehrung und Gegenstück der politischen und ökonomischen Verfassung der Gesellschaft, das Fest der Besessenen als gesellige, nicht gesellschaftliche Veranstaltung, die Status, Personsein und Hierarchie aufhebt.

Frauen und die Stämme der Ostküste

Die Städte der Ostküste verbanden die Schiffahrt auf dem Indischen Ozean mit den Handelswegen des Hinterlands. Nach der einen Seite standen sie im Austausch mit Arabern und Persern, Indern und Portugiesen, nach der anderen mit afrikanischen Stämmen, die sie Nyika, Buschleute, nannten. Die Swahilistädte bildeten den Ausgangspunkt für europäische Entdeckungsreisende und Missionare; sie wurden zu Zentren der Kolonialherrschaft und schließlich des Massentourismus.

Der Geist der Fremden, die vom Meer oder aus dem Hinterland zu den Swahili und ihren »Buschleuten« kamen, überdauert in den Besessenheitskulten. Krankheit, Trauer, Unruhe und Niedergeschlagenheit werden oft als Zeichen gedeutet, daß *pepo*, der Geist eines Fremden, sich in einem Menschen verkörpern will und nach Opfern und Ehrungen verlangt. Auch hier kleidet man die Besessenen, wenn man sie mit einem *ngoma*, Tanz, initiiert, in eine besondere Tracht, auch hier setzt man ihnen die Speisen von Fremden vor; und auch hier versammeln sich bei der Initiation Scharen von Gleichbesessenen, *wateja*, zum Fest. Indes weist die Szenerie des *pepo*-Festes eine wesentliche Veränderung gegenüber den meisten *shave*-Konventikeln der Shona auf; denn auf einem *pepo*-Fest tanzen fast ausschließlich Frauen; Männer werden nur selten besessen, und selbst dann versuchen sie meist, den Geist, den sie in sich spüren, zu unterdrücken und irgendwie loszuwerden, da sich das Spektakel der Besessenen schlecht mit dem Glauben und der Würde des Mannes vereinbaren läßt; und da Frauen in einer islamischen Gesellschaft kaum einen spezifischen Beruf ausüben können, bleibt hier die Besessenheit eine festliche Veranstaltung, ohne sich zum besessenen Beruf zu verdichten.[37] Wenn sich aber an der Besessenheit kein irgendwie nützlicher Nebeneffekt nachweisen läßt, werden wir umso nachdrücklicher auf den dramatischen Rollentausch und das ekstatische Spiel des Festes hingewiesen.

Einer der ersten Europäer, die über den *pepo*-Kult berichteten, war Johann Ludwig Krapf, der in der Mitte des 19. Jahrhunderts als Missionar an der Ostküste lebte. »Als ich der tanzenden Versammlung nahe kam und sie anreden wollte«, so beschreibt er seine erste Begegnung mit den Besessenen, »rief man mir zu, ich solle mich sogleich entfernen, da der Pepo (böse Geist), der in der Kranken sei, meine Gegenwart nicht leide, da es eben jetzt an dem sei, daß der Teufel durch Tanzen, Trommeln und Geschrei ausgetrieben werde. Ich erhob nun meine Stimme und sagte: Ja, ihr rufet durch euer sündliches Treiben den Teufel eher herbei, als daß ihr ihn austreibet; denn wo man etwas Sündliches thut, da ist der Teufel gleich bei der Hand, und hat seine Freude daran, die Menschen zu täuschen und zu verführen. (...) Es ist nicht auszusprechen, welche Macht der Finsterniß bei solchen Gelegenheiten über die verblendeten Leute ausgebreitet ist. Sie sind ihrer selbst fast nicht mehr mächtig vor Tanzen und Geschrei, wodurch sie die bösen Geister verscheuchen wollen. (...) Der Missionar braucht bei solchen Anlässen eine besondere Macht von Oben, um in dieser – sozusagen – höllischen Atmosphäre fest zu bleiben gegen die finsteren Kräfte, denen die Leute offen stehen, und um mit Freudigkeit zu bezeugen das Wort der Wahrheit, vor dem auch die Hölle erschrecken muß. Überhaupt ist es die Macht von Oben, nicht bloß die theologische Kunst und Fertigkeit, welche der Missionar unter den Heiden nöthig hat. Ohne diese Macht erstickt ihm das Wort auf der Zunge, so daß er nicht weiß, was er reden soll, wie ich oft erfahren habe. Im Heidenthum steht der Missionar der bösen Geisterwelt viel unmittelbarer gegenüber als in der Christenheit, wo so viele Lichtskräfte ihr entgegenwirken.«[38]

Daß Krapf das *pepo*-Fest als Teufelsaustreibung deutet, überrascht nicht, zumal die Swahili die *pepo*-Geister auch selbst mit dem arabischen Fremdwort *sheitani*, Satan, bezeichnen. Erstaunlich jedoch das Eingeständnis, sich nicht aus eigener Kraft dem »sündlichen Treiben« widersetzen zu können, sondern der »Macht von Oben« zu bedürfen, um nicht selbst – offenbar – in den festlichen Taumel mit einzufallen. Die Kraft, die er aufbieten mußte, um zu bekehren, anstatt bekehrt zu werden, verweist auf den Sog, den die andere Kultur auf ihn ausübte. Vielleicht setzt der als unwiderstehlich erfahrene Wunsch, selbst in der »höllischen Atmosphäre« aufzugehen, einen Willen zur Selbstbehauptung voraus, der den Touristen und Ethnologen von heute abgeht. So könnte Krapf mit der Heftigkeit seines Widerstrebens weniger uns nahe stehen, die wir das Fremde »verstehen« wollen, als eben denen, die er beschreibt und die, wie er, sich dem »Geist« des Fremden widersetzten, so daß sie von diesem schließlich »besessen« waren, wenn ihr Widerstand zusammenbrach.

Ich gestehe, daß ich keiner »Macht von Oben« bedurfte, als ich vor einigen Jahren bei den Ilwana am Tanafluß lebte und man mich mit den Trommeln zur »Austreibung« des *pepo* bekannt machte. Die Initiandin litt unter dem, was die Ilwana *mzuka* nennen; d. h. sie saß tagelang apathisch herum, starrte vor sich hin oder ließ mit einem merkwürdigen Surren den Kopf kreisen. Mehrfach hatte sie versucht, und das galt als das sicherste und bedenklichste Zeichen ihrer Besessenheit, aufzuspringen und davonzulaufen, weil sie es zu Hause nicht mehr aushielt. Man brachte sie in eine Hütte, hüllte sie in Tücher und ließ sie einen Kräuterabsud einatmen. Des Nachts versammelten sich die Leute aus der weiteren Umgebung vor der Hütte, einige mit besorgten Gesichtern, andere unverhohlen belustigt. Man schlug die Trommeln und wartete, bis die Novizin aus der Hütte kam und zu tanzen begann.

Es ist kaum möglich, die Intensität eines solchen Umschlags von Trauer und Apathie in Bewegtheit und Erfüllung zu beschreiben. Leichter lassen sich die Einzelheiten angeben, auf die man achtet und die man benennt. Die Ilwana kennen kein differenziertes Inventar von *pepo*-Geistern, sie versichern nur, daß sie alle von der Küste den Fluß heraufkamen und folglich von den Swahili stammen. Wenn es gelungen ist, sie durch ein Tanzfest zu besänftigen, verschwinden die Absenzen und Trancen, solange man bestimmte Speisetabus achtet, z. B. keinen Fisch ißt. Begibt sich ein »geheilter« Besessener auf Reisen, so wird er leicht Anlässe finden, auf sein besonderes Tabu hinzuweisen; er tut dies mit einem gewissen Stolz und erntet dafür etwas verwunderte Blicke, aus denen man, wie ich glaube, eine kleine, aber merkliche Distanzierung ablesen kann, etwa so, wie man bei uns jemanden anschaut, der sich als Allergiker zu erkennen gibt.

Auf solchen Einzelheiten, auf der Herkunft der Geister, auf der Art der Trommeln und ihrer Rhythmen, auf den Tüchern, dem Kräuterabsud und den Speisepräskriptionen liegt ein ungeheuerlicher Nachdruck, der durchaus an das erinnert, was wir gemeinhin »Fetischismus« nennen und am ehesten aus unserem Umgang mit dem sakrosankten Zubehör eines Hobbys oder der fanatischen Beachtung irgendwelcher Diätregeln kennen.

Vor dem Hintergrund dieser Überbetonung der Einzelheiten könnten die blassen Ethnographica, die uns Krapf, O. Baumann, Werth, Skeene, Koritschoner und andere hinterlassen haben, Farbe gewinnen, wenn sie auch wenig mehr als die Namen der Stämme enthalten, deren Geist die Besessenen je anderer Stämme auf ihren Festen darstellten.[39] Trotzdem begnüge ich mich mit einigen Auszügen aus den Geisterinventaren, die nur das Prinzip der interethnischen »Entlehnungen« verdeutlichen sollen.

Bei den Swahili verkörpern die Besessenen u. a. Kilima, den Geist der Leute vom Kilimandjaro, Kizungu, den Geist der Europäer, den Geist der Galla und der Sanye, einer kleinen Gruppe von Jägern am Tanafluß, den Geist der Somali, der »Nubier«, der »Buschleute« und der Araber. Es ist wichtig, daß es sich hierbei sowohl um mächtige und bewunderte Völker handelt als auch um unbedeutende und verachtete; schon das verbietet es, etwa von einer »Identifikation mit dem Aggressor« zu sprechen; der einzige gemeinsame Nenner, auf den sich die Völker bringen lassen, ist der ihrer Andersheit.[40]

Bei den swahilisierten und islamisierten Segeju an der nördlichen Küste von Tanzania reflektieren die in Stämmen, *makabila*, organisierten *pepo*-Geister, *shetani* genannt, allerdings ein System interethnischer Beziehungen: Kipemba, Geist der Bewohner der Insel Pemba, Kimasai, Geist der Masai, die früher die Küstendörfer überfielen, Geist der von Norden her einfallenden Galla.[41]

Die »Buschleute« der Swahili, etwa die Kamba, Taita und Giryama, die sich dem islamischen Einfluß widersetzen, teilen einige ihrer Geister mit den Küstenstädten; sie bringen sie aber in ein eigenes System, in dem sich die historischen Erfahrungen der Islamisierungsversuche und der ökomonischen Dominanz der Küste abspiegeln. So finden wir bei den Kamba wiederum die *pepo*-Geister (*mbevo*) der Swahili, Galla, Somali, Europäer und Araber[42], bei den Giryama die der Araber, Swahili, Masai, Luo und Europäer; während aber die Swahili die Araber bewundern, fürchten die Giryama die Geister der Araber und Swahili weit mehr als die der Europäer; für sie ist der Teufel ein Moslem.[43]

Der Ursprung der *pepo*-Geister liegt im Dunkel einer Geschichte, aus der die historische Überlieferung der Swahili zwar den Aufstieg und Fall der Stadtstaaten verzeichnet, aber nicht die Tanzfeste der Frauen. Diese tradieren sich, ohne historisches Bewußtsein, im Wechsel der Generationen, vorgestellt als Vererbung des Geistes einer Frau an Töchter und Enkelinnen. Greifbar wird uns lediglich die Genese einiger rezenter

Geister, deren Aufkommen und Verschwinden von Missionaren und Ethnologen beobachtet wurde. Zu Beginn des Jahrhunderts waren Teile der Kamba infolge der christlichen Mission von Kijesu, dem Geist Jesu, besessen. Sobald diese Leute einen roten Fes, einen Tropenhelm oder gar einen Europäer erblickten, fielen sie mit konvulsivischen Zuckungen ächzend und stöhnend zu Boden, oder sie verspürten das unwiderstehliche Verlangen, jederman die Hände zu schütteln. Sie sangen von *vwana jesu*, dem Herrn Jesus, und von Gott, der zur Erde steigt, um die Menschheit zu retten, schnitten sich mit Messern, ohne zu bluten, und brannten sich mit Fackeln, ohne sich zu verbrennen. Zuweilen versuchten sie, sich gegen solche Anfälle zu schützen, indem sie sich vorbeugend in Decken hüllten, um die Anschauung der Dinge, die die Anfälle auslösten, zu vermeiden.

Die Besessenheit von Jesus war die Alternative zur Bekehrung. Denn in Kijesu erkennen wir das, was man in einem genauen Sinn den Geist der Mission oder der Missionare nennen kann, einen Inbegriff nicht des Christentums, sondern der fremden Welt, als die die Missionare es den Kamba darstellten, und die in Tropenhelm und rotem Fes anschaulich wurde. Außerordentlich aufschlußreich ist dabei, daß dieses Anschauliche auf die wirklichen Konvertiten keine Macht ausübte. Die Resistenz der Missionszöglinge gegen den *pepo* Kijesu befriedigte die Missionare als Zeichen, daß ihr Christentum gegen solche Häresien – die »höllische Atmosphäre« – feie.[44] Indes zeigt unsere gesamte Untersuchung, daß man in allen diesen Kulten nie von dem besessen ist, dem man selbst angehört; von etwas besessen sein bedeutet, vom praktischen Umgang mit ihm ausgeschlossen sein.

Daß sich praktische und besessene Formen der Auseinandersetzung mit Fremden wechselseitig ausschließen, zeigt sich gerade auch an einer scheinbaren Ausnahme von dieser Regel im *pepo*-Komplex der Giryama. Junge Männer, die als Kokosproduzenten und Händler Karriere machten, also in eine praktische, ökonomische Beziehung zu den Moslems der Küste traten, behaupteten nämlich, ohne sich als Besessene zur Schau zu stellen, von einem islamischen *pepo*, gleichsam dem Geist des Islams, besessen zu sein, der ihnen die Speisetabus der Moslems auferlege. In ihrem Fall diente das Tabu jedoch nicht der Vorbeugung gegen Besessenheitsanfälle, vielmehr begründeten sie mit Hilfe des *pepo*-Tabus, weshalb sie nicht mit ihren paganen Stammesgenossen zusammen essen konnten; tatsächlich befürchteten sie, diese hätten, neidisch auf ihren ökonomischen Erfolg, einen Zauber unter das Essen mischen können.[45]

Innerhalb der islamischen Händlergesellschaft und in ihrem Verkehr mit islamischen und nicht-islamischen Fremden dürfen nur Männer praktische Beziehungen zu Außenstehenden eingehen, da der Islam die Frau einer weitgehenden Seklusion unterwirft. Dieses Verhältnis zur Frau wirkt sich auch auf nicht-islamische Nachbarvölker aus, die ebenfalls öffentliches und nach außen gerichtetes ökonomisches Handeln als männliches Privileg betrachten, besonders und verschärft aber dann, wenn dieses Handeln einen Austausch mit Moslems erforderlich macht. Die Frauen besitzen dann zwar Bilder ihrer Außenwelt, aber keine Erfahrung im praktischen Umgang mit ihr; die Außenwelt erscheint als eine Phantasmagorie, die sie sich in Besessenheiten gegenwärtig machen. Der Anblick der dem praktischen Zugriff entzogenen Dinge irritiert, und diese Irritation läßt sich nur durch rituelle Handhabung beschwichtigen.

In den fünfziger Jahren irritierte die Frauen der Taita der Anblick eines Automobils oder eines leuchtenden Stücks Stoff, das Pfeifen eines Zuges, der Geruch oder Anblick von Zigaretten und Bananen, das Geräusch, das beim Anzünden eines Streichholzes entsteht. Grace Harris berichtet von einer Frau, die beim Anblick eines geparkten Autos in unkontrollierte Zuckungen verfiel, in schwerer Trance auf das Auto zutanzte, rückwärts und vorwärts tanzte, aber offenkundig nicht imstande war, den zugleich anziehenden und abstoßenden Gegenstand zu umgehen.[46]

Das Ritual fixiert die Gegenstände unbestimmter Sehnsüchte und Ängste, es stellt Zeichen bereit, die zwar nicht den Umgang mit den Gegenständen in einem praktischen Sinn gestatten, wohl aber den Umgang mit den »Bildern ihrer *passiones*«; es setzt seine eigene Wirklichkeit, die Lieder, Rhythmen, Tänze, Trachten und Tabus, an die Stelle der Phantasmagorie.

Bori-Kult und Öffentlichkeit

Im Gegensatz zu den *shave* und *pepo* galten die Geister des *bori*-Kults der Hausa und die nordostafrikanischen *zar*-Geister, beides Geister besessener Frauen in Händlergesellschaften, nicht als Wandlungsformen verstorbener Fremder, sondern als die in der Urzeit erschaffenen, unsichtbaren Geschwister der Menschen. Vor langer Zeit, so wird in einem Mythos der Hausa erzählt, befahl Allah dem ersten Menschenpaar, Adama und Adamu, ihm ihre Kinder zu bringen. Aber die Frau riet ihrem Mann, Gott nur einen Teil der Kinder zu zeigen und den anderen verborgen zu halten, da Gott vielleicht die Kinder behalten wollte. Allah durchschaute sie und sprach: »Die anderen sind dort verborgen; es sind verborgene Leute; sie sollen für immer verborgene Leute bleiben.« Diese verborgenen Menschen, unsere Verwandten, mit denen uns bis heute wechselseitige Verpflichtungen verbinden, sind die Geister.[47]

Nach einem Mythos des abessinischen *zar*-Kults gebar Eva im Garten Eden dreißig Kinder; als eines Tages der Schöpfer in den Garten kam, um die Kinder zu zählen, hatte Eva die fünfzehn schönsten und klügsten verborgen. Zur Strafe sollten diese als »Kreaturen der Nacht« für immer verborgen bleiben. Es sind dies die *zar*-Geister, die ihre menschlichen Geschwister, die »Kinder des Lichts«, obschon häßlicher und schwächer als sie, wegen ihrer Sichtbarkeit beneiden.[48]

Wir erinnern uns, daß die Shilluk in einem ihrer Mythen vom Ursprung der Ungleichheit der Kulturen und Rassen erzählten, wie die Urmutter einen ihrer beiden Söhne, den Schwarzen, der der Stammvater der Shilluk werden sollte, vor Gott, seinem Vater, verbarg und nur den ungeliebten Sohn vorführte, der der Stammvater der Fremden wurde.[49] Auf den ersten Blick scheint uns hier die »Logik des Mythos« im Stich zu lassen; denn in der Shillukversion identifizieren sich die Shilluk, die »eigentlichen Menschen«, mit der Figur des Verborgenen, die Fremden mit der des Entborgenen, während die Menschen sich in den *zar*- und *bori*-Versionen als Entborgene definieren, die fremden Geister als die Verborgenen. Vergegenwärtigen wir uns indes, daß die *zar*- und *bori*-Geister nicht als schlechthin unsichtbar gelten, sondern sich in Frauen verkörpern, daß die besessenen Frauen die Geister darstellen, daß sie selbst die sichtbar gewordenen Geister *sind*, so werden wir, ohne die »Logik des Mythos« allzusehr strapazieren zu müssen, sagen können, daß die *zar*- und *bori*-Versionen die besessenen Frauen mit der Figur des Verborgenen identifizieren, während sie die Gesellschaft, welche die Frauen ausschließt, durch die Figur des Entborgenen definieren: Die Beziehung zwischen den Geistern und den Frauen ist eine der Darstellung, die zwischen den Geistern und der Gesellschaft eine der Ähnlichkeit, die in der Darstellung zum Ausdruck kommt.

Der *bori*-Kult trat im Laufe seiner Geschichte in den Hausastaaten Nigers und Nigerias sowie in der nordafrikanischen Diaspora in ganz verschiedene Verhältnisse zur stratifizierten Gesellschaft und zu der spezifischen Frauenkultur in ihr. Im Zuge der teils abrupten und radikalen, teils allmählichen Islamisierung, entscheidend forciert durch den Heiligen Krieg von 1804 bis 1810, in dem die regierenden Habe-Könige in den meisten Hausastaaten von Fulani verdrängt wurden, während einige ländliche Gebiete bis in jüngste Zeit der vorislamischen Hausareligion treu blieben, wurde der *bori*-Kult, der einmal eng mit der Staatsreligion verknüpft gewesen war, an die Peripherie des Islam verdrängt. Er wurde in der Kolonialzeit verboten und durch die Dekolonisierungsbewegung rehabilitiert. In der nordafrikanischen Diaspora traten ihm, der in seinem Kernland ein Frauenkult war, verstärkt Männer bei, arme Tagelöhner und befreite Sklaven, die sich als randständige Fremde, obschon Moslems in einer islamischen Gesellschaft, im *bori* ein Stück ihres Hausaseins bewahrten.

Die Verhältnisse in Anka, der Hauptstadt des ehemaligen Reiches Zamfara, in dem es noch in jüngster Zeit einen paganen Rest gab, obwohl der König schon zu Beginn des 17. Jahrhunderts zum Islam übergetreten war, sind von K. Krieger rekonstruiert worden und eignen sich, die Struktur des paganen *bori* und seiner Beziehungen zur politischen Macht zu illustrieren.

Die pagane Kosmologie teilt die Geister, *iskoki*, »Winde«, in schwarze und weiße. Ohne allzusehr zu vereinfachen, können wir die weißen Geister der öffentlichen Gesellschaft zuordnen, die schwarzen dem Anderen in ihr und an ihren Rändern. Die weißen entsprechen mithin den Heroen der Shona, die schwarzen den *shave* und *pepo*. Das Kriterium zur Trennung der beiden Kategorien, die als miteinander verwandt und verschwägert gelten, ist der Ort, an dem sie gewöhnlich leben, die schwarzen in der Wildnis, in Bäumen und Gewässern, die weißen in der Stadt, in den Gehöften, in Bäumen, Gewässern, zusammengekehrtem Gras und im Palast. Die weißen Geister verleihen Reichtum, wenn man ihnen Opfer darbringt, und sie rächen sich mit Krankheiten, wenn man sie vernachlässigt; die schwarzen dagegen machen immer krank, jeder mit einer spezifischen Krankheit, die sich durch rituelle Anerkennung heilen und in einigen Fällen in eine Berufsbesessenheit umwandeln läßt.[50]

Damisa z. B., ein schwarzer Geist, der in einem Baum im Busch wohnt, eine Hacke trägt und Fieber verursacht, ist ein Geist der Jäger, dem man einen roten Ziegenbock opfert.[51] Doguwar Daji, ein schwarzer Geist, der eine Fremdsprache, Ful, spricht, lebt in der Wildnis und trägt ein schwarzes Tuch; sie verursacht eine Beugung des Körpers oder eine Biegung der Hand, verlangt ein schwarzes Huhn oder einen schwarzen

Ziegenbock zum Opfer und schützt Jäger, Schlächter und Holzarbeiter.[52] Dorina, schwarz, wohnt im Wasser und trägt ein weißes Tuch; sie verursacht Halsschmerzen und verlangt ein weißes Huhn; sie ist ein Schutzgeist der Fischer.[53] Im Wasser lebt auch Gezuwa, ein Schutzgeist der Fährleute, sowie Karen Ruwa, ein Geist der Fischer, der allerdings als weiß gilt.[54]

Da die weißen Geister die soziale Ordnung schützen, werden sie heimatlos, wenn die politischen Institutionen zusammenbrechen. So lebte Gidan Daka im Palast, bis der letzte König starb (1946); seither kehrt sie nur des Nachts dorthin zurück, wenn man bestimmte Feste feiert; sie stößt dann schrille Freudenschreie aus und trommelt auf einer Kalebasse. Die übrigen Geister, die einst im Palast lebten, um König und Staat zu schützen, flüchteten 1928; seither gelten einige von ihnen noch als »weiß«, andere, vielleicht um ihre Heimatlosigkeit zu bezeichnen, als »schwarz«.[55]

Der vorislamische Staat hatte den *bori*-Kult integriert, was sich am deutlichsten an seiner Koppelung an das System der Ämter zeigt.

Der *bori*-Kult der weißen Geister unterstand der Magajiya, der wiederum die Tochter oder Schwester des Königs als Führerin aller Frauen des Landes und Oberhaupt dieses Zweigs der *bori*-Frauen vorstand. Die Gefolgschaft der Magajiya hatte Hofdienste zu verrichten, etwa die königlichen Pferdeställe mit Sand zu versorgen, die königlichen Häuser mit Kies; das Gehöft der Magajiya diente Reisenden, die den König besuchen wollten, als Absteigequartier.[56]

Der andere Kultzweig unterstand der 'Yar'dauna; und daß dieser Zweig weniger mit öffentlichen als mit privaten Belangen verknüpft war, läßt sich den Aufgaben der 'Yar'dauna entnehmen, an die man sich mit seinen ganz persönlichen Hoffnungen und Ängsten wandte, mit dem Wunsch nach »Nahrung, Heilung von Krankheiten, Tötung eines unliebsamen Menschen, Schutz gegen Diebstahl, Wohlstand, reicher Ernte, Kriegsglück und Beute, Schutz der Felder, einem bestimmten Amt oder Rang, Schutz gegen Zauber, Verzauberung eines anderen, Schutz gegen Feuer und andere Schäden, Beseitigung eines Nebenbuhlers, guter Reise, Versetzen des Getreides vom Feld eines anderen auf das eigene, guter Ehe, Schutz vor Strafe bei Meineid«.[57] Allerdings oblagen diesem Zweig der *bori*-Frauen auch öffentliche Aufgaben, und insofern unterstand auch die 'Yar'dauna wiederum einem Beamten.

Beide Zweige des *bori*-Kults standen in einer komplementären Beziehung zu den Opfern, die die Männer den Geistern darbrachten. Die

Berufsgruppen waren hier nicht, wie bei den Shona, besessene Konventikel, sondern Gruppen von Männern, die gemeinsam einem bestimmten Geist opferten: Bauern, Jäger, Fischer, Fährleute, Holzbearbeiter, Kanubauer, Töpfer, Bauleute, Färber, Schlächter, Grob- und Weißschmiede, Trommler und Schausteller. Wie diese dem Geist ihres Handwerks opferten, so opferte der Staat, wenn der Regen ausblieb, wenn er einsetzte, wenn man erntete oder die Fischereisaison eröffnete, sowie zum Jahresende und zur Abwehr von Feuersbrünsten. Während nun die Männer opferten, stellten die *bori*-Frauen die Gesellschaft der Männer dar; parallel zu den Opfern zogen die Frauen beider Kultzweige durch die Stadt, trommelnd und singend, in der Tracht und mit den Berufsemblemen ihrer Männer, »einige kamen mit Lederschurz, Axt und Fellsack, einige mit Stock, begleitet von einem eingefangenen Hund, einige mit Bogen, Köcher und Messer, einige mit Schwert und Speer, einige mit Tobe, Turban und Malafahut usw., andere hatten sich *ganga*- oder *kalunga*-Trommeln angeeignet«.[58]

Vor dem Hintergrund dieser Umzüge läßt sich nun die Figur des Verborgenen im *bori*-Mythos präzis bezeichnen: Die Frauen waren von den Geistern besessen, denen ihre Männer opferten; die sichtbare Gestalt, die die unsichtbaren Geister in den Frauen annahmen, glich den Bildern der Berufe, die die Männer teils in der Stadt und teils in der Wildnis ausübten.

Betrachten wir nun die Transformation des *bori*-Kults unter den Einwirkungen von Islamisierung, Kolonialisierung und Dekolonialisierung.

Auf dem Standpunkt des Islam erscheinen die weißen Geister als Moslems, die schwarzen als Heiden – eine Auffassung, die man begreiflicherweise in der Randzone der Islamisierung bestreitet.[59] Als konstant erweist sich dabei das topographische Schema, demzufolge man die schwarzen Geister einmal der Wildnis als dem Anderen der Kultur zuordnet, das andere Mal dem Land als dem Anderen der Stadt. Mit dem Niedergang des Königtums flohen die Geister aus dem Palast des Königs, die für das Wohlergehen des Landes gesorgt hatten, wobei sie möglicherweise aus der Kategorie der weißen in die der schwarzen überwechselten. Zugleich tauchten neue Gestalten auf, die ebenfalls ein Pendant in der Geisterwelt haben mußten, Fulani, fromme Moslems und Engländer. Die Bilder der Moslems »besetzten« die Stadt als den Ort islamischer Kultur, während die Bilder der Heiden zusammen mit den Tieren als schwarze Geister in die Wildnis verbannt wurden.

Zu den Bildern der Moslems, den weißen Geistern der Stadt, gehört

Mallam Alhaji, der König der Moslems, der Leprakranke, der gelehrte Richter, die Mutter der Kinder, der Fürst, das Oberhaupt der Gewässer, der Trommler, der Barbier, der den Fürsten rasiert, der Häuptling der Fulani, der sich geißelt und eine imaginäre Herde hütet, der Sklavenjäger, der Nasenbluten verursacht, einer, der Schulkinder auspeitscht, der Häuptling der Blinden, der seinen Weg mit dem Stock sucht.[60]

Die Bilder der Ländler gliedern sich in eine Klasse von Bauern, eine Klasse von Jägern, eine von Kriegern, die übermütigen Jungen, die Kinder der Pocken und die Tiere der Wildnis. Zu den »Bauern« zählen die Schlange mit dem bösen Blick, Doguwa, die von der Erde bis zum Himmel reicht, ein Geist, der die Fischer gefährdet, der Nickende, der die Schlafkrankheit bringt (s. Abb. 9), der heidnische Hausa, ein Betrunkener, der betrunken macht (s. Abb. 10), der Häuptling der Bauern, der Geist der Regen und Stürme, ein Geist, der nach Wasser ruft, ein Alter, der den Kopf schüttelt, sich setzt und nickt, ein anderer, der hustet und brummt, sich setzt und dann zur Seite beugt; zu den »Jägern« der Häuptling des Bogens, der Waldzwerg, ein gefallener Mallam, der sich vor dem Tod fürchtet und die Leute verrückt macht, Ja-ba-Fari, halb Neger, halb Araber, ein anderer gefallener Mallam, der Geschlechtskrankheiten verbreitet, einer, der sich nie verbrennt, der Schmied, der Weber, der Häuptling der Schlächter; die »Kinder der Pocken« bestehen aus den Schuljungen, die andere Geister nachäffen, etwa im Koran lesen

9
Hausa in Nordafrika, 1914, von Feuer, Lepra und Schlafkrankheit Besessene.

10
Hausa in Nordafrika, 1914, von den Geistern der Trunkenheit Besessene.

oder sich als Krieger aufführen, und aus jungen Mädchen, etwa ein Mädchen, das Kleider wäscht und zum Tanz geht, die Tochter eines Arabers, eine Impertinente, die Tochter des Skorpions, ein Mädchen, das sich kratzt.[61]

Verehrten in vorislamischer Zeit Männer und Frauen dieselben Geister, die Männer als Opfernde, die Frauen als Besessene, so wurde der Kult der Geister in der islamischen Gesellschaft auf den *bori*-Kult der Frauen eingeschränkt. Männer, die der islamische Kult ganz beansprucht, galten im Hausaland selbst, wenn sie dem *bori* beitraten, als impotent oder homosexuell[62]; Frauen, die am islamischen Kult nur eingeschränkt teilhaben, waren unwichtig genug, um den paganen Kult fortführen zu dürfen. Ihre Stellung zum Islam kommt prägnant darin zum Ausdruck, daß sie von den spirituellen Pendants des Islam besessen sein konnten, wie die nichtkonvertierten Kamba von Kijesu, dem Geist des Christentums.

»Ist eine Frau z. B. von einem Geist namens Mallam Alhaji (dem König der Moslems) besessen, so geht sie gebeugt und hüstelnd wie ein alter, gelehrter Mallam einher und liest in einem imaginären Koran. Ist sie von Dan Galadima, dem Fürsten, besessen, tritt sie als Edler in königlicher Robe auf, hält auf einer Matte sitzend Gericht, während die Leute ihr – oder ihm – huldigen.«[63]

Zwischen dieser Besessenheit von einem weißen Geist, der äußeren Erscheinung einer Figur der islamischen Gesellschaft, und der Besessenheit von einem schwarzen Geist, der äußeren Erscheinung der heidnischen oder »gefallenen« Gesellschaft, besteht kein formaler Unterschied. In beiden Fällen stellt die Frau ein Anderes der Frauenkultur dar, die allein wir als ihre »eigene« Kultur bezeichnen können. Demgegenüber erscheint mir als zweitrangig, daß sich die Frauen einmal als Idealfiguren der Gesamtgesellschaft darstellen, etwa um in der Besessenheit an deren Prestige zu partizipieren, während sie sich das andere Mal wild und abtrünnig gerieren.

»Ist sie von Maigangaddi, dem ›Nickenden‹, der die Schlafkrankheit bringt, besessen, tanzt sie, fällt plötzlich in Schlaf, erwacht, schläft wieder ein. Von Ja-ba-Fari, ›Weder-rot-noch-weiß‹, halb Neger, halb Araber, der wahnsinnig macht, besessen, ißt sie Unrat, simuliert Beischlaf.«[64]

In der islamischen Hausagesellschaft mit ihren Kleidungsvorschriften und ihrer Haremsseklusion besaßen verheiratete Frauen kein Mittel, sich öffentlich darzustellen. Das öffentliche Leben der Männer, von dem sie ausgeschlossen wurden, mußte für sie umso mehr zu einer Art Phantom werden, als sie, sofern sie nicht in sehr vornehmen oder frommen Familien aufwuchsen, sich in ihrer Mädchenzeit außerhalb des Hauses frei bewegen konnten. Es ist verständlich, daß die Bilder der verlorenen Welt die Frauen in der Abgeschiedenheit des Gehöfts »heimsuchten« und daß sie sich diese Bilder in der Besessenheit vergegenwärtigten.

Noch größere Bedeutung besaß der *bori*-Kult nun aber für die geschiedenen Frauen, die zuweilen die Zeit vor ihrer Wiederverheiratung im Gehöft der Magajiya verbrachten. Das Haus der Magajiya – ein Titel, der den Zerfall des Ämtersystems überdauerte –, einst Herberge der Gäste des Königs, wurde zum wichtigsten Refugium geschiedener Frauen, ein in unserer Sicht hybrides Gebilde, teils der Tempel, in dem man die alten Geister verehrte, teils das Theater, in dem Männer den Darbietungen der besessenen *bori*-Frauen zuschauten, teils die einzige Herberge, die schutzsuchenden Frauen offenstand, und teils das Bordell, das Männer im Gegenzug zur neuen, repressiven Sexualmoral aufsuchten.

Autoren wie A. J. N. Tremearne sprachen nicht ganz zu Unrecht von »Tempelprostitution«, nur war diese keineswegs ein »Survival« antiker oder altorientalischer Kulte[65], sondern eine Folge der islamischen Ausgrenzung der Frau, die sich in dem Maße erheblich verschärfte, in dem die Kolonialverwaltung die islamischen Kräfte bestärkte, den Männern, unter Ausschluß der Frauen, Zugang zur Geldökonomie und damit zu größerer Wirtschaftsmacht verschaffte und die öffentlichen Darbietungen der *bori*-Frauen verbot.

Infolge dieser Eingriffe entstand im Haus der Magajiya eine weibliche Gegenöffentlichkeit, in der die öffentliche Präsenz der Frau in der vorislamischen Gesellschaft überdauerte, und zwar in dem doppelten Sinn, daß die Frauen die Gesellschaft der Männer darstellten und Männer, von den Zwängen des öffentlichen Lebens entlastet, diesem Schauspiel zuschauten. Daß dies keine einseitige Entwürdigung der Frauen bedeutete, sondern wirklich ein politisches Moment verbarg, wurde offenkundig, als die politischen Parteien gegen Ende der Kolonialzeit die Institution des *bori* aufgriffen. Unter der Leitung der Magajiya bildeten die Prostituierten und geschiedenen Frauen des *bori* die weiblichen Flügel der neu gegründeten politischen Parteien. Der *bori* kehrte in die Öffentlichkeit zurück, wenn die besessenen Frauen mit ihren festlichen Umzügen für ihre Parteien warben, wie sie zuvor für ihr Bordell geworben und in noch älterer Zeit einmal den Ruhm des Königs und die Berufe ihrer Männer verherrlicht hatten.[66]

Frauenkultur und Differenzierung im Sudan

Das Verbreitungsgebiet des *zar* schließt östlich an die nordafrikanische Diaspora des *bori* an, durchzieht das Niltal und reicht über Äthiopien und Somalia bis an die nördliche Küste Kenyas, wo es am Tanafluß auf das Gebiet des *pepo* stößt. Mit dem *bori* teilt der *zar* den Mythos vom Ursprung der Geister, mit dem *pepo* die Einteilung der Geister in Stämme. Die Geister aller drei Kulte wurden oft synkretistisch mit den *jinn*-Geistern des Volksislam ineinsgesetzt, aber historisch stammen die Geister des *bori* aus einem vorislamischen Polytheismus – oder sie wurden später nach dessen Modell entworfen –, während die Geister des *pepo* auf einer »manistischen« Basis als komplementäre Ergänzung teils des Ahnenkults, teils des Islam entstanden.

Der historische Ursprung der *zar*-Geister ist unbekannt. Die Tatsache, daß man überall glaubt, sie seien aus der Fremde gekommen, läßt keine historischen Rückschlüsse zu, da man damit, gerade wie im *pepo*-Kult, nicht die Herkunft des Geisterglaubens definiert, sondern die »ethnischen« Vorbilder für die Darstellung der Geister und ihren Charakter als ebenso gefährliche wie faszinierende Fremde. So behauptet man im Sudan und in Somalia von einigen Geistern des *zar*, sie kämen aus Äthiopien, während man in Äthiopien selbst die *zar*-Geister wiederum mit großer Bestimmtheit als »fremde Eindringlinge« bezeichnet.[67]

Die regionalen Varianten des *zar*-Kults erklären sich mithin nicht nur aus der Größe und der kulturellen, sprachlichen und religiösen Heterogenität seines Verbreitungsgebiets; vielmehr spielen in alle regionalen Varianten eines Geistes die interethnischen Beziehungen hinein, in denen der »Stamm«, dessen Frauen den Geist darstellen, zu dem »Stamm« stehen, dessen Geist dargestellt wird. In Somalia gelten die *saar habashi*, die »äthiopischen Geister«, die somalische Frauen als »Äthiopier« darstellen, wie wirkliche Äthiopier als feindlich[68]; im Sudan dagegen, wo das Bild der Äthiopier nicht zuletzt von den aus Äthiopien eingewanderten Prostituierten bestimmt wird, assoziierte man die *habash*-Geister mit Alkoholismus und erotischer Ausschweifung[69]; in Äthiopien selbst gibt es schließlich überhaupt keine Kategorie »äthiopischer« Geister, wohl aber Geister der Klassen, Religionsgemeinschaften und Stämme des Landes, transfiguriert zu den »verborgenen Kindern Evas«, deren fremdartige Schönheit in der Trance das Gesicht der besessenen Frauen verklärt.[70]

Die Differenzierung, die in einem solchen »Idiom der Stämme« artikuliert werden kann, läßt sich beispielsweise am Inventar der Figuren im *zar*-Kult des nördlichen Nilsudans ablesen. Auf einem sudanesischen *zar*-Konvent treten die darstellenden Frauen in der Reihenfolge auf, in der die Kultleiterin, die *sheikha*, die Geister herbeizitiert: als erstes die *habash*, die äthiopischen Geister, welche die Farbe Rot bevorzugen. Die *sheikha* beschwört die Namen dieser Geister und preist sie; die Trommler schlagen die ihnen eigenen Rhythmen, zu denen die Besessenen dieser Gruppe tanzen; diese Frauen tragen einen roten Tarbusch auf dem Kopf, einige hüllen sich in einen roten Mantel, andere in eine rote Jallabiya. Sie trinken Kaffee; einige benehmen sich unanständig und trinken Arak; andere, die »Töchter der Äthiopier«, namens Marie, Zu Marie, Luliya und Tibri, kleiden sich in Seide; einige ziehen Brautkleider an, andere modische Röckchen; sie legen Perlenketten um und parfümieren sich. Die männlichen Geister dieser Gruppe stellen sich mithin als Rüpel und Säufer dar, die »Mädchen« als Prostituierte.

Auf die wüsten »Äthiopier« folgen die frommen »Derwische«. Die Frauen, die diese frommen Männer darstellen, kleiden sich meist in eine bescheidene weiße Jallabiya; zuweilen legen sie grüne oder schwarze Schals um, wie man sie in den sudanesischen Sufiorden trägt. Andere

Geister dieser Gruppe stammen aus Westafrika und gleichen den Pilgern, die auf der Wallfahrt nach Mekka den Nil bei Omdurman kreuzen; die Besessenen dieser Geister kleiden sich braun, wie die Männer aus Bornu, und schwingen Imitationen von Speeren; andere tragen die Tracht der nigerianischen Moslems. Die »Derwischmädchen« treten in der grünen Jallabiya auf, züchtig verschleiert.

Dann folgen die *zuruk*, die derb gekleideten Schwarzen, Sklaven aus den verschiedenen Stämmen des Südens und der Nubaberge. Sie gelten als feindselig und heimtückisch; sie verursachen Krankheiten und verbreiten Schläfrigkeit. Ihre »Mädchen«, die schwarzen Sklavinnen, führen wilde Negertänze auf, knapp bekleidet.

Den Schluß der Darbietung bilden die »Araber«, teils Moslems oder Christen, teils Beja oder Hadandawa; sie kleiden sich in Tobs und schwingen Peitschen in der Hand. Ihre Anführer sind der »Schlächter von Mekka« und der »Tiger der Wüste«, ihre Begleiter die bräutlich gekleideten »Arabermädchen« (vgl. Abb. 11).

Zuweilen treten noch weitere Figuren auf, die die *sheikha* offenbar an beliebigen Stellen in den Reigen des *zar*-Konvents einflicht: der modern gekleidete »Europäer«, der Zigaretten oder eine Pfeife raucht und Bier oder Whiskey trinkt; die »Barbiere«, die nach Bier rufen; das »Krokodil«, Zeichen der Männlichkeit, das besessenen Frauen die Brautkleider auszieht und sie auf dem Boden wälzt.[71]

Die festliche Differenzierung, die in der Vielfalt der Verkleidungen, Tänze und Preislieder zum Ausdruck kommt, widerspricht nun aber keineswegs der Tatsache, daß die besessenen Frauen sich auf einem *zar*-Konvent in ekstatischer Übersteigerung als mächtiges, zu einer Einheit verschmelzendes Kollektiv erfahren, wie Durkheim es sich aufgrund der Berichte über die Totemzeremonien vorgestellt hatte. Anne Cloudsley, die sich als Frau Zugang zu den exklusiv weiblichen *zar*-Konventen in Omdurman verschaffen konnte, beschreibt ihre Empfindungen folgendermaßen:

»Unvermindert hielt das Dröhnen der Trommeln an. Neben mir begannen viele Frauen, ihre Körper im Takt der Trommelschläge zu bewegen, die rechte Schulter hoch und nach vorn ziehend, die linke nach unten und hinten, dann wieder hoch nach dem Muster der rechten. Beide Schulterspitzen kreisten, so daß sie im ganzen eine Acht beschrieben. Sie atmeten immer schwerer und lauter, als sei ihre physische Bewegung eine ungeheure, erschöpfende Anstrengung. Sie atmeten abrupt ein, langsam aus, dann tiefer und dramatischer, erst durch die

11
Nordsudan, Taubentanz einer Frau im Brautschmuck. Ein Motiv, das der Zar-Kult aufgreift.

Nase, dann durch den Mund. Im Raum wurde es so heiß wie nie, er war mit Frauen vollgestopft, und der Schweiß troff von ihren Gesichtern. Hier und da rutschte einer Frau die Tob vom Kopf auf die Schultern zurück oder fiel ihr übers Gesicht, wenn sie den Kopf im Rhythmus des Atmens zur Brust senkte. Vor mir und zu meiner Rechten verschwanden drei Frauen ganz unter einer einzigen Tob, ihre Köpfe gingen hoch und nieder. Mir war eine ungeheure Gefühlsspannung bewußt, die sich da im Dunkel aufbaute. Schwere Weihrauchschwaden hingen in der Luft, und mein Kopf begann sich zu drehen; das Trommeln erfüllte den Raum um mich, bis ich buchstäblich ›abhob‹, wie im Rausch.«[72]

Es ist also ein Wechselspiel zwischen den Sitzenden und den Verkleideten, dem Chor und den Tänzerinnen, der kollektiven Ekstase und der differenzierenden Bewegtheit der Besessenen. Einmal setzt sich die Besessene ineins mit einem fremden Geist, dem geraden Gegensatz der gewöhnlichen Frauenkultur, das andere Mal geht sie ganz im bewegten Kollektiv der Frauen auf. In beiden Formen erfahren die Frauen die Macht ihrer Gemeinschaft, während sie außerhalb der festlichen Erregung ihres Konvents in den strengen Grenzen des *hos harim*, des »Harems«, voneinander getrennt leben und bei der alltäglichen Hausarbeit ihre Vereinzelung und Ohnmacht in einer von Männern dominierten Welt zu spüren bekommen.

Ethnologen, die stets auf die Analyse männlicher Rollen fixiert waren, sich von Männern informieren ließen und ihre Wertungen übernahmen, deuten die Besessenheit der Frauen in Kulten dieser Art gern als symbolische Wunscherfüllung, so als identifizierten sich die Frauen in der Trance mit den Rollen und der Macht der Männer. Nach I. M. Lewis soll die Besessenheit demonstrieren, »daß Gott nicht nur mit uns, sondern in uns« sei[73], so als stellten sich die *zar-*, *bori-* oder *pepo*-Frauen nicht als Fremde, sondern als »Götter« dar. Es trifft zwar zu, daß der *bori*-Kult, wie M. Onwuejeogwu schreibt, ein Mittel bereitstellt, »durch das Frauen der Seklusion des inneren Gehöfts entfliehen und wenigstens in der Phantasie das öffentliche Leben außerhalb des Gehöfts genießen«; doch bedeutet das nur in wenigen Fällen, daß die *bori*-Frauen »in der Phantasie den Pomp der öffentlichen Ämter erleben (...), die Welt der politischen Macht, die Welt des vermeintlichen Glanzes, den die Gesellschaft ihnen verwehrt hat«.[74]

Das Inventar der sudanesischen *zar*-Geister spricht eine ganz andere Sprache. Die Frauen stellen sich als Herren und als Sklaven dar, als die vornehmen Araber, als die reichen Europäer und als die verachteten kleinen Stämme der Nuba, als fromme Derwische und als ungläubige, unzüchtige Trunkenbolde, als Männer, aber auch als die attraktiven Prostituierten und die spärlich gekleideten schwarzen Sklavinnen. Was die besessenen Frauen darstellen, ist also nicht die Macht der Mächtigen oder die Herrschaft der Männer; es ist das ganze Schauspiel des Lebens, mit all seinen Widersprüchen, seiner Problematik; es steht, noch ohne Handlung und ohne zu idealisieren, an der Schwelle zur Tragödie; und die Macht, die die Besessenen in sich spüren, ist die Macht der gemeinsam in das Schauspiel verwandelten Frauen selbst.

»Eine ganze Schar«, so beschreibt Nietzsche den Geburtsort der Tragödie, »fühlt sich in dieser Weise verzaubert. (...) Der dithyrambische Chor ist ein Chor von *Verwandelten*, bei denen ihre bürgerliche Vergangenheit, ihre soziale Stellung völlig vergessen ist.«[75]
Der Gegensatz zwischen der alltäglichen, einförmigen Frauenkultur, in der jede soziale Differenzierung durch den Verwandtschaftsstatus vorgezeichnet ist, und der vielfältig nach Beruf, Stand, Charakter, Religionsgemeinschaft und Ethnizität differenzierten Männerwelt außerhalb des Harems gewinnt die schärfsten Konturen, wenn wir den Besessenheitskult der Frauen, in der die komplementäre Sphäre als Schauspiel wiederkehrt, mit einem anderen ekstatischen Kult der sudanesischen Gesellschaft vergleichen, in dem gerade umgekehrt Männer die soziale Differenzierung und die gesellschaftlichen Trennungen ihres alltäglichen Lebens in einer mystischen Gemeinschaft aufheben, um die Allgemeinheit und Gleichheit einer transzendenten Gemeinde von Gläubigen vorwegzunehmen.

Im Sudan existiert der *zar* Seite an Seite mit dem *zikr* der Sufiorden, und europäische Beobachter wie Klunzinger, Littmann oder Simon haben schon auf gewisse Parallelen zwischen den beiden Kulten hingewiesen.[76] Beides sind ekstatische Kulte mit zum Teil analogen musikalischen und tänzerischen Techniken, abgesehen von der Tatsache, daß die mystische Entrückung der Sufis, wie so viele Erscheinungen der Männerwelt, natürlich auch im *zar* dargestellt wird.[77]

Im Sudan ist die Lehre der islamischen Mystik hinter die rituelle Praxis des *zikr* zurückgetreten. Im *zikr* versetzen sich die Sufis gemeinsam und gleichzeitig in jenen Zustand mystischer Entrücktheit, in dem sie die ideale Gleichheit und Brüderlichkeit erfahren, welche die islamische Gemeinde im Paradies kennzeichnen soll, während sie in der diesseitigen Welt allzu unvollkommen ist. Der *zikr* verleiht also der Hoffnung auf die Beseitigung von Ungleichheit und Ungerechtigkeit im Jenseits Ausdruck; die einheitliche Kleidung des Ordens und die monotonen, akzellerierten Tänze und Anrufungen nehmen die jenseitige Gleichheit in mystischer Verzückung vorweg.

Der *zar*, der in gewisser Hinsicht ebenfalls einen Gesellschaftszustand darstellt, der den Frauen in der Wirklichkeit unzugänglich ist, zielt in die entgegengesetzte Richtung. Die Vielfalt der Verkleidungen, Tänze und Lieder entrückt zwar ebenfalls aus dem Alltagsleben; statt aber das Paradies der Gleichheit darzustellen, spiegelt der *zar* gerade jene widersprüchliche Wirklichkeit ab, von der die Sufis sich abkehren, um in der mystischen Ekstase des *zikr* Vergessen zu finden: die Wirklichkeit der Trinker und der Prostituierten, der frommen Pilger und ihrer züchtigen Töchter, der heimtückischen Diener und der halbnackten Sklavinnen, der vornehmen Araber und ihrer zur Hochzeit geschmückten Bräute, der paffenden Europäer und der unwiderstehlich männlichen »Krokodile«.

Die Tonga und die Welt der Wanderarbeiter

In den kollektiven Ekstasen der »akephalen« Besessenheitskulte werden die gesellschaftlichen Trennungen und Hierarchien aufgelöst in ein Spiel theatralischer Verkleidungen und dramatischer Gesten. Der Geist, der sich in den Besessenen verkörpert, ist der Geist der Gesellschaft außerhalb der Frauenkultur des Harems, der aber im Widerschein des *zar*-Konvents nicht mehr für die soziale Ordnung einsteht, sondern, wie die *shave* der Shona oder die »Kräfte der Natur« bei den Ashanti und Kalabari, als eine Art Differenzierungscode dient, mit dessen Hilfe die Frauen sich von der Eintönigkeit der Alltagskultur absetzen. Wenn die Frauen Figuren der Gesellschaft *darstellen*, so beugen sie sich nicht der *Macht* der Gesellschaft; im Gegenteil: sie treten in einen Widerspruch zu dieser Macht, indem sie *sich* als Andere oder Veränderte darstellen; oder anders gesagt, indem sie die soziale Welt so darstellen, wie sie ihnen erscheint, nicht wie sie zu sein vorgibt oder wie sie sein will.

In diesem Sinn kann man den Blick der Besessenen »enthierarchisiert« nennen; er gibt dem Wichtigen, dem Bedeutenden – dem »Erhabenen« – keinen Vorzug vor dem, was auf dem Standpunkt der Gesellschaft als belanglose Nebensache oder als häßliche Abweichung erscheint und folglich als »fremd« oder »von außen eingedrungen« herabgesetzt wird. Von etwas »besessen« sein bedeutet nicht, es für andere verbindlich machen, obwohl der Besessene es für sich selbst, insofern oder solange er besessen ist, zur Hauptsache erhebt.

Die Kluft zwischen dem enthierarchisierten Blick des Besessenen auf das Andere seiner eigenen Kultur und der Hierarchie, die dieses Andere als eigene Kultur strukturiert, wird für uns am deutlichsten spürbar, wo »akephale« Besessenheitskulte koloniale Phänomene aufgriffen. Die Selektion dieser Phänomene – aufgefaßt als »Bilder von *passiones*« –

wirkt auf uns extrem willkürlich; weder kann sie unsere Kolonialnostalgie befriedigen noch läßt sie sich im Sinn einer Zivilisationskritik vereinnahmen.

Die Besessenheitskulte, die schon lange vor der Kolonialisierung bestanden, erweiterten ihre Inventare in der Regel nur um wenige und eher beiläufige Refraktionen europäischer Fremdherrschaft. So stellten sich Shona auf den *shave*-Konventikeln europäischer Geister einfach als sauber gekleidete Leute dar, die mit Messer und Gabel essen; zwar konnten einige Geister europäischer Herkunft Abtreibungen bewirken, doch glichen sie darin einer Kategorie afrikanischer Ndebele-Geister. Im sudanesischen *zar* trat ein biertrinkender europäischer Arzt mit Stethoskop als Marginalie auf. Im *pepo*-Kult der Giryama stellten Besessene Muzungu, den Geist der Europäer, als den rastlosesten aller Geister dar, der sich von oben bis unten in makelloses Weiß kleidete; er kommandierte mit einer Trillerpfeife und ließ sich auf Reisen von einer Ordonnanz und einem Diener Stuhl und Tisch nachtragen; als leidenschaftlicher Schwimmer stürzte er sich ins Meer, wobei ihm jedesmal die Ordonnanz nachspringen mußte, um ihn zu retten.[78]

Neben solchen Figuren und Szenen, die genrehaft anmuteten, würden sie nicht mit ekstatischer Intensität vorgetragen, gibt es allerdings auch ein Besessensein von Erscheinungen, die wir wahrscheinlich ebenfalls für »eindrucksvoll« halten. So gab es in Bunyoro einen Kult, in dem die Besessenen britische Panzer darstellten; allerdings nannte man diese Panzer *kifaru*, Rhinozeros, und ihr Bild erweiterte ein Inventar, das in vorkolonialer Zeit neben Seuchen vor allem wilde Tiere enthalten hatte.[79] So können wir auch diese Besessenheit sowohl als Ergänzung des Differenzierungscodes wie als Auseinandersetzung mit dem Neuen und Unbekannten auffassen.

Diese alten Besessenheitskulte, deren Verhaltensweisen gegenüber Fremden vor der Kolonialzeit institutionalisiert waren und die zum Teil bis heute überdauern, reagierten also im allgemeinen auf Kolonialisierung und Modernisierung keineswegs so, als hätten sie plötzlich eine einschneidende historische Wende oder ein schweres Trauma zu verwinden. Die neuen Besessenheitskulte, die sich in der frühen Kolonialzeit von diesen alten Kulten abspalteten oder als Entlehnungen in Gesellschaften entstanden, die zuvor kulturell weitgehend homogen waren und deswegen auch keine Fremdbesessenheit gekannt hatten, fanden, wie ich glaube, nicht mehr die Zeit, klar strukturierte Inventare auszubilden. Während der ganzen Kolonialzeit – und zum Teil bis heute – boten sie ein Bild ständigen Wandels, das zumindest als Bild des *Wandels* auch das Selbstverständnis der kolonisierenden Zivilisation reflektieren könnte.

Die akephale, matrilineare Gesellschaft der Tonga von Zambia war vor der Kolonialisierung kulturell homogen; ohne soziale Schichtung und ohne politische Zentralinstanz verfügte sie über kein Mittel, Fremde aus anderen Kulturen in sich aufzunehmen, ohne sie sogleich sozial und kulturell zu assimilieren. Das wirtschaftliche System hatte keinen Platz für eine Kolonie von Händlern, und ein Ämtersystem, an das sich Fremde als Lehnspflichtige hätten binden können, gab es nicht.

Die matrilinearen Abstammungsgruppen der Tonga siedelten territorial gestreut, so daß die alltäglich kooperierenden Gemeinschaften sich nicht durch Abstammung konstituierten, sondern durch je individuelle Beziehungen der Clanschaft, der Verwandtschaft und Schwagerschaft, der Freundschaften und Klientele. Solche Beziehungen konnten bei Bedarf erweitert werden; wanderten Fremde zu, so fragte man nach ihrem Totem, und wenn es in der Nachbarschaft Angehörige des gleichen Totems gab, so konnte man sie als deren Clangenossen einordnen; ließ sich keine gemeinsame Clanschaft ausfindig machen, so konnten die Fremden am Ort heiraten oder einfach Freundschaft schließen. In jedem Fall aber mußten sie sich rasch und restlos anpassen; sie gaben ihre sprachlichen und kulturellen Eigenheiten auf, und ihre fremde Herkunft wurde vergessen. Sowenig den Tonga bewußt wurde, daß es überhaupt andere Sprachen und Kulturen gab, so wenig wurde ihnen bewußt, daß sie selbst sich als Tonga von anderen unterschieden: Erst in der Kolonialzeit entlehnten sie die Bezeichnung »Tonga« von Nachbarvölkern und begannen, sich so zu nennen.

Innerhalb des Tongalands siedelten sich unter dem Schutz der Kolonialverwaltung Fremde an, die sich fortan den Assimilierungsversuchen der Tonga widersetzten; und außerhalb des Landes kamen Tonga als Wanderarbeiter mit Fremden zusammen, von denen sie in ein System von ethnischen Kategorien eingeordnet wurden. Wie sie selbst sich nun »Tonga« nannten, so nannten sie die anderen jetzt *makalanga*, »Plapperer«.[80]

Betrachten wir nun die Kosmologie und die rituelle Praxis der vorkolonialen Tonga, soweit wir sie aus Elizabeth Colsons Ethnographie rekonstruieren können, so entdecken wir zwei Momente, durch die sich die Tonga von den benachbarten Shona unterscheiden: Es gibt eine Kategorie von bösen Geistern, die man exorzisiert; und die spezifischen Eigenschaften und Fähigkeiten des Individuums werden ausgedrückt durch die rituelle Anerkennung einer Ahnenkonstellation, nicht durch die Besessenheit von einem Fremdgeist. In diesen beiden Momenten erinnert der rituelle Kosmos der Tonga also stärker an den der weit entfernten, aber ebenfalls akephalen und kulturell homogenen, obschon patrilinearen Tallensi als an den der Shona.

Die Tonga verwandeln den Geist eines Verstorbenen durch die Bestattungsriten in einen Ahnengeist, der in die Gemeinschaft der Ahnen seiner Lineage eingeht. Erhält jemand den Namen eines jüngst Verstorbenen, so wird er den gleichnamigen Ahnen als seinen Schutzgeist ehren. Jeder Haushalt ehrt die Ahnen, die er bei seiner Gründung eingesetzt hat; und jeder einzelne ehrt die Konstellation von Ahnen aus seiner eigenen und aus seines Vaters Matrilineage, denen er seine Gaben verdankt.[81]

Die Geister der friedlosen Toten, die bei den Shona nur die Begleichung eines an ihnen begangenen Unrechts forderten und sich zurückzogen, sobald die Hinterbliebenen sie zufriedenstellten, gelten bei den Tonga als böse; sie fallen die Lebenden an, entweder wegen der ihnen eigenen Rachsucht oder weil ein Zauberer sie in seine Gewalt gebracht hat, und verursachen plötzliche, schwere Krankheiten. Ein Exorzist isoliert den Patienten, zündet Räucherwerk an und schlägt Eisenstücke aneinander, um den Geist auszutreiben. Mißlingt die Austreibung, so wird der Geist sein Opfer unverzüglich töten.[82] Manchmal sagen die Tonga, daß solche friedlosen Geister beim Tod jedes Menschen freigesetzt werden, während der gereinigte Ahnengeist in die Gemeinschaft der Ahnen einkehrt. Das bedeutet aber, daß die »friedlosen Toten« bei den Tonga im gleichen Verhältnis zu den Ahnen stehen wie die *shave*, nur daß eben das Gleichheitsbewußtsein der Tonga eine Widerverkörperung dieser »persönlichen« Abspaltung nicht zuläßt, während die »individualistischen« Shona sie als selbstverständlich und sogar nützlich hinnehmen.

Die einzige Art von Besessenen, die es vor der Kolonialzeit bei den Tonga gab, waren die Priester des Heroenkults. An den Gräbern dieser Priester errichteten die Tonga Schreine, an denen sie die Heroen (*basangu*) ihrer heimatlichen Landschaft verehrten und um Regen, Schutz und gute Ernten baten. Starb ein Priester, so erbte ein matrilinear Verwandter seinen persönlichen Ahnengeist, während der Geist des Heroen selbst die Lineage wechselte und sich in einem fremden, oft weit entfernt lebenden Menschen wiederverkörperte. Die Besessenen waren also in der Gemeinschaft, in der sie ihr Charisma entfalteten, fremd.[83]

Das »Andere« der Tongakultur war die Wildnis; wenn Jäger zur Jagd auszogen und wenn sie heimkehrten, tanzten sie die Figuren gefährlicher und furchterregender Tiere: Leoparden und Löwen, Hyänen, Schakale und Elefanten. Später nahmen die Besessenen, die während der Kolonialzeit die Welt der Wanderarbeiter und die schwere Maschinerie der Weißen darstellten, diese Tänze in ihr Repertoire auf.[84] Wie die Jäger sich zu ihrem Anderssein, zu ihrer Verwandtschaft mit den Tieren, die wie sie die Wildnis durchstreiften, bekannten, so demonstrierten die besessenen Frauen, daß etwas in ihnen nicht mehr mit dem herkömmlichen Ideal der Weiblichkeit ineinsgesetzt werden wollte; wie die Jäger sich in Löwen und Schakale verwandelten, so verwandelten sich die Frauen vom Land in Damen aus der Stadt.

Die Tonga entlehnten ihren »akephalen« Besessenheitskult während des Ersten Weltkriegs von den Shona; ihr Wort für Fremdgeister, *masabe*, gebräuchlich nur im Plural, ist höchst wahrscheinlich die tongaisierte Version des Shonaworts *mashave*; und die ersten *masabe* waren, wie die *shave*, die Geister der Stämme, mit denen die Tonga in der frühen Kolonialzeit in Berührung kamen: einmal die Shona selbst, die Korekore und Zezuru, dann Figuren, die man auch bei den Shona darstellte, die Ndebele und die Weißen, und schließlich die typischen Repräsentanten kolonialer Macht, die Träger und die Polizisten.

An die Stelle der »manistischen« Ideologie der Shona, derzufolge die *shave* ursprünglich Totengeister Fremder sein sollten, trat bei den Tonga die Auffassung, Geist sei der »Atem« des Selbstbewegten, das Menschen anhaucht und damit zwingt, seine Gestalt anzunehmen. So tanzten die Besessenen der *masabe*-Konventikel im Gegensatz zu den Shona neben den Figuren fremder Stämme die Figuren der wilden Tiere, der Eisenbahnzüge, Fahrräder und Pumpen, nach 1940 sogar vorzugsweise Maschinen, Flugzeuge, Traktoren und Motorboote.

Der Schreck, das »Angehauchtwerden«, ist die Geburtsstunde jeder neuen Besessenheit. Eines Tages landete ein Flugzeug, und während die Allgemeinheit dieses Ereignis interessiert, aber doch wohl gelassen zur Kenntnis nahm, *traf* es eine Frau, die in panischem Schrecken in den Busch rannte; Nachbarn suchten sie und brachten sie nach Hause. In den folgenden Tagen und Nächten hatte sie Visionen von Flugzeugen, Flugzeuge erschienen ihr im Traum, und schließlich träumte sie von einem Tanz, von einer Verkleidung, von Liedern und Rhythmen. Sie kleidete sich in schwarzes Tuch, band Rasseln an ihre Beine und setzte einen Männerhut auf; sie wirbelte wie ein Flugzeugpropeller, sie kletterte aus einem Flugzeug, man reichte ihr Wasser und Seife, sie verteilte Tabak an die Umstehenden und hielt eine Rede.[85]

Die Geburt des Tanzes aus dem Schrecken ist eines, die mitreißende, ansteckende Bewegtheit des aufgeführten Tanzes ein anderes. Mehr und mehr Frauen, die dem Tanz zuschauten, glaubten sich von diesem neuen Geist infiziert; wurden sie krank oder waren sie niedergeschlagen, so sagte man, sie seien vom Geist des Flugzeugs besessen und fänden Heilung nur, wenn sie sich in das neue Ritual einweihen ließen. Jede Eingeweihte konnte andere einweihen, so daß sich das Tanzen von Flugzeugen wie eine Grippe über das Tongaland ausbreitete. Drei Jahre später fanden nur noch Hinterwäldler Gefallen daran, zu kreiseln oder aus imaginären Flugzeugen zu steigen; die Schrittmacher ließen sich mit Dieselöl einreiben und an Ochsenketten über den Tanzboden ziehen: Sie glichen einer gewaltigen, von Traktoren gezogenen Eisenkugel, mit der die Briten den Wald rodeten; ein Jahr später tanzte man Motorboote, und nach wieder zwei Jahren die Armee von Zambia.[86]

Wurden die *shave*, die *pepo* und die Geister des *zar-* und *bori-*Kults von Generation zu Generation vererbt, so reflektierten die Besessenheiten der Tongafrauen das Zeitgeschehen an der Peripherie ihres Lebensraums. Im Laufe ihres Lebens konnte eine Besessene viele Geister verkörpern; ließ sie sich in einen neuen Tanz initiieren, so ruhte der vorhergehende, aber auf großen Festen, wo viele Besessene ihre Figuren tanzten, lebten die Besessenheiten der Vergangenheit wieder auf.

Wir haben gesehen, daß in den *pepo-*, *zar-* und *bori-*Kulten gerade diejenigen von einer Sache besessen waren, die keinen praktischen Zugang zu ihr hatten. In der matrilinearen Gesellschaft der Tonga mag es vor der Kolonialzeit auch deswegen keine »akephale« Besessenheit gegeben haben, weil die Frauen der Kultur der Männer nicht fremd gegenüberstanden. In einem Teil des Tongalands, in dem nur wenige Männer als Wanderarbeiter in die Städte zogen, nahmen Männer und Frauen gleichermaßen am *masabe-*Kult teil; aber dort, wo es für Männer in den fünfziger und sechziger Jahren zur Regel wurde, mehrere Jahre in der Stadt zu verbringen, glaubte man, Männer seien gegen die *masabe-*Besessenheit immun: Sie kannten die Stadt und die Maschinen, die ihre Frauen irritierten und erschreckten.[87]

Durch alle Besessenheitstänze der Tongafrauen zog sich das Leitmotiv der »kosmetischen« Öle und Seifen; im Tanz der Flugzeuge reichte man der Besessenen Wasser und Seife; die von Traktoren besessenen

Frauen salbten sich mit Dieselöl; im Tanz der Motorboote übergoß man die Besessenen mit Wasser, das den Tanzboden aufweichte, die Frauen wälzten sich im Schlamm und wuschen sich mit kostbaren Seifen. In einem anderen Tanz tranken besessene Mädchen Seifenwasser, um das Innere ihres Körpers sauber und duftig zu machen.[88]

In ihrem alltäglichen Leben befolgten diese Mädchen und Frauen die althergebrachten Regeln weiblicher Kosmetik; sie badeten täglich im Zambezi und salbten sich mit dem Öl, mit dem sich die Tongafrauen schon immer gesalbt hatten; die Mädchen ließen sich die oberen Schneidezähne entfernen, wie es bei den Tongafrauen üblich war. Wenn die Männer aus der Stadt zurückkehrten, fanden sie, daß ihre gesalbten Frauen schlecht rochen und daß das Öl bei jeder Berührung einen Abdruck hinterließ; ihre Frauen wirkten altmodisch, verglichen mit den modebewußten Frauen, die sie in der Stadt kennengelernt hatten. Mithin galten duftige Seifen und »exotische« Öle als Inbegriff urbaner Weiblichkeit; anstatt aber diesem Ideal in der Alltagskultur nachzueifern, waren die Tongafrauen von ihm besessen.

Mit veränderten Grenzen stellte sich dieselbe Konstellation in den sechziger und siebziger Jahren wieder ein, als auch Frauen die Stadt zu besuchen begannen und Männer und Frauen gemeinsam in der Stadt mit der westlichen, postkolonialen Zivilisation und ihren Waren und Gütern in Berührung kamen. Nun rückte das Traumland Amerika an die Stelle, die zuvor Lusaka eingenommen hatte: Männer und Frauen wurden, diesmal auch in der Stadt selbst, von »Engeln« besessen, die sie als Afroamerikaner und Japaner darstellten.[89]

Als zu Beginn der siebziger Jahre die Weltwirtschaftskrise einsetzte, hatte sich die alte Kultur nahezu in der neuen afrikanischen Nationalkultur aufgelöst. Dennoch kehrten die Tonga gerade in der ökonomischen Krise zu ihrem alten Egalitarismus und zu vorkolonialen exorzistischen Ritualen zurück.

»Die Desintegration der nationalen Ökonomie«, schreibt E. Colson, »vereitelte viele Pläne; sie führte zu Verknappungen, und Güter, die jetzt als unverzichtbar galten, verschwanden aus den Läden, Vorräte und Ausrüstungen aus den Armenkliniken. Die ländlichen Gebiete waren besonders schwer betroffen. Für die Dorfkinder wurde der Zugang zur Schule schwerer, und wenn sie sie absolviert hatten, war es so gut wie unmöglich, die Art von Arbeit zu finden, die einmal als selbstverständlich gegolten hatte. In den Städten sah man wieder privilegierte Orte, aber Orte, von denen die Landbevölkerung zunehmend abhängig war. In den üblichen Besessenheitstänzen der frühen achtziger Jahre behandelte man Männer und Frauen gleichermaßen, um die Dämonen auszutreiben, von denen es jetzt hieß, daß sie jederman innewohnten.«[90]

Die Zulu oder von der Besessenheit zum Exorzismus

Es gab in der Kolonialzeit ähnliche Entwicklungen in den wenigen kulturell homogenen Gesellschaften mit politischen Zentralinstanzen. Auch sie mußten sich nicht nur in ihrer sozialen und religiösen Praxis verstärkt mit fremden Einflüssen auseinandersetzen. Nicht anders als die akephalen Gesellschaften wurden sie nun massiert mit den Erscheinungsbildern fremder Kulturen konfrontiert, die diejenigen, die dafür empfänglich waren, »bewegten« und einen weiteren Code zur differenzierenden Darstellung des eigenen Andersseins verfügbar machten.

Ursprünglich waren die politisch zentralisierten, aber kulturell homogenen Zulu als Eroberer auf ihren Wanderungen nach Norden mit den »akephalen« Besessenheiten des großen Gebiets der *shave*- und *pepo*-Kulte in Berührung gekommen. Wahrscheinlich übernahmen sie den Kult der *ndiki*-Geister von den Tsonga in Mosambik, aber erst als um die Jahrhundertwende immer mehr Wanderarbeiter aus dem Norden nach Südafrika kamen, scheint dieser Kult bei den Zulu – und anderen Südostbantu – virulent geworden zu sein.

Ich möchte den mutmaßlichen Zusammenhang zwischen dem *ndiki*-Kult der Zulu und dem *shave*-Kult der Shona nicht unterschlagen, da er geeignet scheint, die weiträumige Diffusion und die Wandlungsfähigkeit von Fremdbesessenheiten in der frühen Kolonialzeit bewußt zu machen. Nach Junod war bei den Tsonga in den beiden letzten Jahrzehnten des 19. Jahrhunderts ein zuvor selten praktizierter Besessenheitskult en vogue.[91] Die Besessenen dieses Kults stellten die Geister fremder Stämme dar, die man unter dem Sammelbegriff *kwembu* zusammenfaßte. *Kwembu* bezeichnet also strukturell dasselbe wie *shave*; als die Shona diese Geister von den Tsonga übernahmen, nivellierten sie die ethnischen Differenzen, die sie bei den Tsonga hatten, und ordneten sie, unter Beibehaltung des Namens, als homogene Klasse von Geistern in das *shave*-Inventar ein.[92] Sie machten also die Fremdgeister von Fremden insgesamt zu einer Sektion ihrer eigenen Fremdgeister. Gerade umgekehrt erhoben die Zulu eine Sektion der Fremdgeister der Tsonga, nämlich die *ndiki*, zur Gesamtheit der Geister ihres neuen Besessenheitskults; und wie die Shona die ethnischen Differenzen der *kwembu*-

Kategorie aufhoben, so lösten die Zulu umgekehrt die *ndiki* von dem ethnischen Vorbild, das sie bei den Tsonga hatten, ab, um sie nach neuen und für sie maßgeblichen ethnischen Typen zu differenzieren: Die *ndiki*, für die Tsonga lediglich die Totengeister der Ndau, mit denen sich Tsonga und Ngoni als Okkupanten des Ndaulandes »infiziert« hatten, wurden für die Zulu zu den Geistern aller Arten von Fremden, besonders aber der Wanderarbeiter aus dem Norden.

Das Beliebigwerden der ethnischen Kategorien, d. h. die Verwandlung der Totengeister der Ndau in die Totengeister aller möglichen Arten von Fremden, verweist sowohl auf die tendenzielle Nivellierung fremder Ethnizität in der Sicht der Zulu wie auf Hektik und Ausmaß der Arbeitsmigration. In den kulturell heterogenen Gesellschaften, die schon vor der Kolonialzeit Fremdbesessenheiten entwickelt hatten, konnten differenzierte und dauerhafte Systeme von Fremdgeistern mit ausgeprägten Charakteren heranreifen, weil man sich nur mit wenigen, deutlich unterschiedenen Fremden auseinandersetzen mußte und weil die Medien die Eigenschaften der Geister im Wechsel der Generationen klar artikulieren konnten; indem sie die »fremden« Charaktere *vererbten*, machten sie sie zu integralen Bestandteilen der eigenen Kultur. Wir haben gesehen, daß es bei den Tonga zu einer solchen Integration nicht mehr kam; und bei den Zulu spielte es keine besondere Rolle, ob ein *ndiki*-Besessener sich als »Inder« oder »Tsonga« darstellte, Zeichen von Fremdheit reichten aus, um eine Assoziation mit den »Leuten aus dem Norden« anzudeuten.[93]

In den späten zwanziger Jahren, als die Minengebiete Südafrikas immer neue Wellen von Wanderarbeitern anzogen und dort ein amorphes, fluktuierendes Gemisch von Stämmen, Völkern und Rassen entstand, in dem es immer schwerer wurde, überhaupt noch eine kulturelle Identität gegenüber der Industriegesellschaft zu behaupten, begannen die Zulu neben dem wenigstens rudimentär differenzierenden *ndiki*-Kult einen exorzistischen Kult zu praktizieren, der hier, wie Jahrzehnte später bei den Tonga, die Grenze markiert, an der die produktive Aneignung fremder Kulturen zwar nicht aufhört, aber doch einen gleichzeitigen und ausdrücklichen Rekurs auf die eigene Tradition erforderlich macht.

Die neuen Geister standen unter der Kontrolle von Zauberern, die ein Gemisch aus Graberde und Friedhofsameisen an einer Stelle vergruben, die ihr erwähltes Opfer eines Tages passieren mußte. Wer auf diesen Zauber trat, wurde unverzüglich von ganzen Horden von Fremdgeistern besessen, von Hunderten von Sotho und Zulu, Tausenden von

Indern und Weißen; der Besessene tobt wie wahnsinnig, bricht in haltloses Schluchzen aus, wirft sich zu Boden, rennt besinnungslos hin und her, reißt sich die Kleider vom Leib und versucht sich umzubringen.

Diese tobsüchtigen Geisterhorden ließen sich nicht mehr beschwichtigen, geschweige denn zu hilfreichen Geistern domestizieren; diese Besessenheit war wirklich der ohnmächtige Ausdruck der Überfremdung und des Ausgeliefertseins an fremde Mächte, gegen die man die moralischen »Kräfte der Gesellschaft« mobilisieren mußte. So übertrugen die Zulu die exorzistische Funktion ihren traditionalen Heilern und, noch bezeichnender, den *izangoma*, den besessenen Medien ihrer väterlichen Ahnengeister.

In der vorkolonialen Zeit gab es bei den Zulu keine anderen Besessenen als die *izangoma*. In dieser strikt patrilinearen Gesellschaft verkörperten sich die Ahnengeister grundsätzlich nur in ihren Töchtern, d. h. »der spezifische und besonders vertraute Umgang mit den Geistern (ist) allein den Frauen vorbehalten – den Frauen, die als randständig gelten und die deswegen die wichtige soziale Rolle zu erfüllen vermögen, zwischen den beiden Welten (der Welt der Ahnen und der Welt der Lebenden) eine Brücke zu schlagen«.[94] Die wenigen besessenen Männer galten als Transvestiten. Da Frauen der Lineage ihrer Ehemänner fremd gegenüberstanden, lebten sie in der gleichen, Objektivität verleihenden Distanz zu ihrer Gemeinschaft wie die besessenen Priester im Heroenkult der Shona und Tonga; und wie diese verkündeten sie die moralischen Werte der sozialen Ordnung, der die aus ihnen sprechenden Ahnen Bestand verliehen.[95]

Dennoch erzwangen die *izangoma*, wenn sie die hoffnungslos Besessenen exorzisierten, keineswegs eine vollständige Rückkehr zu den überlieferten Sitten der idealen Ahnen, deren Botschaft sie verkörperten. Im Gegenteil: sie ließen eine weitgehende Entfernung von der Tradition zu, die sie durch das exorzistische Ritual lediglich »fixierten«. Darin glich ihr Exorzismus der rituellen Reinigung von Hexen im kolonialzeitlichen Ashanti, die ja nicht nur die Hexen von den ihnen innewohnenden Mächten des Bösen befreiten, sondern sie zugleich in die Kultgemeinde einer Gottheit aus den nördlichen Savannen initiierten, d. h. ihnen das Stigma eines teilweisen Andersseins verliehen, so daß die eigene Körperschaft ihnen fortan mit der freundlichen Distanz begegnete, die man Fremden gegenüber an den Tag legt.

Wenn die *izangoma* jene Horden amorpher Geister exorzisierten, »impften« sie den Patienten mit anderen Geistern, die sie selbst kontrollierten und die aus dem Inneren des Patienten weitere Anfälle verhindern sollten. Diese Geister, von denen der Patient nun infolge der »Impfung« besessen war, hießen *amabutho*, die »Soldaten«, wohl um ihre Verteidigungsfähigkeit zu bezeichnen: Kein Zauberer konnte nun den Besessenen mehr mit seinen tobsüchtigen Geisterhorden infizieren.[96]

Sobald der Exorzisierte von den »Soldaten« besessen war, entwickelte er, wie Sundkler berichtet, ein ähnliches Verhalten wie die von den *ndiki* Besessenen – wie die Medien der »akephalen« Besessenheitskulte überhaupt. Wenn die »Soldaten« aus ihm sprachen, so redeten sie mit fremden Zungen, sie sprachen Englisch oder die Sprache der Eisenbahnzüge; und das Zeichen, durch das der Besessene sich seines neuen Andersseins versicherte, war ein magisches Zeichen fremder Herkunft, Maschinenöl oder das Haar eines Weißen.[97]

Der Standpunkt des politischen Bewußtseins

Auf dem Standpunkt des politischen Bewußtseins erschienen die Besessenheitskulte der Kolonialzeit zweifellos als häßliche Deformationen. Wenn die Besessenen sich unter dem Gedröhn der Trommeln, zuweilen mit Schaum vor dem Mund, wie Lokomotiven oder Flugzeuge aufführten, ein fiktives Englisch lallten oder sich einen Tropenhelm überstülpten, dann drängten sich gebildeten Afrikanern und Europäern unweigerlich Worte wie »Imitation« oder »Äfferei« auf; es war wie ein Zerrbild jener anderen Nachahmung, zu der Europa den ganzen Kontinent zwang, eine groteske Überbietung jener anderen, wirklichen Entfremdung, gegen die das politische Bewußtsein mobil machte.

»Aus Paris, London und Amsterdam«, schrieb Jean-Paul Sartre 1961 im Vorwort zu Frantz Fanons *Verdammten dieser Erde*, »lancierten wir die Wörter ›Parthenon! Brüderlichkeit!‹, und irgendwo in Afrika, in Asien öffneten sich Lippen: ›. . .thenon! . . .lichkeit!‹ Das war das Goldene Zeitalter.«[98]

»Zunächst ist es nur die (Gewalt) des Kolonialherrn und bald nur die ihre, das heißt unsere eigene, die wie ein Spiegelbild auf uns zurückgeworfen wird. (. . .) Den Prozeß der Entmenschlichung, den sie zurückweisen, beschleunigen sie aus eigener Kraft. (. . .) In bestimmten Gegenden ist die Besessenheit ihre letzte Zuflucht. Was einst nur eine religiöse Erscheinung war, eine bestimmte Kommunikation des Gläubigen mit dem Heiligen, wird zu einer Waffe gegen Verzweiflung und Demütigung: die Zars, die Loas, die Stammesheiligen steigen zu ihnen herab, steuern ihre Gewalt und verzehren sie in Trancezuständen bis zur Erschöpfung. Gleichzeitig werden sie von diesen hohen Persönlichkeiten beschützt: das heißt, die Kolonisierten wehren sich gegen die koloniale Entfremdung, indem sie die religiöse Entfremdung verstärken. Mit dem einzigen Resultat, daß sie schließlich beide Entfremdungen aufeinanderhäufen und die eine die andere verstärkt. (...) Fügen Sie, für einige streng ausgewählte Unglückliche, noch jene andere Besessenheit hinzu (...): die westliche Kultur. (...) Zwei Welten, das ergibt zwei Besessenheiten: man tanzt die ganze Nacht, und in der Morgendämmerung drängt man sich in die Kirchen, um die Messe zu hören.«[99]

Was Sartre an der Besessenheit erkennt, ist das Fest. Aber für das politische Bewußtsein hat kein Fest seinen Sinn in sich selbst; entweder dient es der Politisierung, oder es hält sie auf. In der kolonialen Situation wird das Fest der Besessenen zu einer »Waffe gegen Verzweiflung und Demütigung«. Unfähig zu politischem Handeln, versetzt man sich in einen Rausch, um die verinnerlichte Gewalt zu »verzehren«. Gäbe es die verinnerlichte Gewalt nicht – oder gelänge es, sie zur Veränderung der Welt freizusetzen –, so gäbe es auch kein Fest – oder doch kein Fest von Besessenen.

Das politische Bewußtsein ist historisches Bewußtsein: Vor der kolonialen Repression war Besessenheit »nur eine religiöse Erscheinung«, nämlich »Kommunikation des Gläubigen mit dem Heiligen«. Das bedeutet, daß das vorkoloniale Afrika das Fest der Besessenen als »Waffe gegen Verzweiflung und Demütigung« nicht kannte; und es bedeutet zugleich, daß jenseits der kolonialen Situation religiöse und politische Erscheinungen unverbunden nebeneinander bestanden. Aber das Politische im alten Afrika ist gar nicht einmal das Thema, die religiöse Ergriffenheit nur der Kontrast zur gegenwärtigen Entfremdung.

Daß die Zersplitterung der Stämme in Gebieten ohne zentrale politische Instanz oft nur durch die Verkündigung eines besessenen Propheten überwunden werden konnte, ist natürlich von afrikanischen Historikern längst anerkannt worden. Einige der großen Aufstände der frühen Kolonialzeit begannen als »charismatische« Besessenheitskulte, in denen sich mehrere traditionale Kulte zu einer neuen Allgemeinheit vereinigten, um ein Gegengewicht zur Allgemeinheit der kolonialen Repression zu schaffen.[100] Diese Besessenheiten bieten sich der modernen

Nationalgeschichtsschreibung zwar keineswegs als politische Bewegungen dar, wohl aber als deren historische Basis.

C. G. K. Gwassa hat die liminale Funktion solcher Besessenheitskulte im *Majimaji*-Aufstand nachgewiesen. Zwischen 1905 und 1907 vereinigten sich mehr als zwanzig Stämme im Süden des damaligen Deutsch Ostafrika zum Aufstand gegen die Kolonialherrschaft, und zwar im Zeichen eines Mannes, der von einer riesigen Schlange besessen war. Gerade die Konfluenz einer Vielzahl von »Kräften der Gesellschaft« in der Prophetie Kinjikitiles hob die Traditionen auf. Er besaß die Insignien der Wahrsager und Heiler, die mit großen Fliegenwedeln im Land umherzogen; statt aber selber auf die Wanderschaft zu gehen, sandte er andere mit diesen Insignien aus, um seine Botschaft zu verbreiten. Er errichtete einen der üblichen Schreine, zu dem die Familienväter mehrerer Stämme der Region Wallfahrten unternahmen, aber nicht um dort nach überliefertem Brauch den eigenen Ahnen, sondern um einer neuen Gesamtheit von Ahnen zu opfern. Er war von einer Macht besessen, mit deren Hilfe er Tabus brechen, nackt gehen und Hexen entdecken konnte; statt aber wie früher einzelne Hexen zu überführen, mußten alle Pilger an seinem Schrein der Hexerei abschwören. Er war von einer großen Schlange besessen, die bunt wie ein Regenbogen war, den Kopf eines schwarzen Affen und große, rot glühende Augen hatte; aber die Botschaft, die er im Namen dieser Schlange verkündete, war in ihrem Kern politisch: Die Gewehrkugeln der Deutschen sollten sich in Wasser verwandeln, alle Afrikaner seien frei. Sein Kult schuf die Symbole und die »spirituelle« Einheit, die dann aber einer ganz anderen, säkularen Führung bedurfte, um den bewaffneten Kampf aufnehmen zu können.[101]

Wir haben gesehen, daß die Aufgabe der inspirierten Verschmelzung bei den Shona den besessenen Priestern des Heroenkults zufiel. Aber auch in dieser Gesellschaft mit ihrer stärkeren politischen und charismatischen Verfassung erforderte die koloniale Situation neue Handlungsweisen, die keineswegs an der Spitze der traditionsbewußten priesterlichen Hierarchie entwickelt wurden. Zwar sammelten sich die Shona, die 1896 am Aufstand gegen die britischen Kolonialherren teilnahmen, unter der Führung des Nehanda-Mediums, das damals an der Spitze der Chaminuka-Nehanda-Hierarchie stand; aber der konservative Appell an die Werte der Tradition genügte nicht mehr. An der Spitze des Aufstands erschien vielmehr ein Mann, der von einem untergeordneten Geist namens Kagubi besessen war; Kagubi befahl die Tötung der Weißen und versprach dafür Erlösung von allem Übel.[102]

Das Neue an diesen Besessenheitskulten war ihr Totalitätsanspruch, ein »fremder» Geist insofern, als die Kulte sich den Totalitätsanspruch der kolonialen Fremdherrschaft – und zuweilen auch das christliche Heilsversprechen – in innerer Umkehrung zueigen machten. In den »charismatischen« Besessenheitskulten ergab sich die neue Verkündigung zugleich auch als Erweiterung der ihnen innewohnenden Tendenz zur Verallgemeinerung, zur Abstraktion von den divergierenden Interessen der einzelnen Menschen und ihrer Körperschaften. In revolutionären Bewegungen, die gerade die selbstlose Hingabe an die Sache erfordern, konnten die »akephalen« Besessenheitskulte mit ihrer Betonung der Differenzierung wohl keinen Platz haben.

Bevor das Kagubi-Medium zum charismatischen Führer aufstieg, war Kagubi einer zeitgenössischen Quelle zufolge ein »*mondoro*«, der die Gabe verlieh, »Wild aufzuspüren und zu erlegen«.[103] Trotz der späteren Zuordnung zum Heroenkult wäre es also immerhin möglich, daß Kagubi ursprünglich der Name eines Jäger-*shave* war. Entscheidend ist aber auch dann nicht, daß der Fremdgeist eines »akephalen« Besessenheitskults zum rituellen Zentrum eines bewaffneten Aufstands wurde, sondern daß man ihn als *mhondoro* klassifizierte, sobald sein Medium charismatische Gefolgschaften um sich sammelte. In den Quellen erscheint der *shave*-Kult erst nach der Zerschlagung des Shona-Aufstands, und das legt die Vermutung nahe, daß er nicht nur bei der Vorbereitung des Aufstands keine Rolle spielte, sondern sogar infolge der gescheiterten Hoffnung verstärkt wiederbelebt wurde.

Die politische Irrelevanz der meisten »akephalen« Besessenheitskulte ergab sich im Kontext des antikolonialen Kampfes allein schon aus ihrer Beschränkung auf Frauenkulturen. Während der Kolonialzeit entstanden aber auch zahlreiche Tänze, die die Männer organisierten und die den Besessenheitsmoden etwa der Tongafrauen glichen; zwar versetzten sich die Männer nicht in Trance, zwar verstanden sich die Tanzenden nicht als von Geistern besessen, aber sie legten ebenfalls den größten Wert auf Verkleidungen, durch die sie sich als Figuren der Kolonialmacht darstellten. Diese Tänze gaben den politischen Historikern das Rätsel auf, das sie bei den Besessenheiten der Frauen ignorieren konnten.

Unter den afrikanischen Tanzmoden, die Tracht, Musik und Bewegung der Kolonialmächte vorstellten, hatte der *beni ngoma* die größte Verbreitung und die längste und wechselvollste Geschichte. Schon sein Name, der sich aus dem englischen Wort *band* und dem Swahiliwort *ngoma*, Tanz, zusammensetzt, zeigt seinen hybriden Charakter. Der *beni* entstand im letzten Jahrzehnt des 19. Jahrhunderts in Swahilistädten wie Lamu und Mombasa, breitete sich über die Küste und das Hinterland bis in die Minengebiete Zentralafrikas aus, um erst mit der Entkolonialisierung bis auf vereinzelte Reste und Spätformen zu verschwinden. Die Tracht der *beni*-Tänzer orientierte sich zunächst möglichst genau an deutschen und britischen Uniformen. In Mombasa konnte man in den zwanziger Jahren alle Arten von Uniformzitaten sehen, Khakihosen, orangene Gürtel, Filzhüte mit Pfauenfedern, wenn es nicht anders ging, auch ein Tennisdress oder eine Badehose. Im Copperbelt bevorzugte man später zivile Kleidung, wohl gebügelte graue Sporthosen, elegante Trikots und makellos geputzte Schuhe; die Tänzer hielten weiße Taschentücher in der Hand und hatten ihr Haar sorgsam gekämmt und gescheitelt.[104]

Ein ähnliches Bild boten die modernen Tänze der Fang in Gabun, deren ephemerer Charakter allerdings noch stärker an die *masabe*-Tänze der Tongafrauen erinnert. Zuweilen zitierte man einfach europäische oder afroamerikanische Tänze, »*bal*« oder »*jazz*«; mit Vorliebe stellten die Fang, egalitär wie sie waren, rigide Hierarchien und Befehlsstrukturen dar.[105] Im Mittelpunkt vieler Tänze standen bestimmte Europäer, populäre Verwaltungsbeamte und Politiker wie Franco oder de Gaulle. »De Gaulle« tanzten die Fang in großen Lauben; die Frauen trugen westliche Röcke und Blusen, die Männer Hemden und Hosen, häufig Krawatten, vor allem aber Schuhe; längs der Laubenwand richtete man Logen mit Tischen und Stühlen ein, in denen die Würdenträger der Tanzgesellschaft Platz nahmen, der Präsident, die Zollbeamten, der Friedensrichter; eine Tricolore zierte den Eingang. De Gaulle ließ man in einer Uniform mit gewichtigen Epauletten und *kepi* auftreten und in Begleitung von Generalgouverneur Eboue und General Pétain die Kleidung der Tänzer inspizieren, Geldstrafen verhängen und den Tanz der Frauen wie eine Truppenparade abnehmen. Trotz dieses militärischen Ambientes handelte der Tanz jedoch von Liebe und Verführung; so sangen die Tänzerinnen zur Begrüßung: »De Gaulle, o! Komm, nimm das Dorf; de Gaulle, das ist der Mann, nach dem ich weine . . .«[106]

Vergegenwärtigen wir uns die Funktion des Exotischen in unseren eigenen Tänzen, Schlagern und Operetten, so läßt sich die politisch-unpolitische Zweideutigkeit dieser kolonialzeitlichen Tanzmoden wohl nicht schwer erraten. Da Franco und de Gaulle bei den Fang, die Militärmärsche, der Zapfenstreich des Weißen Mannes an der Ostküste nicht als politische oder militärische Figuren aufgefaßt wurden, dürfen wir sie ohne weiteres mit unseren Cowboys und Zigeunern, Carmens und Hulamädchen, Matrosen und Husaren ineinssetzen. Im Modus einer imaginären Partizipation verleihen alle diese Moden einer unstillbaren Sehnsucht Ausdruck, die an sich selbst genug hat und der Wirklichkeit, die sie beschwört, desto entschlossener den Rücken kehrt.[107]

Unter der Fiktion einer wesentlichen Andersheit des afrikanischen Tanzes hat man die Moden der Fang allerdings auch schon als eine Art »Cargo-Kult« interpretiert, während z. B. G. Balandier erkannte, daß es sich um nichts als ein Amusement handelte.[108] Selbstverständlich ist auch das Amusement nicht *ganz* unpolitisch; wenn unsere Cowboyromantik kein politisches Bekenntnis ausdrückt, so doch eine Art Sehnsucht nach Grenzenlosigkeit; und wenn die Flaggenrituale und englischen und deutschen Nationalhymnen im *beni ngoma* keine Loyalität mit den Kolonialmächten bekundeten, die Fanfaren nicht zur Schlacht – oder zur Revolution – bliesen, so vermittelte das Erregende dieser Tänze doch den Glanz, den Ruhm, den man auch in Europa einmal am Militär wahrnahm.

Man verfehlt den spielerischen Charakter, den eigentümlichen Wirklichkeitsbegriff dieser modischen Tänze, wenn man sie als »Index« der Akkulturation oder des sozialen Wandels im kolonialen Afrika benutzt. Insofern haben afrikanische Soziologen, wie B. Magubane, Mitchell und anderen wohl zu Recht vorgeworfen, die große Bedeutung europäischer Kleider in diesen Tänzen als Ausdruck der Übernahme europäischer Werte mißdeutet zu haben.[109] Zwar stellt der Tänzer sich als Europäer dar, aber das jedenfalls bedeutet nicht, daß er »wirklich« Europäer sein möchte; vielmehr stellt er einerseits ein partielles Anderssein gegenüber seiner afrikanischen Umwelt dar, wobei er sich der Codes bedient, über die er verfügt, und andererseits stellt er eine spezifische Qualität heraus, die er mit seinem Modell assoziiert. Wenn man den Modus einer bloß modischen Differenzierung überhaupt politisch ernst nimmt, muß man die Bedeutung der zitierten Embleme in dem Zusammenhang, aus dem sie stammen, von der unterscheiden, die sie als Mode in einem anderen annehmen. Wer eine Figur *tanzt*, markiert einen Abstand, da er sie nicht zugleich *leben* kann.

Wenn die afrikanische Nationalgeschichtsschreibung zu Recht weder dem *beni ngoma* noch gar dem Fest der Besessenen eine im strikten Sinn des Wortes politische Bedeutung im antikolonialen Kampf zugesteht, so bedeutet das nicht, daß ein anderes politisches Bewußtsein, nämlich das der Kolonialherren und das der Nationalstaaten, die sie ablösten, solche Veranstaltungen immer als harmloses Amusement hingenommen hätten. Obwohl die Besessenheitskulte wesentlich dazu dienen, dunkle und ungreifbare »Bilder von *passiones*« ans Licht und unter Kontrolle zu bringen, liegt in den Ekstasen der Besessenen etwas Wildes und Anarchisches, das die politische Macht noch vor jedem politischen Protest in Unruhe versetzen kann.[110]

In einigen akephalen Gesellschaften, so bei den Tallensi und den vorkolonialen Tonga, exorzisierte man Geister der Wildnis bzw. die Geister der friedlosen Toten. Die Ahnenmedien der Zulu »impften« die von Horden von Fremdgeistern Besessenen mit ihren »Soldaten«. Einige vorkoloniale Staaten gestatteten zwar Konvente von Besessenen, beanspruchten aber, sie zu kontrollieren; in Dahomey achteten die Konvente auf die strenge Disziplinierung ihrer Medien[111]; bei den Hausa unterstanden die *bori*-Frauen der Schwester oder Tochter des Königs oder einem anderen Beamten. In Ostafrika standen die Koranlehrer dem *pepo*-Kult oft feindlich gegenüber und verhinderten zumindest, daß Männer sich den Konventikeln anschlossen; radikale islamische Erneuerungsbewegungen gingen gegen Besessenheitskulte vor, und zeitweise ist es ihnen sicher gelungen, sie überhaupt zu unterbinden – so scheint der *zar*-Kult während des Mahdi-Aufstands im Sudan nicht praktiziert worden zu sein.

Zuweilen konnte der subversive Charakter der Fremdbesessenheit in kriminelle Organisationen eingehen, die dann zwar ihrem Selbstverständnis nach keineswegs politisch orientiert waren, aber doch *de facto* die koloniale Ordnung unterminierten. Ein merkwürdiger Fall dieser Art war der Kult *ntambwe bwanga*, der in Kabinda entstand und sich in den frühen zwanziger Jahren in der belgischen Congo-Kolonie ausbreitete, 1922 am Kasai auftauchte, ein Jahr später bei den Luba. Wie viele Besessenheitskulte dieser Region organisierte sich der *ntambwe bwanga* nach dem Modell der Geheimbünde. Die Adepten des Bundes waren Leute, die im Dienst von Europäern standen, und die »Medizin« des Bundes sollte aus dem »Land der Weißen« stammen. Wer dem Bund beitrat, hörte auf, seine Stammessprache zu sprechen und benutzte – in Katanga – ausschließlich die von den Belgiern eingeführte Verkehrssprache Swahili; er nahm den Namen eines in der Kolonie ansässigen Belgiers an, den er dann in der Trance verkörperte. Der Bund brüstete sich damit, daß seine Adepten eine komplette Verdoppelung der Belgier in der Kolonie darstellten, von *Le Roi Albert* und *Son Excellence le Gouverneur Général* durch die Hierarchien von Militär, Polizei und Zivilverwaltung bis zu den Handwerkern. Die Frauen der Adepten stellten parallel dazu die belgischen Frauen dar, wobei die Ehen der

Medien denen ihrer Prototypen entsprechen sollten; die Frauen verlangten mit schriller Stimme nach Hühnern, Eiern, Bananen und was ein Europäer sonst verlangen mochte, kommandierten und heilten als Medien der belgischen Geister, wie in ähnlichen Besessenheitskulten. In den unteren, wenig esoterischen Rängen des Bundes begnügte man sich mit solchen Besessenheitsdarstellungen, Heilungen und magischen Abwehrmaßnahmen gegen feindliche Zauberer; die Berufsbesessenheit war den höheren und streng geheimgehaltenen Rängen vorbehalten, die sich auf Diebstahl spezialisierten und die Gabe besaßen, diejenigen, die sie des Nachts ausraubten, in tiefen Schlaf zu versetzen; sie besaßen außerdem die Gabe, gefangene Bundesgenossen aus den Gefängnissen der Weißen zu befreien.[112]

Von allen Besessenheitskulten hat aber keiner das politische Bewußtsein so sehr befremdet wie der Kult der *hauka*, der von den Kolonialmächten genauso verfolgt wurde wie von den afrikanischen Nationalstaaten; er wurde von frommen Moslems bekämpft, von den französischen und britischen Kolonialverwaltungen in Niger und Nigeria, und aus Ghana wurden die Adepten des Kults vertrieben, sobald das Land die Unabhängigkeit erlangte. Ja sogar seine ethnographische Dokumentation wollten konservative Ethnologen und progressive afrikanische Studenten verhindern.

Der *hauka*-Kult war in den zwanziger Jahren bei den Songhai am nördlichen Nigerbogen als Abspaltung aus jenem westsudanischen Komplex entstanden, zu dem auch der *bori* gehörte. Mit der expressiven Kraft einer alten Besessenheitstradition ausgestattet, entwickelten die Männer und Frauen des Kults ein ganz neues Inventar, dessen Figuren zunächst der französischen Militär- und Zivilhierarchie und der islamischen Gesellschaft abgeschaut waren, später, als die Wanderarbeiter den Kult an die Goldküste trugen, auch dem britischen Kolonialsystem; unter den über fünfzig Figuren finden wir den Kommandanten Crocci-chia, der die ersten *hauka*-Adepten eingesperrt hatte, einen Moslem aus Istanbul, den General des Roten Meeres, seine Frau, einen britischen Richter, den Gouverneur und den Jungen, der Geld von der Erde aufzunehmen versteht.[113]

Auf einem *hauka*-Konvent deutete man das koloniale Ambiente mit bunten Stoffetzen an, die man »Union Jack« nannte; man stellte eine Plastik auf, die den Gouverneur mit Schnurrbart, Säbel und Flinte darstellte. Das Fest begann mit einer öffentlichen Beichte; eine Trillerpfeife gab das Signal, sich in Reihen aufzustellen. Wachposten mit hölzernen Gewehren und Peitschen aus Lastwagenschläuchen sorgten für »Ordnung«; wenn sie ihre Gewehre auf jemand anlegten, machten sie ihn besessen. Einer stellte eine Lokomotive dar, die mit mechanischen Bewegungen hin und her fuhr; ein anderer exerzierte im Paradeschritt der britischen Armee, wieder andere salutierten oder inspizierten etwas; der Gouverneur lud zu einer *round-table*-Konferenz ein; schließlich erdrosselten die Besessenen einen Hund, kochten und aßen ihn (vgl. Taf. C und D).[114]

Man hat das Hundeessen als »Opfermahl« deuten wollen, wohl um seine Anstößigkeit etwas abzumildern. In den alten Besessenheitskulten opferten die Songhai jedoch nur reine Tiere, Hühnchen, Hammel, Ziegen, Kälber und Bullen[115], wie es auch im *zar*- und *bori*-Kult üblich war. Und nicht anders opferten auch die *hauka*-Besessenen im Anschluß an die öffentliche Beichte ein Huhn. So erinnert das Hundemahl eher an die Besessenheitsproben, denen wir in den anderen »akephalen« Kulten der Fremdbesessenen begegnet sind und die neben der Tracht und der Bewegungsform das wichtigste Mittel waren, einen bestimmten ethnischen Typus zu kennzeichnen. So bewiesen die Shona, wenn sie gepfeffertes Bier tranken oder gepfefferte Eier und Hühner aßen, daß sie von den *shave* der Portugiesen besessen waren, daß sie sich in der Trance in Portugiesen verwandelt hatten. Im Songhailand aßen die Besessenen des *hauka*-Kults Schweine, in einer islamischen Umwelt ein schwerer Tabubruch, durch den sie bewiesen, daß sie sich in der Trance verwandelten[116]; und wenn sie an der christlichen Goldküste Hunde aßen, so bewiesen sie durch den Bruch eines gravierenden Tabus der Europäer, daß sie die Grenzen »normalen« Menschseins aufgehoben hatten. Obwohl sie sich also teils als fremde Moslems, teils als Europäer darstellten, überboten sie selbst noch deren Anderssein.

Der Tabubruch, der die Adepten des *hauka*-Kults mit Stolz erfüllte, entsetzte den aufgeklärten Europäer wohl noch mehr als die überprägnante, ekstatische Darstellung von Figuren, die er für Autoritätspersonen hielt. 1954 zeigte Jean Rouch im *British Council* in Accra ethnographische Filme; im Publikum saßen auch Adepten des *hauka*-Kults, die ihn baten, ihr nächstes Fest zu filmen. Der Film sollte für ihren eigenen Gebrauch bestimmt sein, nämlich bei zukünftigen Festen als Modell gezeigt werden. So entstand der Film *Les maîtres fous*, der bei seiner Uraufführung im *Musée de l'Homme* Ethnologen wie Marcel Griaule und afrikanische Studenten schockierte; sie verurteilten den Film als »rassistisch« und verlangten seine Vernichtung. In den britischen Kolonien wurde die Aufführung des Films verboten.[117]

Ein anderer, sympathetischer Zuschauer, Jean Genet, erkannte dagegen, daß die *hauka* nicht nur das politische Bewußtsein des Antikolonialismus, sondern überhaupt die gesellschaftliche Moral außer Kraft gesetzt hatten. In *Les nègres*, einem Drama, das Genet unter dem Eindruck von *Les maîtres fous* schrieb, kehren nicht nur viele Figuren des *hauka*-Kults wieder; Genet übernahm vor allem das Motiv der Verkleidung, der Verwandlung der armen, verachteten Wanderarbeiter in ihre weißen Herren, und die Steigerung der Charaktere zu *Typen*, zu überprägnanten Attrappen, ein Verfahren, das sich im *hauka*-Kult wie in allen »akephalen« Besessenheitskulten findet und das Genet in gewisser Hinsicht deutet, wenn er spürbar macht, daß gerade diese Steigerung eine Befreiung und eine kathartische Reinigung von der Macht solcher Bilder herbeiführt.

In den Masken von Fremden und Verstorbenen

Die Pende oder Fest und Initiation

Die Pende leben im südwestlichen Zaire, zwischen dem Lutshima im Westen und dem Kasai im Osten; im Süden grenzt ihr Land an das der Cokwe und Lunda, im Norden an das der Mbundu, Pindji und Mbala, im Osten an das der Lele und Bena Lulua, im Westen an das der Kwese, Suku und Yaka. Die Pende kannten diese Nachbarn; in ihrer matrilinearen Organisation, in ihrer Wirtschaftsweise und mit ihren kleinen, mehr oder weniger autonomen Häuptlingstümern unterschieden sie sich aber nur wenig von ihnen. Vor der Kolonialzeit gab es im Pendeland weder die politische Zentralinstanz, die Fremden Schutz gewähren konnte, noch die Art von ökonomischen Ressourcen, die fremde Händler anzieht; die Pende kamen kaum mit Fremden als Repräsentanten kultureller Heterogenität in Berührung, eine rituelle Anerkennung anderer Kulturen wäre also bei ihnen erst in der Kolonialzeit zu erwarten.

Als europäische Reisende gegen Ende des 19. Jahrhunderts die Pende »entdeckten«, sahen sie bei ihnen eine Reihe von Kultgegenständen, die beweisen, daß die Pende vor vielen Jahrhunderten mit portugiesischen und holländischen Seefahrern Kontakt hatten. Einige dieser Paraphernalien gab es bei ihren Nachbarn, die schon früher in Beziehung zur Küste getreten waren, andere nicht, und diese zeigten Spuren der Abnutzung, die eine rezente Entlehnung ausschließen. Elfenbeinerne Pfeifchen hatten an einem Ende ein geschnitztes Köpfchen, am anderen einen Schlüsselbart, der nur altertümlichen portugiesischen oder holländischen Schlüsseln abgeschaut sein kann (s. Abb. 12). Es gab Nachbildungen europäischer Stühle, wie wir sie vor allem von den Cokwe kennen; tatsächlich stehen jüngere Exemplare stilistisch unter dem Einfluß der Cokwe, aber gerade die ältesten zeigen den reinen Stil der Pende, so daß diese sehr wohl die Urheber dieser Tradition sein könnten.[1]

Bevor die Pende in ihre heutigen Wohngebiete einwanderten, hatten sie bei Ambaka an der Atlantikküste gelebt, wo im 16. Jahrhundert portugiesische Seefahrer und Händler aufkreuzten. Die Pende, die in ihrer ganzen Geschichte kriegerischen Auseinandersetzungen aus dem Wege gingen und noch heute bei ihren Nachbarn eher als kunstfertige Töpfer, Schmiede und Schnitzer hohes Ansehen genießen[2], entzogen

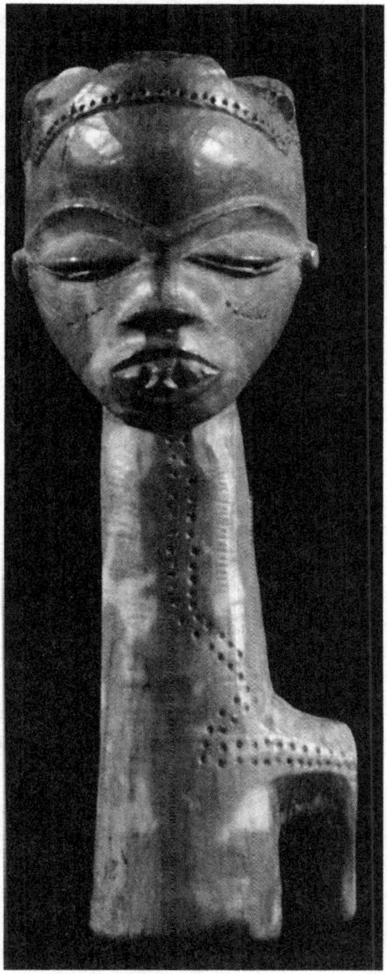

12
Pende, Zaire, Elfenbeinplastik in der Form eines europäischen Schlüssels.

sich der Fremdherrschaft durch Auswanderung, wie die meisten Ethnien, die das Gebiet zwischen Kwango und Kasai in Besitz nahmen, um den Portugiesen und den Pombeiros, afrikanischen Sklavenjägern in portugiesischen Diensten, auszuweichen.

Die Masken der Pende, vor allem ihre Miniaturformen aus Elfenbein, haben schon viele Europäer an florentinisches Kunsthandwerk erinnert.

Die afro-portugiesische Elfenbeinkunst, von afrikanischen Schnitzern in portugiesischem Auftrag angefertigt, belegt, mit welcher Leichtigkeit und Selbständigkeit Afrikaner sich europäische Kunstformen aneigneten.[3] Wahrscheinlich hatten die Pende Heiligenbilder gesehen, und wie sie sich die Formen europäischer Schlüssel und Stühle aneigneten, so konnten sie sicher auch Bildformen der Renaissance in ihre Kunst aufnehmen. Aber sie arbeiteten dabei nicht in portugiesischen Diensten, und wie sie die Form von Schlüsseln, für die sie keine Verwendung hatten, in das Ornament einer Pfeife verwandelten, so formten sie vielleicht die Erinnerung an Heiligenbilder zu Masken. Was mich an diesen Masken interessiert, ist indes nicht ihre mögliche Verwandtschaft mit der Kunst der Renaissance, sondern ihre Ähnlichkeit mit den Fremden, mit denen die Pende im Laufe ihrer Geschichte in Berührung kamen und die sie in ihren Maskeraden darstellten. Denn in diesen Maskeraden besteht zwischen dem Maskierten und dem Typus, der in seiner Maske erscheint, eine ähnliche Beziehung wie im *shave*-Kult zwischen dem Besessenen und dem Geist, den er verkörpert.
Es gibt bei den Pende zwei gegensätzliche Maskentypen, einen abstrakten Typus, *minganji*, der die generalisierten, eigenschaftslosen Ahnen repräsentiert, und einen in sich reich differenzierten, realistischen Typus, *mbuya*, in dem die Pende die Charaktere ihrer historischen und sozialen Umwelt in einer eigentümlichen Brechung reflektieren, in den Gesichtern von Sterbenden. Die Differenzierung der *mbuya*-Masken wird deutlichere Konturen gewinnen, wenn man sie zunächst in ihrem allgemeinen Kontrast zur Abstraktion der *minganji* betrachtet.

Die *mbuya*-Masken im Stil von Katundu, der maskenreichsten Region des Pendelands, auf die ich mich hier im wesentlichen beschränke, stehen in der Spannung zwischen einer ruhigen, gleichförmigen und stilisierten Grundform und dem spezifischen, lebendigen Ausdruck jeder einzelnen Maske. Sie alle, ausgenommen *tundu*, die lustige Person, geben ein Gesicht, dessen Züge leicht nach hinten fliehen; die Lider der immer geschlossenen Augen bilden zuweilen fast ein Dreieck, mit der Spitze nach unten; die geschwungenen Augenbrauen treten reliefartig hervor, sie senken sich in der Mitte zur Nasenwurzel; die Stirn wölbt sich nach vorn; die Lippen sind geschlossen oder leicht geöffnet, meist an den Enden leicht nach unten gezogen, was dem Gesicht zusammen mit den schweren, geschlossenen Augen einen eigentümlichen Zug von Trauer und Melancholie verleiht.

Schon Torday, der als erster über die Pende berichtete, empfing von diesen Masken einen »düsteren« Eindruck[4]; die eingefallenen Wangen, die vorspringenden Jochbeine und die teils gelösten, teils wie im Krampf verzogenen Lippen erinnerten Frans Olbrechts an Totenmasken, er ahnte das »brechende Auge« unter den geschlossenen Lidern.[5] An Totenmasken fühlt man sich aber nicht nur wegen der düsteren Stimmung erinnert. Wenigstens in der letzten Blütezeit der Kunst von Katundu erhielt jede Maske ein eigenes, persönliches Gesicht, so daß Carl Kjersmeier zu Recht von »Porträtmasken« sprach, obwohl wir die Namen der möglicherweise Porträtierten nicht kennen.[6]

Die *mbuya*, mit Ausnahme von *tundu*, waren Holzmasken, die *minganji* verfertigte man dagegen in Katundu ausschließlich aus Raphiabast; ein Bastanzug bedeckte den ganzen Körper des Maskenträgers, das Maskengesicht hatte zuweilen die Form einer kreisrunden Scheibe, nur die beiden Öffnungen, durch die der Träger hindurchsah, ragten als Röhren aus der Scheibe und deuteten die Geisteraugen des Maskenwesens an. Links des Kwilu formte man die *minganji* manchmal aus Harz oder Holz, aber auch dann bewahrte das Maskengesicht einen abweisenden, menschenfernen Ausdruck.[7]

Dem Gegensatz der Form und des Materials entsprach in Katundu eine komplementäre rituelle Verwendung. Die *minganji* hatten die Aufgabe, die Knaben in der Tradition zu unterweisen, d. h. ihnen die Macht der Ahnen vor Augen zu führen, während die *mbuya* sie in die Gesellschaft der Lebenden zurückgeleiteten.

Im Abstand von etwa fünfzehn Jahren initiierten die Pende eine jeweils neue Altersklasse; sie trennten die Knaben von den Frauen und Kindern, um sie in einem Lager außerhalb des Dorfes zu beschneiden und in die Tänze, das Jagdhandwerk und die Geheimsprache der erwachsenen Männer einzuweihen. Den Höhepunkt dieser Enthüllungen bildete die Demaskierung der Maskenträger, die bei den Frauen und Kindern nicht etwa als maskierte Menschen galten, sondern als die Geister selbst. Sobald die Knaben das Geheimnis der Masken kannten, durften sie selbst Masken tragen und zu den Frauen und Kindern im Dorf zurückkehren.

Die erschreckende, menschenferne Erscheinung der *minganji* eignete sich dazu, den Knaben die rigide, entbehrungsreiche Ordnung der erwachsenen Männer auferlegen zu helfen, der sie sich im Beschneidungslager zum ersten Mal unterwarfen. Die gesichtslosen, abstrakt-unpersönlichen *minganji* scheinen die anonyme Uniform moderner Staaten gleichsam vorwegzunehmen (s. Abb. 13), so daß man Sousberghe zustimmen muß, wenn er sie die »Polizei« des Beschneidungslagers nennt.[8] Wer das Maskengeheimnis nicht kennt, glaubt in den *minganji*

13
Pende, Zaire, zwei *minganji* mit Röhrenaugen.

die Ahnen selbst vor sich zu haben, denen er Gehorsam schuldet und die ihre Ordnung durch die Beschneidung dem Körper *einprägen*. Durch die spektakuläre Demaskierung erkennnt man die Macht der Ahnen als die in der Maske verborgene Macht der Männer, und mit dieser Macht identifiziert man sich.

Das Gesicht der *mbuya*-Maske markiert eine Grenze zwischen Leben und Tod; im Antlitz des Sterbenden bricht sich noch die Fülle des Lebens, während es schon an der Verklärung der Toten teilhat (vgl. Abb. 14). Diese Masken treten auf, wenn die Beschnittenen aus der Welt der Ahnen in die Gemeinschaft der Lebenden zurückkehren. Sie markieren einen liminalen Status, in dem man nicht mehr ganz im Bann der Toten steht, aber auch noch nicht ganz auf die Rolle festgelegt wird, die einem im Alltagsleben zufällt. Im Zug dieser festlichen Rückkehr ins Leben gilt es als angemessen, unter der Maske all jene Rollen zu spielen, die man weder in der idealen Welt des Beschneidungslagers mit seiner abstrakten Gleichheit und Anonymität noch in der alltäglichen Gesellschaft mit ihrer rigiden Trennung von Männern und Frauen spielen darf,

14
Pende, Zaire,
mbuya-Maske.

nämlich die Rollen von Narren und wilden Tieren, von Frauen und Fremden.

Dieser allgemeine Gegensatz von *minganji* und *mbuya*, abstrakter Gleichheit und spielerischer Differenzierung, ist uns natürlich aus vielen Kulturen bekannt. Zur zeremoniellen Beschwörung der Werte schickt sich der schwarze Anzug, zum Wechsel die Pappnase. In der Nicht-Zeit der Initiation, um an Arnold Van Genneps Theorie der *rites de passage* zu erinnern, in der man als Individuum gestorben ist, um in der idealen, jenseitigen *communitas* aufzugehen, löscht man die sichtbaren Zeichen seiner Individualität, indem man entweder eine Masken-Uniform anlegt oder sich nackt auszieht; an der Schwelle zu diesem Zustand, an der Grenze zwischen Zeit und Nicht-Zeit, diesseitiger und jenseitiger, alltäglicher und idealer Welt, gibt man seine Liminalität durch Verkleidungen zu erkennen, die als Kleider in die Zeit fallen, während sie ihren Träger schon der Zeit entrücken oder ihn noch von ihr fernhalten.[9]

Die übrigen Rituale, in denen die *minganji* auftreten, zelebrieren politische oder rituelle Autorität; bei der Bestattung von Häuptlingen oder hochstehenden Personen vertrieben die *minganji* Neugierige mit Peitschen[10]; nach der Gemeinschaftsjagd, die man zur Amtseinsetzung eines Häuptlings veranstaltete, töteten zwei *minganji* einen Fremden, und sie tanzten, wenn man am folgenden Tag dem neuen Häuptling eine Hütte baute; sie tanzten schließlich auch, wenn eine Frau hinter das Geheimnis der Masken gekommen war und die eingeweihten Männer an geheimem Ort die Ziegen verzehrten, mit denen sie ihr verbotenes Wissen sühnte.[11]

Die *mbuya* tanzen zwar heute bei festlichen Anlässen aller Art, ursprünglich jedoch nur zur Aufhebung ritueller Einschränkungen: Im Beschneidungslager traten sie zur Demaskierung auf; sie beendeten die Seklusionsperiode; sie tanzten zur Reaggregation nach einem besonderen Ritual, durch das man sich Glück bei der Einzeljagd erwarb, zum Abschluß großer Jagdzüge, zur Ernte der Erstlingsfrüchte, die das Ernteverbot beendete, und bei bestimmten Heilritualen.[12]

Die Pende formulieren den Gegensatz von *minganji* und *mbuya*, wenn sie sagen, die einen seien eine »Sache der Magie«, die anderen eine »Sache des Spiels«.[13] Dennoch wäre es verfehlt, die *mbuya* einfach als Spielsachen aufzufassen; denn sie sind es nur in der »esoterischen« Sicht der eingeweihten Männer, die das *mbuya*-Spiel vor den Frauen und Kindern aufführen. In dieser Sicht reihen sich die *mbuya*-Maskengestalten, die nacheinander, meist einzeln, zuweilen zu zweit oder zu dritt, die Bühne des Dorfplatzes passieren, zu einer menschlichen Komödie, in der sich die Männer das Andere ihres Maskenbunds in allen Versionen spielerisch aneignen, als Tiere und Narren, Fremde und Frauen.

Aber das traurige, melancholische Gesicht der *mbuya*-Maske steht nicht im Einklang mit dieser spielerischen, komödiantischen Absicht. Wir müssen nicht erst auf einen hypothetischen älteren Sinn der *mbuya*

A Besessene des Kunde-Kults, Ewe, Togo. Medien mit Nachbildung des roten Fes und Trachten des nördlichen Graslands.

B Besessene des Kunde-Kults, Ewe, Togo. Medium mit Mossihut, Trachten des nördlichen Graslands.

C Die »trooping the colours«-Zeremonie: »Unter den Anwesenden sind Hauka, die gekommen sind, ihre Vorbilder zu suchen.« – Aus Jean Rouch: Les maîtres fous.

D »Der in Blau gekleidete Mann ist vom *General* besessen. Der *Gouverneur* schimpft auf den *General*. Der *Kapitän* sagt: ›Ich *Gouverneur*, ich werde den *General* holen.‹« – Aus Jean Rouch: Les maîtres fous.

E Pende, Zaire, Maskenanhänger aus Elfenbein. Oben *fumu* oder *phumbu,* unten *phota,* Der Kopfputz erinnert an den Dreispitz europäischer Offiziere.

F Europäischer Reiter, ein Schutzgeist der Reisenden. *Hamba*-Figur der Cokwe, Angola.

G *Posuban* der Fante, Ghana. Ein Schrein in Form eines europäischen Kriegsschiffs.

H Die erste Phase der Initiation in den *mami-wata*-Kult. Ewe, Togo.

I Altar des *mami-wata*-Kults, Ewe, Togo.

rekurrieren, der sich in ihrem Bezug zu Jagd und Heilung erhalten hat, um diesen Widerspruch aufzulösen; denn in der exoterischen Sicht der uneingeweihten Frauen und Kinder gelten die vor ihnen tanzenden Maskengestalten als zurückkehrende Totengeister, nicht als die von allem Menschlichen gereinigten Ahnen, sondern als die zu Typen gesteigerten Gestalten, in denen sich die Wirklichkeit ihrer eigenen Welt blendend klar abspiegelt – wie im Inferno einer Göttlichen Komödie.

Die Figuren des *Mbuya*-Spiels

Am Rande des Tanzplatzes, halb im Gebüsch verborgen, erschienen dann und wann *mafuzu*, erschreckende, theriomorphe Gestalten, die die eigentliche Komödie umrahmten wie die Drachen und Kobolde die Seiten einer mittelalterlichen Handschrift. Die Träger dieser Masken hatten sich mit *mafuzu* eingerieben, einem weißen Pulver, das sie geschmeidig machen und gegen Unfälle schützen sollte; Zauberer benutzten dasselbe Pulver, wenn sie sich des Nachts in Tiere verwandelten.

Erhaben schritten die *mafuzu* einher, mit Ausnahme des Hahns, der mit seinem hölzernen Schnabel und seinem Federkamm erstaunlich schnell hin und her rannte, plötzlich verschwand und unvermutet an einer anderen Stelle wieder auftauchte; der Elefant, den die Frauen fürchteten, weil er ihre Felder verwüstete; der Büffel, begleitet von zwei Jägern, die ihn mit dem Gewehr oder mit Pfeil und Bogen erlegten und häuteten; ein Schlangenpaar; das menschenfressende Krokodil; Riesen auf Stelzen; der »Zauberer«, eine zehn Meter hohe Puppe mit Masken; ein Menschenfresser mit vier Köpfen, der aus dem Fluß stieg; schließlich Masken tragende Marionetten, deren Arme und Köpfe man mit verborgenen Fäden in Bewegung setzte.

Es gab auch harmlose, dann aber absonderliche Haustiere, das Küken mit seinen kindlichen, geschlossenen Augen, das Huhn, das ständig am Boden scharrte, das kranke Schwein; und Vögel, wie die Lerche mit ihrem eintönigen Gesang.[14]

Weder die Tiere trugen *mbuya*-Masken noch die lustigen Personen, *tundu*, die die düstere Maskerade mit ihren derben Späßen in Verwirrung brachten. Die schwarzen *tundu*-Masken aus Harz oder Holz wirkten verwahrlost; manchmal hatten sie tiefe Falten auf der Stirn, sie konnten hinterhältig-maliziös dreinschauen; gelegentlich hatten sie Röhrenaugen, wie manche *minganji*, als sei ihre Torheit die abgetakelte

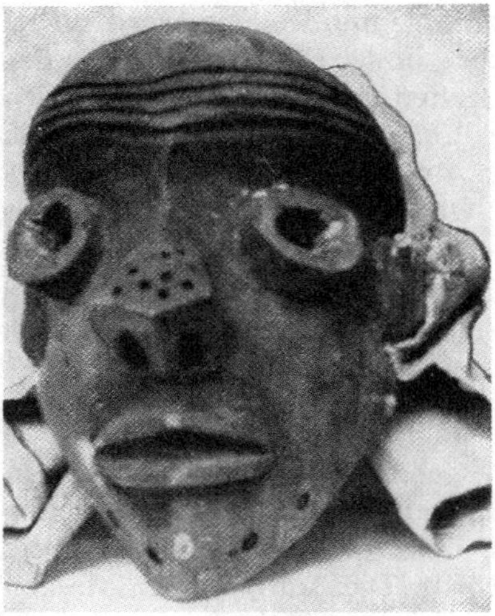

15
Pende, Zaire, *tundu*-Maske, Clown mit Röhrenaugen.

Kehrseite »polizeilicher« Ordnung oder idealer Weisheit (s. Abb. 15). Oft äfften sie die Häuptlinge nach; sie hingen sich riesige, künstliche Leopardenzähne um den Hals, in Imitation der echten Leopardenzähne, Zeichen der Häuptlingswürde; ihre Dickbäuchigkeit spielte auf die vom vielen Palmwein-Trinken dicken Bäuche der Häuptlinge an, ihr Holzpenis mit Riesenhoden auf den sprichwörtlichen Hodenbruch der Mächtigen.[15]

Die Narren äfften die Zuschauer nach und die ernsten Masken; sie benahmen sich furchtbar obszön, was den Maskenträgern einigen Mut abverlangte, da ihre Mütter und Schwestern unter den Zuschauern saßen. In einer Version stellte *tundu* einen notorischen Gigolo dar, der verheiratete Frauen verführt, in einer anderen einen Mann, der seine Schwester des Nachts zu sich lockt, indem er in ihr Bett Wanzen legt.[16]

Es gab weibliche Pendants zu diesen Narren, eine dreckige, mißgestaltete alte Jungfer, die raucht, ausspuckt, furchtbar vor sich hin flucht, altes Zeug herumschleppt, in aller Öffentlichkeit obszöne Ratschläge erteilt oder enorme Mengen von Heuschrecken fängt; eine Alte in Lumpen, die ihr Geschlecht zur Schau stellt; eine Unreinliche, die Fischgift stampft; eine Verrückte, die sich auf der Straße auszieht. Es gab liebliche Mädchen mit lächelndem Mund und vollen Wangen, eine Dorfschönheit, die mit den Hüften wackelt, die Frau des Häuptlings, die Frau, die die Aufmerksamkeit der Männer erregt, die Freundin des

16
Pende, Zaire, *mbuya*-Maske, ein wandernder Wahrsager der Dinga (nach Carl Einstein).

Jägers, die grell geschminkte und herausgeputzte *thambi*, die mit allen Männern einer Altersklasse schläft.[17]

Alle echten, düsteren *mbuya*-Masken mit traurigem Mund stellten Fremde dar oder doch Personen mit ganz speziellen Berufen und Eigenschaften. Es gab den Angehörigen des benachbarten Dingastammes, manchmal ein Vogeljäger, manchmal selber ein gejagter Vogel (s. Abb. 16); einen wandernden Wahrsager, ebenfalls ein Dinga; einen anderen Wahrsager mit einem weißen, senkrechten Strich in der Mitte der Stirn und einem zopf- oder schopfartigen Kopfputz, der ein Reiborakel bediente, wie die Pende selbst es nicht verwendeten; den Sklaven, der so aussah wie ein Weißer; einen kleinen Pygmäen mit dickem Kopf, traurig und müde, gestützt von zwei *tundu*, die ihm die Nase putzen und ihn trösten. Es gab den Fremden, *mwenyi*, schlechthin, müde und schmutzig von der Reise (s. Abb. 17), entweder ein wandernder Luba-Händler, der nach Art der Luba tanzt, oder ein europäisch gekleideter Weißer, der sich unbeholfen bewegt und die Zuschauer zählt, auf der Suche nach einer Unterkunft nach rechts und links schaut, ein Feinschmecker mit dünnen schwarzen Haaren, Hut und Brille. Es gab einen dreckigen Weißen mit Papier und Stift in der Hand, den man »Heuschrecke« nannte, weil er den Leuten mit seinem ständigen Zählen lästig fiel; den bärtigen Missionar mit seiner peinlichen Sauberkeit, den fleißi-

17
Pende, Zaire, *mbuya*-Maske, der Fremde.

gen Dinga mit Messer und Axt; den verwahrlosten, ungehobelten Yaka von der Westgrenze des Pendelands; dazu Jäger, Vogeljäger, Holzfäller und Palmweinzapfer, jemanden, der Rotholz reibt, einen Epileptiker, der sich die eine Gesichtshälfte verbrannt hat, einen Buckligen mit einem Pfeil im Rücken.[18]
Wir haben gesehen, daß die Tongafrauen während der Kolonialzeit jede neue, irritierende Erscheinung, die von außen in ihre Welt eindrang,

ohne für sie wirklich greifbar zu werden, zu einem besessenen Tanz formten, der sich dann wie eine Mode ausbreitete; zu den alten, furchterregenden Tieren traten die Figuren fremder afrikanischer Stämme, die Europäer und schließlich ihre Maschinen. Trotz seines bedeutend höheren Alters begann auch das *mbuya*-Spiel in der Kolonialzeit gleichsam zu wuchern, und an dieser neuen Gestaltenfülle können wir dank der Aufzeichnungen Munamuhegas die Genese der Masken und die anfänglichen Beziehungen zwischen einer Maske und ihrem Träger beobachten, bevor wir uns den vorkolonialen *mbuya* zuwenden, deren Genese sich im Dunkel der Geschichte verliert.

Die *mbuya*-Masken reflektieren teils seltsame Ereignisse, teils Erfolge oder Mißerfolge des Berufslebens, die der Maskenträger beobachtete oder die ihm oder einem Nahestehenden widerfuhren.

Eine Maske stellt einen Dinga dar, der mit Messer und Axt tanzt, um seinen unermüdlichen Fleiß zu bekunden, und diese Maske war einem fleißigen und sparsamen Mann im Traum erschienen; sie stellt ihn selbst dar, aber als einen Fremden. Die Figur des Holzfällers wird von Männern getanzt, die sich entweder beim Holzfällen auszeichneten oder vor einem besonders starken Baum kapitulierten. Ein Mann jagt den Büffel, der seinen Vater getötet hat; gelingt es ihm, ihn zu erlegen, so mag er die Büffelmaske tragen, scheitert er, so stellt er sich als alte Frau in Lumpen dar. Ein Mann tanzte die Figur der alten Jungfer, weil er einer alten Jungfer einen Stab gegeben hatte, mit dem sie eine große Menge Heuschrecken fing. Ein Mann, dessen Schwein verhext worden war, tanzte die Figur des kranken Schweins. Ein notorischer Unruhestifter tanzte die Figur des Menschenfressers. Jemand, der im Wald eine Frau mit einer großen, blutenden Wunde gerettet hatte, tanzte die Figur des dreckigen Yaka, der Angst hat zu verfaulen. Ein Mann, dessen Mutter gestorben war, weil ein wandernder Dinga-Wahrsager sie falsch behandelt hatte, trat in der Dinga-Maske auf, als jemand, der in dem Wahn lebt, von seinen Ahnen zum Wahrsager berufen worden zu sein.[19]

Die klassischen *mbuya* in ihrer Analogie zu den *shave*

Fünf Figuren der Maskenkomödie verliehen keiner persönlichen Erfahrung Ausdruck; sie stellten ihre eigene, bis in jüngste Zeit in Rituale verwobene Wirklichkeit dar, die nur in den Masken selbst existierte. L. de Sousberghe, der Ethnograph und Kunsthistoriker der Pende, hat diese Masken mit den *shave* der Shona verglichen und an ihrer Ikonographie gezeigt, daß in ihnen die Bilder von Fremden überdauern, denen die Pende vor langer Zeit begegneten.[20] Ich nenne diese fünf Figuren die »klassischen« *mbuya*, weil die Pende in ihnen die vorbildliche Form fanden, die sie in den anderen *mbuya*-Masken nur noch abwandelten.

Die Pende versichern, daß sie die fünf klassischen *mbuya*-Masken im Stil von Katundu seit der Zeit besäßen, da sie in Angola am Oberen Kwango unter der Herrschaft der Imbangala und Shinji gelebt hätten; dort hätten sie die Beschneidungsriten und mit ihnen die Masken von den Shinji übernommen. Da sie den Oberen Kwango wahrscheinlich schon im 17. Jahrhundert verließen, um sich zwischen Lutshima und Kasai anzusiedeln und so den Sklavenjagden der Pombeiros zu entgehen, bewahren die ältesten, getreu überlieferten Masken das Bild einer Vergangenheit, die in der historischen Erinnerung der Pende längst zu mythischen Schemen verblaßt ist; die Masken, denen die Pende große rituelle Bedeutung zugestanden, gerannen im Wechsel der Generationen zu festen, kopierbaren Formen, obwohl – oder gerade weil – man ihren ursprünglichen Sinn vergaß.[21]

Zwei klassische *mbuya*-Figuren, *kiwoyo* und *muyombo*, geschmückt mit Federn und Fellen, halten Fliegenwedel in der Hand; sie zeichnen sich durch gewaltige, in das Maskenholz geschnitzte Bärte aus (s. Abb. 18). Der Name Kiwoyo ist aus einem Kikongowort abzuleiten, das die Totengeister bezeichnet, und zwar speziell die Totengeister von unbekannten oder sehr fernstehenden Fremden. Auch der Name Muyombo verweist auf ein Kikongowort für Verstorbene und läßt sich mit Ausdrücken für Traurigsein und mit Benennungen des Totenhauses in Verbindung bringen. In diesen Masken haben die düsteren, traurigen Gesichter und die brechenden Augen der *mbuya*-Masken ihren Ursprung. Es sind die Masken von Fremdgeistern, die durch ihre gewaltigen Bärte und zumindest durch Anklänge in ihrer Physiognomie an gravitätisch anmutende Europäer erinnern.

Phota, in einigen Exemplaren eine Maske von verhaltener Trauer und nach innen gekehrter seelischer Gespanntheit, erscheint hünenhaft durch sein Kleid aus Maniokblättern; sein Name bedeutet »Maniok«, was auf seine portugiesische Abstammung verweisen könnte, da die Portugiesen den Maniok eingeführt hatten (vgl. Taf. E unten). Fumu, der Häuptling, in sehr alten Exemplaren noch bärtig, trägt einen drei-, manchmal mehrzipfligen Kopfputz, wohl nach Lundamode, der entfernt an einen Dreispitz erinnert, und wird, wenn er in der Komödie auftritt,

18
Pende, Zaire, *mbuya*-Maske, *kiwoyo* mit langem Bart.

von einem Schirmträger begleitet; da heute weder der Schirm noch der Kopfputz sonst bei den Pende vorkommen – und nichts mehr mit den Insignien ihrer Häuptlinge zu tun haben –, muß es sich um einen fremden Anführer handeln. Der gleiche Kopfputz charakterisiert auch die letzte der fünf klassischen *mbuya*-Figuren, Phumbu, den Totschläger; sein Name verweist auf Mpumbu, in alten Reiseberichten *pombo* geschrieben, die Endstation der ersten großen Handelstraße von der Küste ins Innere, südwestlich von Stanley Pool, nach der man die Sklavenjäger »Pombeiros« nannte. In der Komödie schwingt Phumbu in jeder Hand ein zweischneidiges Messer, zwei Akolythen halten ihn an der Leine, da er droht, sich voller Mordlust auf die Zuschauer zu stürzen (s. Abb. 19 und Taf. E oben).[22]

Von allen *mbuya*-Masken tanzten allein die fünf klassischen nicht nur

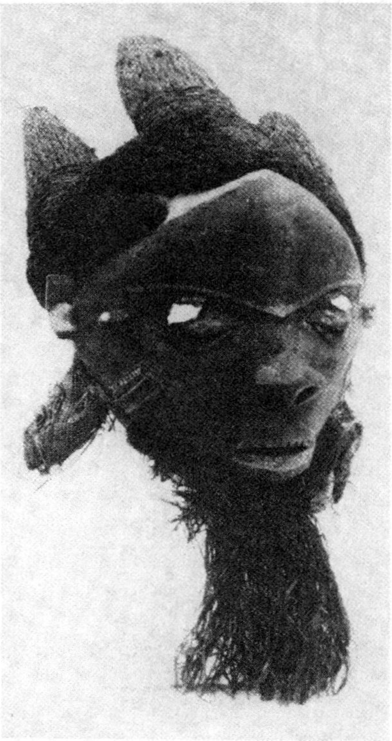

19
Pende, Zaire, *mbuya*-Maske, *phumbu*, der Pombeiro.

in den öffentlichen Maskenkomödien, sondern vor allem, bis vor einem halben Jahrhundert, bei Heilritualen. Wie manche *shave* den von ihnen Besessenen die Gabe der Heilkraft verliehen, so vermittelten auch diese Masken Eigenschaften und Fähigkeiten, die die Pende in den ihnen gewidmeten Preisliedern besangen.

Kiwoyo und Muyombo tanzten über am Boden liegende Patienten, und oft band man eine der Raphiafasern, die den hölzernen Bart der Maske säumten, einem Kleinkind ums Handgelenk, um es vor Krankheiten zu schützen. Der hünenhafte Phota, die Maniok-Maske, stand zudem in Beziehung zu Schwangerschaft und Fruchtbarkeit, und noch Sousberghe konnte beobachten, wie diese Maske über einer Mutter und ihrem kranken Kind tanzte. Wahrscheinlich besaßen auch Fumu und Phumbu die Gabe, Kinder zu heilen; und ein Missionar berichtet, noch

1941 anläßlich der Heilung eines Häuptlings eine Maskengestalt gesehen zu haben, die ihr Messer, wie Phumbu, beängstigend dicht über die Köpfe der Zuschauer sausen ließ.[23]

Kiwoyo und Muyombo wurden zudem mit der Jagd assoziiert; sie trugen Tierfelle; Kiwoyo wurde mit einem Lied begrüßt, das ihn als Jäger der Ginsterkatze und des Elefanten pries: als Jäger, der das Jagdwild »ausrottet«. Und wenn man bei den Kasai-Pende das Jagdwild ins Dorf brachte, sang man das Lied des Kiwoyo.[24]

Die *mbuya*-Masken wurden, wie bei den Shona die *shave*, von Generation zu Generation vererbt. Da Pende sehr häufig Kreuzkusinen oder Sklaven des eigenen Clans heiraten, macht es nur einen geringen Unterschied, ob die Masken wie persönlicher Besitz und handwerkliche Fähigkeiten vom Vater an den Sohn vererbt wurden oder vom Mutterbruder an den Schwestersohn: In beiden Fällen verblieben sie zuletzt in der Matrilineage. Wie Goertz von den Kasai-Pende berichtet, was aber vermutlich auch auf die Pende von Katundu zutrifft, sagte man Masken die Macht nach, jemanden besessen, unfruchtbar und krank zu machen; man glaubte, daß Ahnen, die sich von ihren lebenden Nachkommen vernachlässigt fühlen, sich in Erinnerung rufen, indem sie die Maske, die sie zu ihren Lebzeiten getanzt hatten, einen Lebenden ergreifen lassen, der sich dann von seiner Besessenheit nur heilen kann, wenn er die Maske aufs neue tanzt.[25]

Wenn also eine neue Maske eine persönliche Erinnerung fixiert, so erneuert eine alte Maske die Erinnerung an einen Vorfahren und schließlich, durch die Genealogie vermittelt, wieder eine persönliche Erinnerung an ein »eindrucksvolles« Erlebnis. Die Maske eines Anderen wird zum Inbegriff der Individualität eines Verstorbenen der eigenen Lineage, die als *mbuya* fortlebt, während man seiner reinen Ahnenschaft in der Gestalt der *minganji* gedenkt; und schließlich wird die Maske zum Inbegriff der Person selbst.

Wie tief sich die Identität des Besitzers in seiner Maske ausdrückt, wie sehr er selbst von anderen mit der Identität seiner Maske ineinsgesetzt wird, läßt sich sehr deutlich aus zwei Arten des Umgangs mit *mbuya*-Masken ablesen; beide bringen eine auf Dauer gestellte Bindung zwischen Person und Maske zum Ausdruck, die sich von den Ritualen und Komödien gelöst hat. Einmal nämlich tragen die Pende zuweilen ihre Masken mit sich, wenn sie sich auf Reisen begeben und das Gebiet fremder Häuptlingstümer durchqueren müssen; sie genießen dann dasselbe Ansehen, das die Maske genießt, die sie tragen, so daß sie darauf rechnen können, willkommen geheißen und gastfreundlich bewirtet zu werden.[26]

Eine Maske, die an sich die Identität ihres Trägers verhüllt, wird zum Inbegriff sozialer Identität, wenn diese durch das Recht zum Tragen einer bestimmten Maske definiert werden kann. Die andere Weise, in der die Pende ihre Masken außerhalb der Rituale und Komödien verwenden, wird von dem Bedürfnis bestimmt, das Gesicht und die Maske gleichzeitig sichtbar zu machen.

Es gab Verkleinerungsformen von *mbuya*-Masken, die viele Pende als Amulette um den Hals trugen (s. Taf. E). Durch diese Amulette gaben sie zu erkennen, daß sie unter dem Schutz der betreffenden Maske standen, sei es, daß sie das Recht hatten, diese Maske zu tanzen, sei es, daß sie einem rechtmäßigen Besitzer dieser Maske nahe standen oder irgendwann einmal durch den Tanz dieser Maske geheilt worden waren.

Die Maskenamulette der klassischen *mbuya* – und nur diese – waren aus Elfenbein. Nur die Männer der Lineage, in deren Besitz eine bestimmte Maske war, durften das elfenbeinerne Amulett dieser Maske tragen, die uneingeweihten Frauen und Kinder nur Nachbildungen aus Metall, Holz, Knochen oder großen Samenkörnern. Die anderen *mbuya* wurden nie in elfenbeinernen Amuletten dargestellt, sondern nur in diesen weniger edlen Materialien; und während die Elfenbeinamulette der klassischen *mbuya* den magischen Schutz der Masken verliehen, scheinen die übrigen Amulette lediglich die Masken-Identität ihres Trägers markiert zu haben.[27]

Das Verhältnis, in das Maske und Person bei den Pende eintreten, fügt sich in das allgemeine Schema, das Marcel Mauss in seinem großen Essay über den Begriff der Person entworfen hat.[28] Das lateinische Wort *persona*, das zunächst eine Verkleidung und dann die Rolle bezeichnete, die jemand vor dem Gericht und schließlich dem Recht spielt, geht etymologisch auf das etruskische Wort *phersu* zurück, eine vermummte Gestalt, die die Seele des Verstorbenen von den Lebenden trennte.[29]

Wie Mauss am Beispiel des Maskenwesens im nordwestlichen Nordamerika zeigte, begann die Geschichte des Personenbegriffs mit Figuren, Masken in einem Inventar, das von den Ahnen überliefert wurde; der Mensch erhielt eine Identität durch das Recht, für die Dauer einer Zeremonie eine Maske zu tragen. Die Masken selbst repräsentierten auch in Amerika nicht die Ahnen selbst, sondern Tiere oder denkwürdige Ereignisse, die ihnen begegnet waren und sich als Erinnerungsspuren erhielten. Aus den Beschreibungen von Franz Boas geht hervor, daß sich in der Zeit der europäischen Erschließung unter diesen Masken auch die Figuren von »Polizisten« und »Richtern« fanden, die in Büchern lasen und Strafen verhängten.[30]

Möglicherweise liegt hier ein Schema vor, auf das man in allen Gesellschaften mit korporativen Identitäten zurückgreifen mußte, wenn man die Identität des Einzelnen kenntlich machen wollte: Das je Andere der Körperschaft wurde zum Zeichen des Individuums in ihr. Die Identifikation mit einem Ahnen konnte dieses Zeichen nur begrenzt und erst sekundär verfügbar machen; es kam vielmehr darauf an, selbst von diesem Anderen besessen zu sein – oder seine Maske zu tragen.

Exkurs über die Asymmetrien der Verwandlung

Ethnologen und Kulturhistoriker haben Maskeraden und Besessenheiten manchmal ineinsgesetzt; zuerst und zuletzt schienen beide Formen eine rauschhafte Selbstentrückung, eine ekstatische Steigerung des Ichs und eine Verwandlung in höhere Mächte herbeizuführen. Der nüchterne, kühle Beobachter glaubte immer dasselbe vor sich zu haben: Mummenschanz, Getöse und Geschrei, Getanze und Getrommel.

»Die primitiven Gesellschaften«, schrieb Roger Caillois, »die ich eher die *Gesellschaften des Tohuwabohu* nennen möchte, (...) sind Gesellschaften, in denen gleicherweise die Maske und die Besessenheit herrschen (...). Alles stellt sich so dar, als ob (...) Verkleidung und Rausch oder, wenn man will, Pantomime und Ekstase die Intensität und infolgedessen den Zusammenhang des kollektiven Lebens gewährleisten (...).«[31]

Auf dem Standpunkt des rationalistischen Beobachters – und genauso auf dem des irrationalistischen – werden Maskierte und Besessene gleichermaßen von dunklen Mächten überflutet. »Man sieht sich dem allgemeinen Problem des Maskentragens gegenübergestellt. Es wird ebenso mit Erfahrungen der Besessenheit, des Verkehrs mit den Ahnen, Geistern und Göttern gemischt. Die Maske ruft bei ihrem Träger eine vorübergehende Exaltation hervor, die ihn glauben macht, er erführe irgendeine entscheidende Umwandlung. In jedem Fall begünstigt sie das Überhandnehmen der Triebe, den Einbruch beängstigender und unbesiegbarer Kräfte.«[32]

In polytheistischen afrikanischen Religionen, so z. B. im *vodu*-Kult der Ewe, dürfen die Adoranten sich den großen Gottheiten nur mit entblößtem Oberkörper nähern; die Medien werden entkleidet, wenn eine Gottheit sich in ihnen verkörpert. Aber in den »akephalen« Kulten der Fremdbesessenen kleidet man sich in der Tat in die Tracht eines fremden Stammes; man setzt einen Fes oder einen Tropenhelm auf, hüllt sich in schwarzes, weißes oder farbiges Tuch und legt einen fremdartigen Schmuck an. Man vermummt sich – wie ein Maskenträger, ohne jedoch das Gesicht zu verdecken.

Afrikanische Maskenträger verhüllen sich vollständig, so daß die Zuschauer oft wirklich außerstande sind, die Alltagsidentität des Maskierten zu erkennen. In vielen Maskeraden erinnern Gesichtsmaske und Maskenkleid an die Uniformen der Richter, Priester und Polizisten, die es der Theorie von Caillois zufolge nur in den Hochkulturen und in der modernen Gesellschaft geben sollte. Oft – möglicherweise immer – repräsentieren solche Maskengestalten die »Kräfte der Gesellschaft«, so z. B. die *minganji*, die Ahnenmasken im Beschneidungslager der Pende. Anstatt ein Tohuwabohu zu erzeugen, führen solche Masken die ideale, abstrakte Ordnung der Gesellschaft vor Augen.

Es gab aber Maskeraden, die ich in Analogie zu den Besessenheiten »akephal« nennen möchte, und in diesen Maskeraden dominierte das Prinzip der *differenzierenden* Verkleidung. Im Fall der *mbuya*, der Fremdenmasken der Pende, konzentrierte sich die Differenzierung auf das Maskengesicht; sie tangierte aber auch das Kleid, so zeichnete sich Phota, die hünenhafte Verkörperung des Manioks, durch sein Kleid aus Maniokblättern aus; und im südöstlichen Nigeria gab es gewisse Maskeraden, in denen die Kleider, weniger das Maskengesicht, die dargestellten Figuren identifizierbar machten.

Die alltägliche Identität wird einerseits durch bunte Verkleidungen aufgehoben, andererseits durch Nacktheit oder Uniformierung. Im ersteren Fall gleichen sich Maskeraden und Besessenheiten als differenzierende Verwandlungen, im letzteren treten sie in einen Gegensatz; Nacktheit und Uniform entdifferenzieren alltägliche Identitäten im Namen idealer Gleichheit, aber im einen Fall steigert sich die Sichtbarkeit des Gesichts, im anderen seine Verhüllung. Diese erste Asymmetrie, die schon der äußere Anblick von Maskeraden und Besessenheiten darbietet, nämlich im Kern der Gegensatz zwischen der Enthüllung des Gesichts einerseits und der Maskierung im strikten Sinn andererseits, ist der Grund für eine *soziologische* Asymmetrie: In den Besessenheitskulten dominieren Frauen, in den Maskeraden Männer.

Die »Großen« Masken der Dan Liberias und der Elfenbeinküste hatten die »Mächte des Bösen« ausfindig zu machen, Streit zu schlichten, zum

Fest einen Fleischverteiler zu ernennen und zwischen verfeindeten Dörfern Frieden zu stiften. Diese Masken waren im Besitz bestimmter Familien; sie durften nur von Männer getragen werden, wenn sie aber tanzten, wurden manche Mädchen und Frauen der Besitzerfamilie besessen. Die Maskengestalt traf sie, so sagen die Dan, »wie elektrischer Strom«.

»Das Mädchen«, schreiben Hans und Ulrike Himmelheber, »zittert am ganzen Körper, wendet gequält den Kopf hin und her, während Arme und Beine sich unter einem unsichtbaren Zwang strecken und ineinander verkrampfen. Dann plötzlich steht es auf und rennt mit wildem Gestikulieren der Maske nach, die sich eben vom Tanzplatz entfernt. (...) Eine Frau kommt mit einer Kalebasse Wasser und besprengt das Mädchen damit. Die Maske kommt heran und klatscht dem Mädchen mit der Hand auf Arm und Rücken. Es liegt jetzt platt in voller Sonne auf dem Rücken. Nach einer Weile steht es auf und geht schwankend der Maske nach, zurück in die Hütte.«[33]

Wenn ein Maskenträger stirbt, offenbart sich die Maske einem seiner männlichen Verwandten, der dann das Recht hat, diese Maske zu tanzen. Man kann sich leicht vorstellen, daß ebensogut eine Tochter des Verstorbenen von der Gestalt der väterlichen Maske in Träumen oder Visionen heimgesucht wird; aber das Maskentragen ist ein exklusiv männliches Recht. Vom praktischen Umgang mit der Maske ausgeschlossen, wird das Mädchen besessen. Es spürt die Maske – als »Bild einer *passio*« –, und die Gesellschaft kann nicht umhin, sich auf diese Besessenheit einzulassen; die Besessene wird mit Wasser besprengt und von der Maske berührt, damit sie aus ihrer Trance zurückkehrt.

Wie unsere vulgäre Psychologie einmal allen Frauen – und nur Frauen – eine Disposition zur Hysterie nachgesagt hat, so behaupten manche Ethnologen und Religionshistoriker, Frauen seien »von Natur« Hexen, Schamaninnen oder Besessene, es bedürfe lediglich einer besonderen rituellen Vorbereitung, einer Initiation, um sie in ein effektives Medium der Geister zu verwandeln.[34]

Die Maskenbesessenheit der Danmädchen scheint diese Auffassung umso mehr zu bestätigen, als es sich nicht um einen Kult im strikten Sinn handelt; weder bilden die Besessenen einen Konvent noch besitzen sie die Befugnisse der Maske, die sie »getroffen« hat; ihre Besessenheit folgt keinem kulturellen Muster, sie bedarf keiner Initiation; sie ist spontan – aber nur als die Kehrseite einer gesellschaftlichen Ordnung, in der das Maskentragen ein exklusives Privileg der Männer ist.

Wir haben gesehen, daß die Konvente der »akephalen« Besessenheitskulte überwiegend von Frauen besucht wurden, und zwar besonders dort, wo man die Frauen von den öffentlichen Kulten oder überhaupt vom öffentlichen Leben fernhielt. Öffentliche Kulte – das konnten die Moscheen sein, die Initiationslager der Knaben oder die Maskeraden der Männer. Die radikalsten Restriktionen setzte der Islam durch; im Extremfall verfügte er eine Seklusion der Frauen, verbot Männern sowohl Maskeraden wie Besessenheiten. In der Abgeschiedenheit des Hauses entwickelte sich dann eine eigene Frauenkultur, und in ihr überdauerten die Besessenheitskulte, in denen sich die Frauen die Welt »draußen« vergegenwärtigten.

Männer beteiligten sich an Besessenheitskulten einmal dort, wo diese zugleich die Feste der spezifisch männlich, nämlich von ihren Berufen Besessenen waren, wie z. B. bei den Shona; und dann überall dort, wo Männer als Sklaven oder Wanderarbeiter in ähnlicher Weise wie Frauen vom praktischen und gleichberechtigten Umgang mit einem Teil ihrer Lebenswelt ausgeschlossen wurden, wie dies z. B. bei den Hausa in Nordafrika oder den Songhai an der Goldküste der Fall war.

Die Masken wurden dagegen zwar oft *vor* und *für* Frauen, aber mit wenigen Ausnahmen nur *von* Männern getanzt. Dabei durften die Frauen sich nicht nur nicht maskieren, meist forderte die gesellschaftliche Konvention von ihnen sogar, daß sie vorgaben, nichts vom »Geheimnis« der Maske zu ahnen. Schwere Tabus umgaben das Beschneidungslager, den heiligen Hain oder die Hütten, wo die Männer ihre Masken schnitzten, aufbewahrten und anlegten; diesen sakrosankten Horten der Männlichkeit durfte sich keine Frau nähern; brach eine Frau das Tabu, so drohten ihr mystische Strafen – auffällig oft Sterilität – oder die handfesten Sühneforderungen der Männer.

Wahrscheinlich haben die Frauen ihren Männern dieses Privileg oft mit großer Gelassenheit zugestanden. Die gelegentliche Maskenbesessenheit der Danmädchen verdeutlicht jedoch, daß sich auch in den Masken eine Macht des Anschaulichen zeigen konnte; und manchmal haben die Frauen eigene Maskeraden eröffnet. In diesem Fall bestätigt die Ausnahme die Regel, d. h. die weibliche Maskerade galt immer als Ausnahme, während die männliche Besessenheit vergleichsweise selten als Travestie gedeutet wurde.

In der Nordostregion des Igbolands starben 1975 viele Kinder an einer Krankheit, von der man sich erst mit Hilfe eines Orakels befreien konnte. Das Orakel verlangte, dafür von den Frauen mit einer Maskerade geehrt zu werden. Die Frau, die daraufhin eine Elefantenmaske trug, galt, wie der Wunsch des Orakels und seine Heilkraft selbst, entschieden als Mysterium.[35]

Nur in verhältnismäßig wenigen afrikanischen Gesellschaften existierten die Maskeraden der Männer Seite an Seite mit den Besessenheitskulten der Frauen. Schon Leo Frobenius hat ihre weitgehend komplementäre Verteilung, nicht innerhalb einer Kultur, sondern über große, zusammenhängende Regionen des Kontinents, hervorgehoben, wobei er allerdings die Masken lediglich als Teil der plastischen Kunst im allgemeinen betrachtete.[36]

Die »akephalen« Besessenheitskulte reichten von den Südostbantu über Zimbabwe und Zambia, mit westlichen Ausläufern nach Angola, über die Ostküste und das Zwischenseengebiet bis in die nilotischen Kulturen; und als *zar-* und *bori*-Kult gab es sie in Äthiopien, in weiten Teilen der nördlichen Savanne, mit späten Abzweigungen in die Waldgebiete, wie bei den Akan und Ewe, und in Nordafrika. Für Frobenius schien sich dieser »konvexe« Bogen dessen, was er »Schamanismus« nannte, um die »konkave« Zone der Plastik als »Hauptrückzugsgebiet der äquatorialen Spätsteinzeitkultur« zu schließen (vgl. Abb. 20 und 21).[37]

Frobenius deutete diese geographische Verteilung als Ergebnis einer Expansion des »Schamanismus«, der aus dem Orient eingedrungen sei und die plastische Kunst »ausgebrannt« habe. Es besteht aber kein Gegensatz zwischen Besessenheit und plastischen Figuren; Figuren waren vielmehr, wie noch zu zeigen sein wird, integraler Bestandteil von Besessenheitskulten. Allein Masken fanden in Besessenheitskulten keine Verwendung, und Besessenheiten kamen in Maskeraden, mit signifikanten Ausnahmen, nicht vor.

Nichts scheint darauf hinzuweisen, daß Maskeraden in größerem Ausmaß von Besessenheiten verdrängt wurden. Die historischen Ursprünge dieser beiden Darstellungsformen lassen sich wohl nicht mehr ermitteln, und sowohl der strukturelle Gegensatz von Maske und Trance als die komplementäre Verteilung auf Männer und Frauen und ihre Koexistenz in einer Reihe von Gesellschaften legt nahe, die Maskerade als Alternative der Besessenheit zu verstehen: In einigen Gesellschaften entwickelten nur die Frauen einen Kult der Verwandlung, in anderen nur die Männer, und in einer Reihe von Gesellschaften bestanden beide Formen nebeneinander, ohne sich je im Rahmen eines Rituals zu berühren.

20 »Hauptgebiete afrikanischer Figuren- und Maskenplastik. (An den mit Punkten bezeichneten Stellen gedrängtes Vorkommen; die Pfeile zeigen die Richtung an, aus der der zersetzende Druck über die demzufolge ›ausgebrannten‹ oder ›verödeten‹ Stellen erfolgt ist.« (Leo Frobenius).

Zwischen den Gesichtern der Besessenen und den Gesichtern mancher Masken besteht eine rätselhafte Ähnlichkeit. So hat der Kunsthistoriker Robert F. Thompson die geschlossenen Augen und die wie erstarrt wirkenden Züge der Besessenen bei den Akan in einigen Baule-Masken wiedererkannt, die Zurückgelehntheit ihres Kopfes in den Terrakottaköpfen vornehmer Verstorbener, eine andere, für die Yoruba charakte-

21 »Verbreitung des Schamanismus in Afrika und zwar der Geistergruppen: I. Djegu, II. Bori, III. Zar, IV. Mandva, V. Pepo, VI. Shawe.« (Leo Frobenius).

ristische Erscheinungsweise des Gesichts der Besessenen, die weit geöffneten, frontal hervortretenden Augen und die wie erstarrt wirkenden Lippen dagegen in Elfenbeinmasken und Terrakottaköpfen aus Benin und auf den Nachtmasken des *gelede*-Bundes der Yoruba.[38]

Umgekehrt erinnert aber auch das erstarrte Gesicht der Besessenen ganz allgemein an eine Maske. In der Trance und durch die Maske wird die Individualität des Verwandelten ausgelöscht; die natürliche Bewegtheit des Gesichts weicht einer unnatürlichen Starre, die Zerstreutheit dem Ausdruck der Sammlung, das Alltägliche dem Ausdruck der Entrücktheit und Verklärung. Sagt man, jemand sei besessen, so enthebt man ihn der Verantwortung für das, was er tut; trägt jemand eine Maske, so enthebt ihn seine Anonymität der Beschränkungen, die ihm die Konvention in seiner alltäglichen Existenz auferlegt. Diejenigen Masken, deren Ausdruck an das Gesicht der Besessenen erinnern, stellen ein übermenschliches Ideal dar; aber in der Maske kann auch eine physiognomische Phantasie zum Vorschein kommen, für die das »maskenhaft« starre Gesicht der Besessenen gewiß nicht Modell gestanden hat.

Die Maskenkomödie der Anang und Afikpo

Wir haben gesehen, daß die fünf klassischen *mbuya*-Masken der Pende in ganz ähnlicher Weise verwendet wurden wie die *shave* der Shona; wer sie trug, besaß Heilkräfte, in einigen Fällen wahrscheinlich auch die besonderen Gaben des Jägers; die Maske verlieh eine differenzierende, zusätzliche Identität, und dieser Kraft der Differenzierung entsprach, wie im Fall der *shave*, daß die in der Maske dargestellten Typen als Fremde ein Anderes der Pendekultur zur Anschauung brachten. Indes rankte sich um diese klassischen Masken das *mbuya*-Spiel mit seiner Vielzahl von Charakteren, zum Teil zwar ebenfalls Repräsentanten anderer Kulturen, nie aber mit dem rituellen Rang ausgestattet, kraft dessen sie den Charakter ihrer Besitzer hätten prägen können.

Die Figuren des *mbuya*-Spiels erinnerten in ihrer Beiläufigkeit eher an die ephemeren Besessenheitstänze der Tongafrauen, wenn nicht gar an den *beni ngoma* der kolonialzeitlichen Ostküste oder an die Tanzmoden der Fang. Es war jederzeit möglich, irgendeine auffällige Gestalt, ein geschminktes Mädchen, eine obszöne Alte, einen eingebildeten Wanderwahrsager oder einen skurrilen Volkszähler in das Repertoire der Maskengestalten aufzunehmen; und der Auftritt der lustigen Personen, die etwa einen dickbäuchigen Häuptling mit Hodenbruch mimten, führt noch weiter von den ernsten, ekstatischen Darbietungen der besessenen Frauen ab – auf die heitere Bühne komödiantischer Travestien.

Will man in einer überschaubaren Dorfgemeinschaft, in der jeder jeden kennt und in der man den meisten durch Verwandtschaft oder Schwiegerschaft verpflichtet ist, die menschlichen Schwächen seiner Mitmenschen an den Pranger der Satire stellen, so wird man sich am besten eines distanzierenden Mediums bedienen; eines dieser Medien war etwa die Tierfabel, in der sich jeder erkennen konnte, ohne die boshafte Absicht des Erzählers dingfest machen zu müssen, ein anderes die Maske, in deren Schutz man sich Freiheiten erlauben konnte, wo einem sonst das Wort auf der Zunge erstickt wäre.

Daß manche Maskeraden der Männer zuweilen satirische Züge annahmen, nie aber die Besessenheiten der Frauen, obschon sich auch in ihren Ekstasen der Widerschein skurriler Typen findet, ergibt sich schon aus der Öffentlichkeit, vor der die Männer solche Maskeraden inszenierten. Die zahlreichen Korrespondenzen zwischen der Maskenkomödie und den »akephalen« Besessenheitskulten, besonders die oberflächliche Gleichheit vieler Figuren in beiden Darstellungsformen, dürfen nicht darüber hinwegtäuschen, daß das Fest der Besessenen erklärtermaßen keiner anderen Absicht dient als der, den »Geist« der Besessenen zu ehren und zu beschwichtigen, während die Maskerade sich nachdrücklich an Zuschauer richtet und an sie appelliert. Anstatt das »Andere« der eigenen Kultur als »Bild einer *passio*« und als eigenes Anderssein anzuerkennen, stellt die Maskenkomödie es als törichte Abweichung an den Pranger; sie ist, bei Aristophanes oder bei den Anang und Afikpo im Südosten Nigerias, in ihrem Herzen konservativ und traditionalistisch: Auf ihrem Standpunkt erscheint das »Andere« als Allotria (vgl. Abb. 22).

Der Konservativismus der Maskenkomödie bei den Anang und Afikpo gibt sich schon in den Ursprungsmythen der Maskenkonvente und in der Art der Geister zu erkennen, als die man die Masken ausgibt. Die Anang erzählen, wie ein junger, zum Wahrsager berufener Mann einmal im Wald umherirrte und dabei auf die Totengeister verstorbener Wahrsager traf; diese führten das *ekong*-Spiel auf, unterwiesen ihn in den Masken und Tänzen und gaben ihm den Befehl, zu Hause eine Organisation zur Vorbereitung der *ekong*-Maskerade aufzubauen.[39] Das heißt aber, daß das *ekong*-Spiel zwar in der Wildnis, außerhalb des Kulturlands konzipiert wurde – d. h. es steht auf einem Standpunkt außerhalb der Gesellschaft –, daß seine Urheber jedoch »Kräfte der Gesellschaft« repräsentieren. Die Figuren mögen Fremde sein, wie im *mbuya*-Spiel, doch der Geist der Maskenkomödie ist der »Geist« der moralischen Ordnung. In ähnlicher Weise sollten die Masken des *okumkpa*-Spiels

22 Igbo, Nigeria, Maskengestalt *oyibo*, der weiße Mann.

der Afikpo am Cross-Fluß die Maskenträger in die Totengeister verwandeln, worunter man Heroen, Ahnen und jüngst Verstorbene, in jedem Fall aber moralische Instanzen zu verstehen hat.[40]

In den *okumkpa*-Spielen von Afikpo führten oft mehrere Masken kleine Szenen auf, die sich im Lauf eines mehrstündigen, von Tänzen und Liedern unterbrochenen Schauspiels zur menschlichen Komödie dieser Igbo-Sektion zusammenschlossen. Schon stilistisch spiegelte das Maskenensemble die historischen Handelsbeziehungen von Afikpo wider; es gab Masken, die man benachbarten Igbo-Dorfgruppen abgekauft hatte, andere stammten von den Ibibio und wieder andere aus dem Cross-Fluß-Gebiet; eine Untergruppe stellte die außermenschliche Natur dar, Ziegen, Affen und Vögel, eine andere die Natur der Gesellschaft, anmutig, phallisch-übermütig oder häßlich und entstellt.

Schauspieler, deren Rollen weniger an ihren Masken als an ihren

Kostümen zu erkennen waren, agierten vor einem Chor von maskierten Sängern und Tänzern. Die Stücke handelten von Mitbürgern, die sich durch gieriges oder törichtes Verhalten mißliebig gemacht hatten; ihre Namen wurden laut ausgerufen, und wenn sie unter den Zuschauern saßen, achtete man darauf, daß sie sich nicht verletzt oder rachsüchtig zeigten. Es traten Pantoffelhelden auf, die ihre Frauen in Männersachen um Erlaubnis bitten; Männer, die sich bei feierlichen Zeremonien sinnlos betrinken; Geizige, die die Unkosten für einen professionellen Palmweinzapfer scheuen, selber auf den Baum klettern – und herunterfallen; ein Mann, den die katholische Mission so fasziniert hatte, daß er seine Muttersprache vergaß und nur noch Englisch brabbelte; Frauen, die die geheimen Lieder des Maskenkonvents gesungen hatten und zur Strafe unfruchtbar wurden; andere, denen die Töpfe über dem Feuer zerbrachen, weil sie die Sitten nicht mehr achteten; streitsüchtige und bestechliche Älteste; Älteste, die Geld unterschlugen, zu schüchtern waren oder zuviel redeten.

Oft ließ man Fremde und Entfremdete auftreten, Igbo anderer Dorfgruppen, Hausa, moderne Afrikaner und Europäer, und zwar stets um zu zeigen, wie gewisse Dorfgenossen sich mit diesen Fremden auf törichte Händel einließen; wie Älteste zum Islam konvertierten, weil sie sich davon Vorteile im Verkehr mit den Hausahändlern versprachen; andere, die vergaßen, daß die Agenten der Regierung zugleich Angehörige feindlicher Stämme sein konnten, denen man mit Mißtrauen zu begegnen hat; schließlich junge Männer, die mit modernen Medikamenten experimentieren, ohne damit umgehen zu können.[41]

Die *ekong*-Spiele der Anang waren so kompliziert, daß die Proben jeweils sechs Jahre in Anspruch nahmen; neben Tänzern und maskierten Schauspielern traten Akrobaten, Trickkünstler, Seiltänzer und Stelzentänzer auf, Marionetten und eine lebensgroße Frauenpuppe, die sich auf rätselhafte Weise bewegte. Ziel des Spotts waren die Bürger der Gemeinde, in der jeweils die letzte Aufführung eines Spiels stattfand und die die Spieler zuvor sorgfältig ausspionierten. Es gab Igbos, Hausahändler, einheimische Richter, Kolonialbeamte, Konvertiten, Städter, herrschsüchtige Ehefrauen, Ehebrecher, Ehebrecherinnen, Bestechliche, Diebe, Dumme, Unfähige, Leute, die ihre Verwandten mißhandelten, andere, die Speisetabus brachen, wieder andere, die Europäer nachäfften, Trunkenbolde, Unfruchtbare, Eifersüchtige, Selbstmörder, unzuverlässige Freunde, Häßliche, Verrückte und Arme.

Das *ekong*-Spiel geißelte mangelnde Eloquenz vor Gericht; einen Richter, der Frauen Scheidungen gewährte, wenn sie ihm versprachen,

23 Igbo, Nigeria, Maske.

ihn anschließend ohne Brautpreis zu heiraten; die lockeren Sitten der Stadtfrauen und alles, was an die für die Anang sprichwörtliche Laszivität der Igbo erinnerte; die städtische Prostitution; die Bigotterie der Konvertiten und ihre Sitte, auf die Bibel, also auf einen nachsichtigen Gott zu schwören; die einheimischen Katecheten und Lehrer – mit ihren zu großen Hüten, ihren zu kurzen Hosen, ihren holzgeschnitzten Sonnenbrillen und schrillem, gekünsteltem Englisch.[42]

Auch die Maskengesichter gaben zuweilen die Züge der mit ihnen gespielten Person wieder. So benutzten die Afikpo eine Maske namens »Ibibio«, die sie von den Ibibio übernommen hatten; in dieser Maske konnten sie zwar alle möglichen erwachsenen Frauen spielen, aber eben auch Stammesfremde. Eine Maske namens *beke*, Weiße, diente sogar ausschließlich der Darstellung von Fremden, seien es Igbo anderer Dorfgruppen, Nicht-Igbo oder akkulturierte Afikpo.[43] Die Anang führten Figuren vor, die z. B. einen britischen Bezirksamtmann am Schreibtisch zeigten, umgeben von »Eingeborenen« – oder sogar den König von England auf seinem Thron.[44]

Solche komischen Darstellungen von Europäern scheinen am ehesten der Intention zu entspringen, von der der Ethnologe Julius Lips, der gegen Ende der zwanziger Jahre außereuropäische plastische Bilder von Europäern gesammelt hatte, annahm, sie läge insgesamt den »seltsamen Abbildern des Fremden aus Europa und Amerika« zugrunde: daß nämlich »uns diese primitiven Völker in ihren Kunstwerken den Spiegel vorhalten, als ob sie sagen wollten: ›Seht! So seid ihr Weißen!‹«[45]

Es war durchaus möglich, Fremde beim Namen zu nennen, nicht anders als die Dorfgenossen, die man in der Komödie an den Pranger stellte; und natürlich führte man die Karikaturen von Europäern auch dann vor, wenn diese selbst unter den Zuschauern saßen. Man mißversteht aber die Komödie, wenn man glaubt, sie wollte Außenstehenden einen Spiegel vorhalten, da sie ja an gemeinsame Traditionen und Werte appellieren muß, wenn sie die komische Seite menschlichen Treibens zur Schau stellt. So werden die meisten europäischen Rollen in der Komödie nur dazu gedient haben, die Einstellungen der Dorfgenossen zu Europäern kenntlich zu machen.

Jeffreys beobachtete 1930 z. B. eine Figur des *ekong*-Spiels, die man als einen gewissen Graham Paul, Rechtsanwalt aus Calabar, identifizierte. Das Stück handelte von einer Gerichtsverhandlung, auf der die Parteien die als Beisitzer fungierenden »Eingeborenen« lauthals an die Bestechungsgelder erinnerten, die sie ihnen zugesteckt hatten. Der

Spott galt also nicht etwa dem »Weißen Mann«, sondern den eigenen Leuten, die sich so töricht vor ihm aufführten.[46]

Bisweilen übernahm die Maskenkomödie indes tatsächlich eine führende Rolle in der Polemik gegen die fremde Kultur – insofern sie nämlich ihre eigentlichen Zuschauer vor ihr warnte. Die Komödien der Anang und Afikpo haben das deutlich gemacht; und ein noch drastischeres Beispiel findet sich in der Maskerade der Mang'anja von Malawi, die seit dem 16. Jahrhundert, als sie mit Arabern und Portugiesen in Berührung kamen, eine Technik entwickelt hatten, auf äußeren Druck mit scheinbarer Assimilation zu reagieren. Noch in den zwanziger Jahren dieses Jahrhunderts stellten sie Masken her, die Schlüsselfiguren des katholischen Kults persiflierten, vor allem Joseph und Maria, beide mit roten Gesichtern, Maria als weiße Frau mit üppigen Brüsten; zum Auftritt dieser Masken sang man ein Lied, das sich ursprünglich auf den anläßlich der Mädchenweihe durchgeführten Potenztest des Verlobten bezog – »sie hat mit einem Impotenten geschlafen« –, jetzt aber auf das Dogma von der Unbefleckten Empfängnis.[47]

Die Maskenbesessenheit der Kalabari

In einem Mythos der Kalabari wird erzählt, wie einst eine schöne Frau namens Ekineba von den tanzenden Wassergeistern in ihre Welt am Boden der Flußarme des Nigerdeltas entführt wurde. Die Mutter der Wassergeister befahl ihren Kindern, Ekineba in das Land der Menschen zurückzubringen. Vor ihrer Rückkehr führte jeder Wassergeist vor Ekineba sein Spiel auf, und als sie nach Hause kam, lehrte sie die Menschen all die Spiele, die sie gesehen hatte. Wann immer die Menschen ein Spiel aufführten, mußte Ekineba als erste die Trommel schlagen. Als die jungen Männer ihr Spiel dreimal ohne Ekineba begonnen hatten, verloren die Wassergeister die Geduld und holten die schöne Frau wieder zu sich. Seither führen nur noch die Männer die Spiele der Wassergeister auf; sie gründeten den *ekine*-Konvent und wählten Ekineba zu ihrer Schutzpatronin.

Nach einer anderen Version dieses Mythos fand Ekineba am Ufer eines Flußarms den Kopfputz, den einer der tanzenden Wassergeister dort zurückgelassen hatte. Sie nahm ihn mit und gab ihn portugiesischen Händlern mit dem Auftrag, ihn in ihrer Heimat kopieren zu lassen. Von diesen portugiesischen Kopien des aquatischen Kopfputzes sollen alle Masken des *ekine*-Konvents der Kalabari abstammen.[48]

Daß die Spiele und Masken der Kalabari den Männern des *ekine*-Konvents in ihrem Ursprung fremd sind, betont der Mythos durch drei ineinander geschobene Motive: Es war eine Frau, die den Männern die Spiele vermittelte; Portugiesen stellten die ersten Masken her; Spiele und Masken stammen aus der jenseitigen Welt der Wassergeister. Das weltweit verbreitete Motiv vom weiblichen Ursprung der Masken »erklärt« in der Sprache des Mythos, weshalb in der Gegenwart Männer das Privileg der Maske beanspruchen. Die beiden anderen, spezielleren Motive verweisen dagegen auf die Fremdheit der Masken im Verhältnis zum Ganzen der Gesellschaft. Durch die Koppelung dieser beiden Motive rückt der Mythos eine erste Version des »Anderen« der Kalabari, die Welt der Wassergeister, in die Nähe einer zweiten, die wir mit der Kultur der portugiesischen Händler ineinssetzen.

Wir haben gesehen, daß die Wassergeister im Denken und in den Riten der Kalabari als »Kräfte der Natur« vor allem die Aufgabe der Differenzierung erfüllten. Die Heroen schützten ihre Gemeinden und hüteten deren politische Ordnung; die Ahnen sorgten für die Einheit und Stärke ihrer Nachkommen, sie lohnten harmonisches Zusammenleben mit Wohlstand und straften Verstöße gegen die Solidarität der Lineage mit Krankheit und Unglück. Da das ökonomische System der Kalabari aber auf individuelle Initiativen angewiesen war, mußte es neben diesen kollektivistischen Ordnungen kulturelle Institutionen geben, die den Individualismus förderten, Differenzierung zuließen und die Ambitionen der einen auf Kosten der anderen legitimierten. Die Legitimation der Leute, die Karriere machten, lag einmal in dem Schicksalswort, das die Seele im Himmel gegeben hatte, und zum anderen in den Wassergeistern, die das personifizierte Schicksalswort auf Erden zum Führer seiner Seele auswählte. Männer und Frauen »heirateten« Wassergeister, die in den Flußarmen fern der Dörfer lebten und das Glück und die Fähigkeiten je nach ihrem Charakter und ihrer Laune schmälerten oder förderten.[49]

Die Bilder, die die Kalabari sich von Heroen, Ahnen und Wassergeistern machten, nahmen sichtbare Gestalt an in Besessenheiten, Maskeraden und Skulpturen. Ahnen, besonders solche, die zu ihren Lebzeiten zu den Erfolgreichen und Vornehmen gehört hatten, ehrte man durch Skulpturen, die selbstverständlich nicht die individuellen Züge der Verstorbenen, sondern das reine Ideal der Ahnenschaft zur Schau stellten;

weder traten die Figuren der Ahnen in Maskeraden auf, noch machten sie besessen. Auch den Heroen und Heroinen wurden »idealisierende« Skulpturen gewidmet, wobei nur Attribute die Identität des Dargestellten bezeichneten. In öffentlichen Ritualen riefen die Priester des Heroenkults ihre Geister an; sie lokalisierten sie in den Skulpturen und wurden dann in der Betrachtung des Kultbilds besessen: Aus seinem Bild kam der Heros über sie.[50] In der Priesterschaft gab es »tanzende« Besessene, deren einzige Aufgabe es war, der Gemeinschaft die Gestalten der Heroen und Heroinen vor Augen zu führen, und »sprechende«, charismatische Propheten, die der Gemeinschaft den Willen ihrer Patrone verkündeten.[51]

Den Wassergeistern widmeten die Kalabari Skulpturen, weibliche Besessenheitskulte und männliche Maskeraden.

Die von Wassergeistern besessenen Frauen besaßen, wie in so vielen »akephalen« Besessenheitskulten, die Gabe der Divination; im Gegensatz zu den Priestern berieten sie einzelne Klienten in »privaten« Belangen. In der Trance, darin zeigt sich nun die rituell-praktische Seite der im Mythos niederlegten Assoziation von Wassergeistern und Fremden, sprachen sie fiktive Fremdsprachen, ein modifiziertes Kalabari, das als Wassermenschensprache galt, die Sprache eines Nachbarvolks oder gewöhnliches, dann aber gestottertes Kalabari. Zuweilen erzählten sie über einen ganzen Monat hin, Nacht für Nacht erneut besessen, phantastische Geschichten von Personen und ihren Begegnissen in der fremdartigen, geheimnisvollen Stadt ihres Geliebten am Grunde des Flusses.[52]

Daß in solche Phantasien auch die Erfahrungen, die die Kalabari seit Jahrhunderten als Sklavenhändler im Umgang mit den Portugiesen und Engländern gemacht hatten, eingingen, ist zumindest wahrscheinlich; jedenfalls haben die Wassergeister in den Skulpturen, die die Besessenen in Schreinen verborgen hielten, und in den Duplikaten, die sie manchmal vor den Schreinen aufstellten, um sich als Wahrsager anzupreisen, oft Attribute europäischer Herkunft.[53]

Der *ekine*-Konvent, der das exklusive Recht zur Aufführung der Wassergeist-Maskeraden besaß, achtete strikt auf die Gleichheit seiner Mitglieder. Dieser Egalitarismus kontrastierte auffällig mit den krassen Rangunterschieden der Lineages, die sich ihrer mehr oder minder noblen Genealogien zu rühmen pflegten, und mit den individuellen Ambitionen, die man im sozialen Leben außerhalb des Konvents doch gerade mit den Wassergeistern in Verbindung brachte. »In der *ekine*-Gesellschaft«, sagen die Kalabari, »ist jeder jedem anderen gleich. Was immer die Leute auf dem Pfad draußen sagen, es ist nicht unsere Sache, wer wen besitzt oder wessen Vater der größere ist.«[54]

Deswegen wurden die Konventualen auch ausdrücklich bei ihrem Tod ausgeschlossen; denn mit den Toten wäre die Ahnenverehrung und mit ihr die soziale Ungleichheit und das wechselseitige Sichrühmen und Sichüberbieten im Ansehen in den Konvent eingezogen.[55] Darin glich der Konvent, der zwar gelegentlich kleinere Streitfälle schlichtete, im übrigen aber nichts als das Maskenrecht verlieh, den »akephalen« Besessenheitskulten der Frauen; hier wie dort diente der Konvent zuerst und zumeist dem Fest, der zweckfreien Darstellung, die von den zentralisierenden und hierarchischen Strukturen des Ganzen der Gesellschaft entlastete.

Daß die Wassergeister ihren Mündeln und Geliebten im sozialen Leben Glück und Erfolg bescherten, war eines; daß die besessenen Frauen und die Männer des *ekine*-Konvents sich differenzierten, wenn sie die Wassergeister in Tänzen, Geschichten und Maskenspielen darstellten, ein anderes. Denn die dargestellten Figuren waren nicht die Wassergeister, sondern die Charaktere der sozialen Welt selbst. Die Frauen betonten in ihren langen nächtlichen Tranceerzählungen zwar den fremdartigen Glanz der Städte unter der Oberfläche des Wassers, aber die Personen der Handlung waren als Mitbürger zu erkennen; die Gerüchte, die in der Gemeinschaft des Dorfes kursierten, waren der Stoff, aus dem die besessenen Frauen ihre geisterhaften Visionen webten.[56]

Auch die Figuren und Themen, die man in den Maskeraden mit ihren Tänzen und Liedern vorführte, stammten vorgeblich aus der Welt der Wassergeister, doch in diesem verfremdenden Gewand erschien das wirkliche Leben in den Städten und Dörfern der Kalabari. Die Maskeraden, schreibt Horton, waren »inspiriert von den Dingen, wie sie sind, nicht wie sie sein sollten. Das Ganze der gesellschaftlichen Erfahrung ist das Wasser auf ihren Mühlen – sowohl öffentliche Ereignisse als Dinge, die man im allgemeinen geheim hält und verbirgt. Wollte man die Inhalte all dieser Maskeraden zusammenfügen, so ergäbe sich eine bunte Sammlung, in der die meisten Aspekte des sozialen Lebens der Kalabari enthalten wären.«[57]

In den Maskeraden gab es den wilden Krieger, begleitet von seiner drallen, anmutigen und lässigen Frau, den würdevollen, reichen Hausherrn, eine massige, schwerfällige Erscheinung, halb Mensch, halb Flußpferd, den skrupellosen schlauen Heuchler in Gestalt einer Schildkröte, den lüsternen, nichtsnutzigen Igbo, Sohn eines Häuptlings, den

Medizinmann, der grunzend und grimmig nach übler Medizin und bösen Geistern schnüffelt, die geschwätzige alte Witwe, triefend vor Selbstmitleid, den Ehemann, der mit dem Bruder seiner Frau oder mit seiner Frau und ihrem Liebhaber Streit sucht, den Hodenmann, Zauberer, die sich duellieren, und einen König, der sich mit widerspenstigen Häuptlingen herumstreitet.[58]

So werden wir in den Figuren der *ekine*-Maskerade leicht die Gestalten unserer eigenen Komödien wiedererkennen: den Martialischen, die Dralle, den Reichen, den Dicken, den Heuchler, den Amourösen, den Arzt, die schwatzhafte Alte, die Zauberer, die Ehepaare, den König und die intrigierenden Höflinge.

In der *ekine*-Maskerade bestand ein eigentümlicher Zwiespalt zwischen dem komischen Realismus des Spiels und den Masken, die, der theriomorphen Gestalt der Wassergeister entsprechend, eher an Wassertiere erinnerten (s. Abb. 24), zuweilen auch an das »Schiff des Weißen Mannes«.[59] Diese Masken, die über dem Kopf, nicht vor dem Gesicht getragen wurden, blieben im allgemeinen für die Zuschauer unsichtbar;

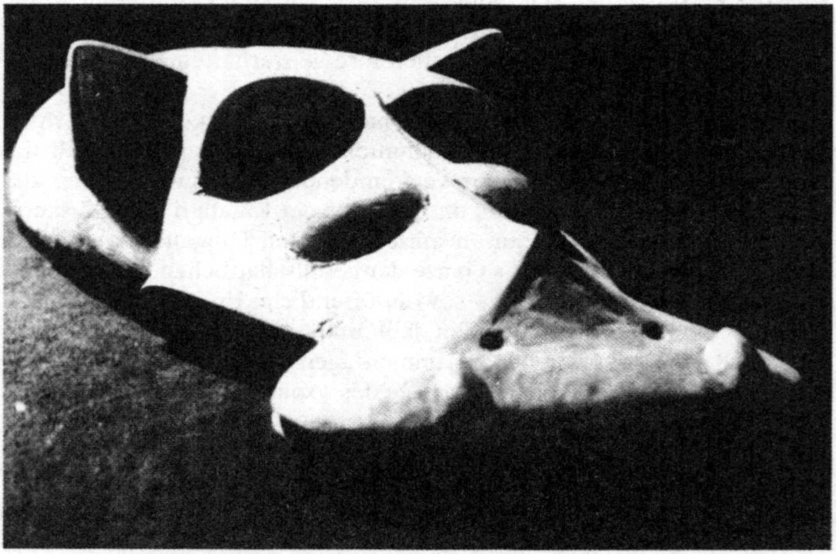

24 Ijo, Nigeria, *owu*-Maske *utobo*, das Hippopotamus.

sie richteten sich nicht an sie, sondern an die Wassergeister selbst, die man durch die Ähnlichkeit der Masken anzog. Die Masken dienten der Fixierung, der Vergegenwärtigung des Geistes, und darin glichen sie weniger den ins Komische abgewandelten Ahnenmasken der benachbarten Anang und Afikpo als den Kultfiguren der Besessenen bei den Kalabari selbst.

Bei den Kalabari sollten nach Horton alle Arten von Figuren und Masken, ob sie im Kult der Ahnen, der Heroen oder der Wassergeister fungierten, Geist kontrollierbar machen. Als Gegenstände oder »Namen«, die den Geist binden, stellten sie ihn nur soweit dar, als der Geist selbst sich in ihnen erkennen mußte. Diese Bannung in das Bild nahm den Geistern ihre gefährliche Selbständigkeit. »Wenn wir keine Skulpturen verfertigten«, so erklärten die Kalabari ihre Ahnenfiguren, »würde der Tote herauskommen und die Leute seines Hauses erledigen.«[60]

In ihren Schreinen vor den Blicken der Uneingeweihten verborgen, wurden die Heroenfiguren im Rahmen öffentlicher Rituale zwar ausgestellt, aber auch dann nicht von der Menge, sondern nur von den Priestern angeschaut, die der Anblick des Bildes zu ihren dramatischen Darbietungen und Tänzen buchstäblich inspirierte. Solche Rituale begannen in der Regel damit, daß man den Trommelnamen des Geistes wieder und wieder schlug, unterbrochen nur von Anrufungen; der Priester reinigte die Skulptur von Farbresten, um sie neu zu bemalen und zum würdigen Gefäß des Geistes zu rüsten. Nach dem Opfer kleidete er sich in die Tracht seines Geistes und wurde besessen; die Zuschauer achteten kaum auf das Kultbild, ihre ganze Aufmerksamkeit galt dem dramatischen Auftritt.[61]

Ähnlich sollte die Maske den Geist aus seinen entfernten Gewässern herbeirufen und den Maskenträger besessen machen. Diese Verschmelzung von Maskiert- und Besessensein scheint unserer These von der komplementären Distribution von Trance und Maske zu widersprechen. Sie tritt jedoch zusammen mit einem anderen Brauch auf, der so wenig wie die Besessenheit zu einer Maskerade im engeren Sinn paßt: Die Spieler konnten öffentlich demaskiert werden, also in Anwesenheit der Frauen, wenn sie die Proben zu Beginn des Spiels nicht bestanden.[62]

Die *ekine*-Masken galten als Kultfiguren zur Fixierung des Geistes; der Maskenträger war zwar gewöhnlich nicht erkennbar, aber er konnte demaskiert werden, weil seine Legitimation zuletzt nicht in der Maske lag, sondern in der Besessenheit. Es gab kein »Geheimnis der Maske«, das man vor den Frauen hätte hüten müssen. Galten sonst Maskengestalten bei den Uneingeweihten als die sichtbar gewordenen Geister selbst, so galt das *ekine*-Spiel als ein Fest der Besessenen, die Maske als Teil ihrer Verkleidung.[63]

Trotz des eigentümlichen Zwiespalts zwischen den komischen Charakteren des Spiels und den theriomorphen Masken, zwischen der nur spielerischen Präsentation der Rolle und der schicksalhaften Prägung durch die Wassergeister als jenseitige Geliebte, stellte sich auch bei den Kalabari jene Identifikation von Mensch und Geist ein, die wir aus dem *shave*-Kult der Shona und von den klassischen *mbuya*-Masken der Pende kennen. Die Kalabari ehrten vornehme Verstorbene durch eine Art

25 Ijo, Nigeria, *owu*-Maske *abiogbo* mit Pythonmotiven.

26 Ijo, Nigeria, Wandschirm zu Ehren eines Verstorbenen, der zu Lebzeiten die angesetzten Masken getragen hatte. ▶

Wandschirm mit dem eigenschaftslosen Idealbild der Ahnen; zuweilen gaben sie dabei die Identität des Dargestellten zu erkennen, indem sie neben dem Idealbild Bilder der Masken anbrachten, die der Verstorbene zu seinen Lebzeiten als Konventuale getragen hatte (vgl. Abb. 25 und 26); das Idealbild bezeichnete den erhöhten Status der Ahnenschaft, während die Maske, nicht das Porträt, die persönliche Erinnerung festhielt.[64]

Die Kunst der Besessenen als Bannung und Allegorie

Die Skulptur der Besessenen bei den Cokwe

Im nordöstlichen Angola praktizierten die Cokwe, ein Volk, das, wie seine nördlichen Nachbarn, die Pende, vor der Kolonialzeit zwar in sich kulturell relativ homogen war, aber mit den Handel treibenden Mbundu und den Portugiesen in Berührung kam, einen »akephalen« Besessenheitskult, in dem wir die im *shave*-Kult beobachtete Assoziation von Berufen mit der Besessenheit durch die Geister verstorbener Fremder wiederfinden. Es erübrigt sich, die Struktur dieses *hamba* genannten Kults näher darzulegen; der Brauch, den *hamba*-Geistern, die die Besessenen in ihren Trachten und Tänzen darstellten, Skulpturen zu widmen, lohnt jedoch eine eingehendere Betrachtung; denn diese Skulpturen sollten, wie die Besessenen selbst, in ihrer Gestalt den Geistern gleichen, und da sie sich zum Teil in Museumssammlungen erhalten haben, vermitteln sie im Gegensatz zu den vergänglichen Besessenheiten noch heute etwas von den Bildern, die die Besessenen sich von ihren Geistern machten.

Deutete ein Wahrsager Krankheit oder Niedergeschlagenheit als Zeichen einer Besessenheit durch einen Geist, den ein Vorfahre über den Klienten gebracht hatte, um mit Opfern geehrt zu werden, so ließ sich der Klient unverzüglich in den *hamba*-Kult initiieren; die Besessenen veranstalteten ein Fest, auf dem die *cimbanda*, eine Heilerin, dem Initianden Tabus auferlegte, während die Adepten, in ihrer Mehrheit Frauen, zu den Rhythmen der Schlitztrommel und ihrer Rasseln in die Hände klatschten und mit der *cimbanda* einen Wechselgesang anstimmten. Auf dem Höhepunkt des Festes verfertigte die *cimbanda* aus einem Stück Rohr und Blättern eine Puppe, in die der Geist, von dem die Novizin besessen war, mit Hilfe einer magischen Substanz überführt wurde, indes die Frauen ihre Chorlieder anstimmten.[1]

Nach dem Fest gab die Novizin einem professionellen Bildhauer den Auftrag, eine Skulptur ihres Geistes, dessen Bild dem Wahrsager im Traum erschienen war, unter sorgfältiger Beachtung ritueller Vorkehrungen zu verfertigen.[2] Dieses ausgeführte Bildnis trat dann an die Stelle der anspruchslosen Puppe, die die *cimbanda* bei der Initiation verwendet hatte. Die Besessene stellte sie in dem Schrein auf, den sie zu Ehren ihres Geistes errichtete und an dem sie ihm an jedem Neumond Bier,

Mehl und Fleisch opferte. Zu dieser Skulptur kehrte sie auch zurück, wann immer sie erneut Anzeichen einer akuten Besessenheit verspürte. Die Skulptur war der Ort, an dem der Geist residierte; in ihrer Betrachtung kommunizierte die Besessene mit ihm, aus ihr konnte sie ihn wieder empfangen, wenn die Umstände es erforderten.[3]

Dieses Wechselspiel ritueller Übertragungen ist durch den Begriff des Bildes, *cizulie*, zu erläutern; das *cizulie* war für die Cokwe das, was identisch erhalten bleibt, wenn der Geist in sein menschliches Medium eindringt und wenn er es verläßt, um in der Skulptur zu residieren. Wir haben gesehen, daß nach dem Glauben der Cokwe das »Abbild« oder der »Schatten« jedes Dings sich von seinem eigentlichen Träger ablösen und selbständig machen konnte; es konnte Menschen im Traum erscheinen und sich bisweilen in ihnen verkörpern. Bild und Geist galten als körperlos, aber es scheint, daß die Cokwe nur den Geist, *hamba*, sich als mit eigenem Willen begabt vorstellten. Die Differenz der beiden Begriffe wird am besten in dem Glauben greifbar, daß nicht nur die für gewöhnlich sichtbaren Gegenstände ein *cizulie* besaßen, sondern die an sich unsichtbaren Geister selbst, die den Willen und die Fähigkeit hatten, ihre Bilder in den Leib eines lebenden Menschen eindringen zu lassen, d. h. ihn zu zwingen, sich diesen Bildern anzugleichen.[4]

Das geformte Bild aus Gras, Lehm oder Holz, ebenfalls *cizulie* genannt, übte – so muß man das spärliche Material wohl interpolieren – auf sein ungegenständliches Eben- oder Vorbild eine Art Sog aus; jedenfalls versuchten die Cokwe, mit Hilfe plastischer Bilder die Bilder der Geister aus den Körpern der Besessenen herauszuziehen. Im gleichen Sinn stellten sie bisweilen auf den Dächern ihrer Hütten geschnitzte Bilder eines Vogels auf, die einen Kindersegen bescherenden Vogel, ähnlich dem Storch unseres Kinderglaubens, »heranholen und ihm gewissermaßen die Erscheinungsmöglichkeit geben« sollten; und auch die Ahnenbilder aus Lehm oder Holz sollten die Ahnen *vergegenwärtigen*, d. h. ihren Schutz und Segen heranholen.[5]

Daß ein Volk, das so tief von dieser magisch zu nennenden Macht der Bilder durchdrungen war, die Skulptur selbst als »Geist«, *hamba*, verehrte, scheint plausibel; »Bilder von *passiones*« können ja nicht nur Eindrücke von Abwesenden oder Verstorbenen sein, sondern ebensogut Eindrücke von Bildern, und da sich bei den Cokwe die letzteren manchmal zur Besessenheit steigern konnten, sagten sie, die plastischen Bilder selbst seien *mahamba*, die wiederum ihre *yizulie*, ihre körperlosen Bilder, von sich ablösten und in den Körper eines Menschen entsendeten.[6]

Sogar in den Kulten, die man den eigenen Vorfahren widmete, ehrte man nicht etwa die persönliche Erinnerung an ihre physische Erscheinung, ihre rein menschlichen Eigenschaften, sondern die Erinnerung an die Bilder, die sie zu ihren Lebzeiten verehrt hatten. Wir haben gesehen, daß die Pende sich ihre gereinigten Ahnen in der Form abstrakter, entpersönlichter oder menschenferner Masken vor Augen führten, die persönliche Erinnerung aber in der Gestalt der *mbuya*-Maske, die ein bestimmter Vorfahr getragen hatte; ebenso stellten die Kalabari die gereinigten Ahnen in stilisierten, eigenschaftslosen Figuren dar, die persönliche Erinnerung aber in Gestalt der Maske, mit der man den Verstorbenen als Mitglied des *ekine*-Konvents assoziierte. In gleicher Weise konnte man bei den Cokwe von einer Maske besessen sein, mit der ein Vorfahr im Beschneidungslager aufgetreten war; der Besessene ließ sich dann eine *hamba*-Figur schnitzen, die einen Menschen mit der entsprechenden Maske darstellte; oder er konnte von demselben *hamba* besessen sein, von dem ein Vorfahre besessen gewesen war; dann erbte er dessen Gaben als Heiler, Wahrsager oder Jäger und stellte in seinem Schrein eine *hamba*-Figur auf, die der seines Vorfahren ähnelte.

Im Gegensatz zu diesen persönlichen Erinnerungsspuren, tradiert durch ein differenziertes System von Figuren, ehrte man die ideale Gemeinschaft der Ahnen durch die *hamba*-Figur *muyombo*, auch *ajimu*, »Ahnenpfahl« genannt, die in jedem Dorf stand und an der man den Ahnen des Dorfhäuptlings opferte. Das Wort *muyombo* ist uns bereits als Name einer der fünf klassischen *mbuya*-Masken der Pende begegnet; es stammt von den Lunda, wo es die Ahnen des Herrschers und den ihnen gewidmeten Pfahl bezeichnet; die Pende, die nie unter Lundaherrschaft gerieten, gaben den Namen, abgelöst von seinem Kult, der Maske eines imposanten Fremden; die lundaisierten Cokwe eigneten sich jedoch den Kult selbst an und erhoben ihn zu ihrem zentralen politischen Kult, bis er infolge der kolonialen Überformung obsolet wurde, so daß auch andere Matrilineages, die nicht über das Häuptlingsamt verfügten, im Zuge einer allgemeinen »Verbürgerlichung« ihre eigenen Ahnenpfähle zu errichten begannen.

Die *muyombo*-Figur stand im Mittelpunkt eines »charismatischen« Besessenheitskults und ist insofern von den übrigen *hamba*-Figuren und ihren Kulten zu unterscheiden. Zwei- bis dreimal im Jahr, wenn man eine neue *muyombo*-Figur aufstellte oder wenn man Epidemien abwehren wollte, ließ man die Bilder der Ahnen aus der Figur in einen Besessenen eindringen. »Dann«, so zitiert Baumann einen einheimischen Gewährsmann, »wählen sie sich einen Mann, dessen Name ›muhika‹ ist, und einen Mann, der sehr gut sprechen kann (...). Dann versammeln sie sich alle. Der ›muhika‹ ist in ihrer Mitte (...). Der ›*mwata*‹ (der Häuptling) des Dorfes beginnt zu sprechen und ruft den Namen von einem, der gestorben ist. Dann beginnt der ›muhika‹ sich zu bewegen. Der mahamba geht aus ihm heraus und spricht mit den Worten eines anderen (der gestorben ist). Alle beginnen in die Hände zu klatschen. Dann nehmen sie Fleisch vom Teller und Bier. Dann fragen sie seinen Namen. Und er nennt den Namen von irgendeinem, der starb. Wieder spricht der ›*mwata*‹ und ruft die Namen der Toten. Der ›muhika‹ beginnt sich zu bewegen und spricht mit anderen Worten. Sie fragen nach seinem Namen. Wenn er alle gerufen hat, klatschen alle in die Hände und sind froh.«[7]

Es war die gereinigte Ahnenschaft, die der *muhika* der Reihe nach verkörperte und die der *muyombo* in ihrer Gesamtheit repräsentierte. Dem entsprach eine vollständige, die *minganji*-Abstraktion der Pende noch überbietende Abstraktheit und Eigenschaftslosigkeit der *muyombo*-Figur, die in der Regel nichts als ein zugespitzter Holzpfahl war. Sie markierte lediglich den Ort der Bilder, die allein im Besessenen Gestalt und Sprache wurden. Damit stand sie, wie zu erwarten, im Gegensatz zu allen anderen *hamba*-Figuren, deren Kult nie das Privileg einer aristokratischen Lineage war und denen man keine politische Bedeutung beimaß. Diese anderen Figuren dienten der Differenzierung und waren selbst differenziert; sie bedurften keines Interpreten, da ihr privilegierter Betrachter der Besessene selbst war.

Die Cokwe und die Bilder der Portugiesen

Die Cokwe waren Jäger; wer aber allein auf die Jagd ging, wie es nur wenige wagten, bedurfte eines *hamba*, der ihm als Genius zur Seite stand; Frauen erhofften sich, von denselben Geistern besessen, Kinder; andere *mahamba* befähigten zum Wahrsagen und wieder andere schützten die Reisenden. Da sich die Wirkungskreise jedes einzelnen Genius im Laufe der Zeit erweiterten, fällt es oft schwer, eine spezifische Beziehung zwischen der ursprünglichen Wirklichkeit eines Geistes und der von ihm verliehenen Gabe anzugeben. Auch die Skulpturen wird der Außenstehende nicht ohne Anleitung identifizieren können. Es gibt jedoch genügend ikonographische und etymologische Anhaltspunkte, die es gestatten, durch die Generationen hindurch von den Bildern und Gaben auf beobachtete Wirklichkeit zurückzuschließen.

Die Cokwe ordneten die *mahamba* historisch, d. h. nach der Reihenfolge, in der sie sich zuerst durch einen Besessenen offenbarten, worin sie weitgehend, aber nicht vollständig einig waren; sie unterschieden die »alten« *mahamba*, die sich nicht ihnen selbst, sondern den Ahnen offenbart hatten, von deren »Kindern«, den »neuen« *mahamba*, an deren erstes Auftreten sie sich noch erinnern konnten, und schließlich den »fremden« *mahamba*, die sie von Nachbarvölkern schon *als* Geister entlehnt hatten.[8]

Es gab Bilder von Jagdhunden und Löwen, Genien der Jäger, die Männern Jagdglück und Frauen Fruchtbarkeit verliehen; es gab Bilder von den Körben der Wahrsager, die die von ihnen Besessenen in der Divination unterwiesen; von Vögeln, denen man Nester baute; von den Schlangen, die den Foetus im Mutterleib formen; es gab den Zahn eines verstorbenen Jägers, hilfreich bei der Jagd; Bilder von großen, keulentragenden Wächtern, die man am Dorfrand aufstellte; von Masken, die mit ihren riesigen Augen in der Nacht sehen konnten, so daß ihre Besitzer, die von ihnen Besessenen, das Zeug zum Hexenfinder hatten.[9]

Es gab Bilder von *kwanza*, einem Opfertrog in der Form eines Bootes, und wenn Frauen, die diese Bilder ehrten, träumten, in einem überschwemmten Tal zu schwimmen oder über die Berge zu fliegen, wußten sie, daß sie schwanger waren; dieselben Bilder verliehen Jagdglück, wenn in ihnen ein Pfeil oder ein Messer lag. Solche Bilder gehörten in verkleinerter Form zu den Figuren in den Körben der Wahrsager; schüttelte der Wahrsager seinen Korb und das *kwanza*-Bild erschien an der Oberfläche, so hatte es noch eine dritte Bedeutung: Es zeigte an, daß der Klient von jemandem verhext worden war, der einen Europäer zu den Cokwe begleitet hatte. Auf eine Assoziation mit den Portugiesen verweist auch der Name, abgeleitet von dem Fluß Kwanza, der die Westgrenze des Cokwelandes bildet, an der sie mit den Portugiesen und ihren Agenten zum ersten Mal in Berührung kamen. Am Kwanza hatten sie die ersten Gewehre erhalten, die die Techniken der Jäger umwälzten, wie zuvor die Bögen der Lunda.[10]

Von den Portugiesen stammt auch ein Bild namens *nzambi*, Gott; *nzambi*, eine der weit verbreiteten Bezeichnungen für den otiosen Hochgott, war das Wort, das die Missionare als Name des christlichen Gottes verwendeten und das deswegen für nicht konvertierte Afrikaner den Sinn »Geist des Weißen Mannes« annahm. Als Genius schützte *nzambi* die von ihm Besessenen vor Krankheit und Unglück; er machte die Frauen fruchtbar und verlieh den Männern Geschick bei der Jagd. Sein Bild war eine anthropomorphe Gestalt in einem rechteckigen, reich verzierten Rahmen, einer plastischen Adaptation des europäischen Tafelbilds; die ausgebreiteten Arme der in den Rahmen gespannten Gestalt erinnern an eine Kreuzigung (s. Abb. 27).[11]

Die Darstellungen der Portugiesen oder der ihnen angeglichenen Gehilfen hießen *cimbali*; diese Bilder wurden manchmal zu den »neuen« *mahamba* gezählt[12], wie alle Bilder von Fremden, manchmal galten sie aber auch als besonders alt[13]; bisweilen nannte man sie *santu*, was beweist, daß sie, wie *nzambi*, mit christlichen Heiligenbildern assoziiert wurden. Das Wort *cimbali*, das den Weißen oder den Mbundu aus der Region Bihé bezeichnete, enthält die Wurzel für die Zahl Zwei, und

27
Cokwe, Angola, *hamba wa nzambi*. Das rechteckige Gestell zitiert den Rahmen eines europäischen Heiligenbildes.

dem entspricht, daß die meisten *yimbali*-Figuren ein Paar bilden, neben einer Frau steht ein Mann, und gelegentlich finden sich beide zu einem Amulett zusammengebunden.[14]

Neben *cimbali* gab es *cindele*, den Europäer, der nicht paarweise dargestellt wurde und den man zu den »neuen« *mahamba* zählte. Zu einer Zeit, in der nur wenige Weiße ins Cokweland kamen, machte manche Leute schon der bloße Anblick eines Weißen besessen, wie es uns bereits bei den Kamba begegnete; später infizierten sich die Besessenen an den Gräbern verstorbener Europäer; sie tanzten mit Messer und Gabel, und an den Kultbildern ihrer Geister opferten sie europäische Dinge, Brot, Wein und Schnaps.[15]

Andere »neue« *mahamba* waren die Totengeister von Nachbarvölkern, etwa der Lunda und Lucazi, oder die Leute aus dem Himmel, also christliche Engel, deren Kult sich einmal wie ein Lauffeuer ausbreitete. Von geringerer Bedeutung waren schließlich die »fremden« *mahamba*, die man als fertige Kultfiguren von den Pende und Shinji entlehnte, vielleicht auch von Pygmäen oder anderen Ureinwohnern des angolanischen Nordostens.[16]

28 Cokwe, Angola, *mahamba a yimbali*, Darstellung eines portugiesischen Paares.

Das höchste Maß an Ähnlichkeit erreichte die Kunst der *hamba*-Figuren in den *yimbali*-Bildern. Wir können sie auf einer Skala anordnen, die vom roh behauenen, aber erstaunlich stark rhythmisierten Block bis zu gerundeten und in allen Einzelheiten der Attribute durchgeformten, kunstvollen Figuren reicht. Größere Exemplare standen in den Schreinen der Besessenen, wo man ihnen Bruchstücke der modernen Konsumwelt opferte, Flaschen, Glas, Teller, Papier, Zigaretten u. ä., kleinere Ausführungen trug man als Amulette, die funktional an die Masken-

29
Cokwe, Angola, *mahamba a yimbali*, Darstellung eines portugiesischen Paares, mit Hakennase und schmalen Lippen.

amulette der Pende erinnern, wobei aber die Verkleinerungsformen bei den Cokwe, anders als bei den Pende, weniger sorgfältig ausgeführt waren.

Nicht an allen *yimbali*-Figuren wird ein Außenstehender erkennen, daß sie ein europäisches Paar darstellen; mitunter begnügte sich der Bildhauer mit der Andeutung einer für ihn merkwürdigen Körperhaltung oder eines Tropenhelms (s. Abb. 28); zuweilen gab er aber die Identität der Dargestellten auch durch scharfe Hakennasen zu erkennen (s. Abb. 29), wie sie in der Kunst der Cokwe nur noch an der *katoyo*-Maske vorkommen, in der man ebenfalls Europäer vorstellte.[17] Manchmal wurden die Figuren nackt gegeben, manchmal vollständig bekleidet, im Ornat eines Priesters und einer Nonne – dann waren die Hände vor der Brust gefaltet –, im Gehrock (s. Abb. 30)[18]; eine Figur zeigt einen Portugiesen in Hosen, Rock und Hut, mit einer charakteristischen europäischen Körperhaltung – die Beine gespreizt, die Hände auf den

30
Cokwe, Angola, *mahamba a yimbali*, Priester und Nonne.

Rücken gelegt –; all dies suggeriert, zusammen mit den schmalen, verkniffenen Lippen, einen ganz spezifischen Charakter, die Figur nähert sich dem Porträt (s. Abb. 31).[19]

Der rhythmisierte, expressive Realismus, den wir in diesen Bildwerken erkennen, vermittelt nicht nur einen Eindruck von portugiesischen Händlern, Priestern und Nonnen, wie die Cokwe sie sahen; er macht auch etwas von den Ekstasen der Besessenen spürbar, die dieselben Bilder, die *yizulie*, dieser Geister verkörperten und in ihren Tänzen zum Ausdruck brachten. Darin unterschied sich die Kunst der *hamba*-Figuren grundlegend von der höfischen Kunst der Cokwe, die sich gegen Ende des 19. Jahrhunderts auf ihrer Grundlage entwickelte und die sich durch ihre runden, einfühlsamen Formen und einen genrehaft-anekdotischen Realismus auszeichnet. Nur selten kam es zu Überschneidungen der beiden Stile, wie in einer Figur der Sammlung Kjersmeier, die einen

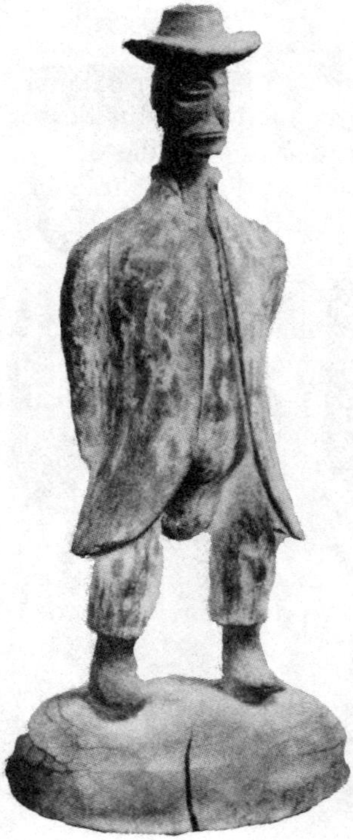

31
Cokwe, Angola, *hamba a cimbali*, der Portugiese.

Europäer als Ochsenreiter zeigt, umgeben von figuralem Beiwerk, den Attributen des Besessenheitskults, die in diesem Fall dem Bildwerk inkorporiert wurden (s. Taf. F).[20]

Der expressive Realismus, mit dem uns die Skulptur der Besessenen bei den Cokwe entgegentritt, muß als Ausnahme gelten; stilistisch genrehaft wirken die westafrikanischen Pendants bei den Akan und Ewe; und schon bei den nächsten Nachbarn der Cokwe, wie bei den Lovale im Nordwesten Zambias – dort immigrierten Lwena, Lucazi und Cokwe, die den gleichen *hamba*-Kult praktizierten und in unserem Rahmen eine Art Brücke zu den Tonga und Shona bilden –, waren die einzigen materiellen Repräsentationen der *mahamba* nichts als einfache Stäbe, die die Besessenen vor ihrem Haus in die Erde steckten. Statt der expressiven Verdichtung in der Skulptur finden wir bei den Lovale jedoch Elemente einer Architektur, die man in Analogie zur Skulptur der Cokwe als Manifestation der fremden Geister in der materiellen Kultur auffassen kann.

So errichtete man bei den Lovale einen Pfahl mit einer Plattform, auf der sich der Besessene, wie ein Säulenheiliger, aber nur für die Dauer des Rituals, niederließ. Dies ging auf einen europäischen Händler zurück, der sich im Lovaleland einen Turm gebaut hatte, auf dessen Spitze er zu singen und zu tanzen pflegte; er war, wie die Lovale glaubten, von einem Geist besessen, und dieser Geist hatte sie infiziert. Andere Besessene, die sich in der Trance auf den Bauch legten und in Imitation eines Flugzeugs Arme und Beine ausstreckten, schmückten den Pfahl vor ihrem Haus mit hölzernen Flugzeugen.[21]

Ein komplettes Environment errichteten diejenigen, die von *vindele*, den Geistern der Europäer, besessen waren; nachdem sie von europäischen Konsumgütern geträumt hatten, bauten sie sich eigens ein Kulthaus, gleichsam einen Tempel, den sie mit einem Teppich sowie mit Tisch und Stühlen ausstatteten; und in diesem Haus vollzogen sie dann all die Riten des Essens und Trinkens, die uns in so vielen Besessenheitskulten begegnet sind.[22] Im Ritual lebten sie wie Europäer, doch war dieses Leben noch kein alltägliches; es bedurfte noch einer Säkularisierung, um zu einer neuen, afrikanischen Lebensform werden zu können.

Die *hamba*-Figuren der Cokwe sollten keine freien Erfindungen sein; sie sollten die *yizulie,* die von den Geistern ausgesandten Urbilder der Menschen und Gegenstände, kraft ihrer *Ähnlichkeit* anziehen und in sich aufnehmen. Das ergab die Analyse des Begriffs *cizulie;* an den Bildern der Portugiesen war das Maß der im Werk verwirklichten Ähnlichkeit zu beobachten; und nicht zuletzt fügte sich die Forderung nach Ähnlichkeit in den Rahmen des *hamba*-Kults, in dem die Besessenen die in ihrem Inneren beschlossenen Bilder externalisierten, sie in ihren Tänzen zur Anschauung brachten und ihnen in ihren Berufen nachlebten.

Vergleichen wir den Bildbegriff der Cokwe mit den Elementen der europäischen Ästhetik, so zeigt sich auf den ersten Blick eine gewisse Verwandtschaft mit der traditionellen Formel von der Kunst als Mimesis der Natur; zwar fehlt hier der Begriff einer *natura naturans* und entsprechend der Begriff einer Kunst – oder *téchne* –, die vollendet, »was die Natur nicht zu Ende zu bringen vermag«, aber die *hamba*-Figuren der *cimbanda* und noch mehr die des Bildhauers sollten immerhin das »Naturgegebene« erkennbar genau darstellen. Nur begründete die europäische Tradition die Forderung nach einer »Nachahmung der Natur« mit ihrer Vorbildlichkeit; sie hatte ihre Voraussetzung in der Überzeugung, die Natur sei selbst der Inbegriff des Möglichen; eine vergleichbar allgemeine Vorbildlichkeit kann im Denken der Cokwe allein den Ahnen zukommen; die Darstellung der »neuen« und der »fremden« *mahamba* wurde nicht mit deren Vorbildlichkeit begründet, der Wille zur Ähnlichkeit war nicht der Wille eines menschlichen Subjekts; im Gegenteil: wenn man *hamba*-Figuren herstellte, externalisierte man »Bilder von *passiones*«; nach der Auffassung der Cokwe war es das Naturgegebene selbst, das sich ähnliche Darstellungen erzwang.

An dieser Stelle zeigt sich der Gegensatz der ästhetischen Grundlagen von afrikanischer und moderner Kunst in seiner ganzen Tragweite; die Idee des schöpferischen Menschen, in deren Zeichen die Expressionisten und Kubisten die afrikanische Kunst zu Beginn des 20. Jahrhunderts für sich entdeckten, hat schlechterdings nichts mit der Idee einer vom Naturgegebenen selbst geforderten Ähnlichkeit gemein. Die Ekstasen der Besessenen wurden von fest gefügten Rhythmen reguliert, sie waren dem Zwang zur Hervorbringung von Ähnlichkeit ausgeliefert; die durchgeordnete Industriegesellschaft träumt dagegen von Enthemmung und Sichgehenlassen, und diesen Traum projizierte sie auf die »Negerkunst«.

Wie sich die von *yimbali* Besessenen als Portugiesen gaben, so stilisierten sich die Expressionisten und ihre Nachfolger als Wilde; beide erfaßten ein Moment des Andersseins, das sie sich nach Maßgabe ihrer Bedürfnisse aneigneten.

»Man reagiert«, schrieb Arnold Gehlen, »auf die Außenhaut des Fremdartigen mit den Gefühlen der Gegenwart. Ohne daß man es wüßte, ist die rätselhafte Ausdruckskraft gerade der entleerten Form dabei vorausgesetzt, man füllt sie mit eigenem Inhalt auf, den man aus ihr abzugewinnen glaubt. (...) So reagieren wir schlechthin nur auf die Oberfläche, und diese *Reaktion wird zur Funktion des Werkes,* genau wie bei abstrakter Kunst.«[23]

Die Kubisten erhoben zum Postulat, das afrikanische Werk – als *objet trouvé* – unter Abstraktion von seiner Gegenstandsähnlichkeit zu betrachten. »Man wird das Gegenständliche«, so heißt es in Carl Einsteins *Negerplastik,* »respektive die Gegenstände der Umgebungsassoziationen ausschalten und diese Bildungen als Gebilde analysieren. Man wird versuchen, ob sich aus dem Formalen der Skulpturen die Gesamtvorstellung einer Form ergibt, die denen über Kunstformen homogen ist.«[24]

Die Ablehnung der Gegenstandsähnlichkeit unterstellte Einstein allerdings auch dem afrikanischen Künstler selbst; an die Stelle einer »Nachahmung der Natur« trat die Schöpfung einer eigenständigen Wirklichkeit, die er als »transzendent« und »mythisch« bezeichnete. In diesem Sinn sollte das Werk nicht artifiziell sein, sondern »realistisch«: »Im formalen Realismus, worunter nicht ein nachahmender Naturalismus verstanden wird, ist die Transzendenz gegeben; denn Nachahmung ist ausgeschlossen; wen dürfte ein Gott nachahmen, wem sich unterwerfen. Ein folgerichtiger Realismus der transzendenten Form ergibt sich. Das Kunstwerk wird nicht als willkürliche und künstliche Schöpfung angesehen werden, vielmehr als mythische Realität, die an Kraft die natürliche übertrifft. (...) Es bedeutet nichts, es symbolisiert nicht; es ist der Gott, der seine abgeschlossene mythische Realität bewahrt (...). Das religiöse Negerkunstwerk ist kategorisch und besitzt ein prägnantes Sein, das jede Einschränkung ausschließt.«[25]

Die These, daß die Kunst eine »andere« – als »mythisch«, »transzendent« oder einfach als »möglich« bezeichnete – Wirklichkeit »schaffe« oder »nachahme«, die an »Kraft die natürliche übertrifft«, bewährt sich aber nicht am afrikanischen Denken, das Geist und Erfahrung als »Bild einer *passio*«, offenbarten Geist und angeschaute Wirklichkeit in eins setzt; sie gründet vielmehr im Einspruch gegen eine Tradition, die die Natur überhaupt zum Vorbild erhoben hatte; ihre Wurzeln reichen zurück in die Ästhetik des 18. Jahrhunderts, die zum ersten Mal den »möglichen« Welten den Vorzug vor der vorhandenen gab, da der Glaube an diese als die »beste aller möglichen Welten« erschüttert worden war.[26]

Der Wille zur Ähnlichkeit, den wir an den *hamba*-Figuren der Cokwe beobachteten, bestimmt natürlich nicht das Ganze der afrikanischen Kunst; etwas zugespitzt könnte man vielmehr sagen, daß ein großer Teil der afrikanischen Kunst unter einem von der Tradition verhängten Ähnlichkeits*verbot* stand, in Umkehrung der europäischen Kunstgeschichte, die bis in die Moderne in der Tat vom Willen zur Ähnlichkeit getrieben wurde. Anstelle des allgemeinen Ungenügens an der Natur, das Einstein und andere postulierten[27], lassen sich jedoch eher politische und magische Überlegungen geltend machen, die in einigen Fällen den Willen zur Ähnlichkeit förderten, während sie ihn in anderen unterbanden.

Der Nexus von Macht, Magie und Ähnlichkeit ist am besten durch das Problem des Porträts zu illustrieren, das uns bereits als Substitution des Porträts durch die Maske begegnete. Wir haben gesehen, daß sich unter der Maske der personifizierten »Kräfte der Natur« Differenzierungen vollzogen, die zuweilen am Ahnenschrein auch die Individualität des Verstorbenen bezeichneten, während man bei der Darstellung der »Kräfte der Gesellschaft« immer die allgemeinen, überindividuellen Züge hervorhob.

Afrikanische Bildhauer suchten oft die Einsamkeit auf, um jede Ähnlichkeit ihrer Bilder mit lebenden Personen zu vermeiden; man glaubte, daß sich die Gesichtszüge eines Anwesenden ohne Wissen und Willen des Künstlers auf das Bild übertragen würden. So berichtet M. J. Field aus Akim-Kotoku von einer Töpferin, die ihr den Wunsch verweigerte, ihr bei der Arbeit an der Terrakottaplastik eines vornehmen Verstorbenen zuzuschauen, da »sonst unbeabsichtigt die Ähnlichkeit oder die Persönlichkeit des Zuschauers anstatt der des Verstorbenen in das Bild eingehen könnte«.[28] Im gleichen Sinn berichtet P. Meyer, daß sich die Bildhauer bei den Lobi früher in den Busch zurückgezogen hätten, »um für sich alleine *bateba* (Figuren) zu schnitzen. Sie verringerten so die Gefahr, während der Schnitzarbeit Menschen zu sehen und das Gesicht eines Bekannten unbewußt auf dem in Arbeit befindlichen *bateba* zu kopieren.«[29]

Solche Fälle peinlicher Porträtmeidung wurzeln in dem Glauben an die magische Macht des ähnlichen Bildnisses und folglich in der Angst des Künstlers, als Zauberer angeklagt zu werden. So berichtet H. Himmelheber von einem Guro-Bildhauer, der auf »die Frage, ob er an seine Webrollen auch Köpfe bestimmter Leute schnitze, geantwortet (habe), das könnte er nicht wagen, denn wenn der betreffenden Person darnach etwas zustieße, würde man ihm die Schuld geben«.[30] Bei den Lobi, die glaubten, daß es einen Menschen tötete, wenn Opferblut über sein Bildnis floß, war es sogar verboten, eine vermutete Ähnlichkeit auszusprechen: »Auch wenn der Vergleich nur spaßeshalber gezogen wird, kann das dem Betreffenden auf die geschilderte Art schaden und ihn sogar töten. Nur Kinder dürfen ungestraft solche Vergleiche anstellen.«[31]

Neben der Angst vor der Magie der Ähnlichkeit gab es noch einen zweiten Grund, das Porträt aus dem öffentlichen Leben zu verbannen. Als den reinen »Kräften der Gesellschaft« kam den Ahnen eine Dignität zu, die nicht mit den individuellen Zügen der Lebenden zu vereinbaren war. Verlieh ein Bildhauer den Ahnen zufällig die Individualität einer lebenden Person, so war sein Werk für den Ahnenkult unbrauchbar. In Liberia stellten die von Männern getragenen Masken der Bassa Ahnen dar; sie sollten dem Ideal einer sublimen, kühlen und gelassenen Weiblichkeit Ausdruck verleihen; M. Meneghini berichtet von einem Bildhauer, der einer dieser Masken die Züge seiner Frau Kwa-za verliehen hatte; der erste öffentliche Auftritt dieser Maske rief Erstaunen hervor: »›Das ist Kwa-za‹, riefen die Leute, ohne zu wissen, ob sie sich freuen oder erschreckt sein sollten. Aber die Ältesten fanden das nicht lustig. Mit seinem Mangel an Selbstbeherrschung hatte der Künstler den Mythos der Maske verraten und enthüllt, daß die Masken Menschenwerk waren und den Launen menschlicher Gefühle unterlagen. Die Maske wurde ausgeschieden und der Künstler bestraft.«[32]

Die Ächtung des Porträts betraf wirksam jedoch nur dessen öffentliche Ausstellung; wahrscheinlich kam es vor, daß Zauberer insgeheim doch ähnliche Bildnisse herstellten; im Verborgenen blühte zuweilen auch der Kult gewisser Bildnisse erotischen Inhalts; und in zahlreichen »akephalen« Kulten, die, jenseits der politisch-rechtlichen Sphäre, oft von moralischen Forderungen entlastet waren, stoßen wir schließlich auf eine begrenzte Aufhebung des Ähnlichkeitsverbots: Es war zwar offenbar nie erlaubt, männliche Stammesangehörige zu ihren Lebzeiten zu porträtieren, aber gegen die Herstellung ähnlicher Bildnisse von Außenstehenden, also vor allem von einzelnen Fremden und Frauen, bestanden manchmal keine Bedenken.

Bei den Dan tanzten Frauen, die sich als Bäuerinnen und Gastgeberinnen ausgezeichnet hatten, in Männerkleidern durch das Dorf; sie trugen große Holzlöffel, die ähnlich wie die Masken der Männer als Geister aufgefaßt wurden; an einigen dieser Löffel mündete der Griff in einem Kopf, der manchmal ein Porträt der Besitzerin war.[33]

Häufig verlangten Männer von Bildhauern Figuren, die einer von ihnen bewunderten Frau ähnlich sein sollten. So kam es bei den Kran vor, »daß der Häuptling seiner Lieblingsfrau beim Tanz zuschaut und voller Entzücken (zu einem Bildhauer) sagt: ›Ist sie nicht gar zu schön? Mach mir eine Figur von ihr!‹«[34] Porträtfiguren von bewunderten Frauen gab es auch bei den Dan (vgl. Abb. 32 und 33).[35] Die Baule glaubten, daß einige Menschen in bestimmten Nächten von ihren Geliebten aus dem Jenseits besucht werden; sie ließen sich dann Figuren anfertigen, die sie neben ihren Schlafstellen aufstellten[36]; obwohl diese Figuren durch ihre Ähnlichkeit die an sich selbst unsichtbaren Geister anziehen sollten, scheint es vorgekommen zu sein, daß sie tatsächlich – sofern sie Frauen, nicht Männer darstellten – einer bestimmten Dorfbewohnerin ähnlich waren.[37]

Das erotische Frauenbildnis blieb der privaten Betrachtung des Besitzers vorbehalten; in einigen »akephalen« Maskeraden konnten aber Porträtmasken von Frauen auch öffentlich vorgeführt werden. Das geschah z. B. in der *seri*-Maskerade der Guro, deren Maskenaufsätze meist Szenen aus dem modernen Alltagsleben zeigten. »Einige der stark farbigen Masken-Gesichter sind als Porträts bestimmter Frauen der Gegend, andere sogar als Diula- oder Malinke-Frauen wiedererkannt worden, die vor Jahren in dem Dorf zu Besuch gewesen sind.«[38]

Die Cokwe führten Maskeraden auf, die in ihrer Struktur und in ihrer Funktion dem *mbuya*-Spiel der Pende glichen. Darin gab es neben der *katoyo*-Figur, der Maske eines Europäers mit Hakennase, eine Maske namens *pwo,* Frau, die wie ein *hamba* verehrt wurde; ursprünglich stellte sie eine reife Frau dar, später ein junges Mädchen. Wenn ein Bildhauer den Auftrag erhielt, eine neue Maske dieses Typs anzufertigen, zog er sich in die Wildnis zurück, benutzte aber eine Frau, deren Schönheit er bewunderte, als Modell; »zu diesem Zweck ergriff er jede sich bietende Gelegenheit, sie zu treffen und ihre physische Erscheinung zu beobachten, einschließlich ihrer Tätowierung, ihrer Figur und ihres Schmucks.« Obwohl diese Porträts also nicht in Anwesenheit des Modells geschnitzt wurden, weisen sie, wie wir noch den Museumsstücken ansehen können, sehr differenzierte Züge auf; viele geben das, was wir eine »Persönlichkeit« nennen würden.[39]

Die afrikanische Kunst ist der europäischen Konzeption einer inneren

32 Dan, Elfenbeinküste, Porträtfigur einer jungen Frau.

33 Dan, Elfenbeinküste, Porträtfigur einer jungen Frau.

Bewegtheit des Porträts wohl nie so nahe gekommen wie im Frauenbildnis der *pwo*-Maske. Das afrikanische Porträt tendiert nämlich dazu, weniger den Gesamteindruck ähnlich wiederzugeben als einzelne, als signifikant empfundene Züge isoliert zusammenzustellen, ohne dabei eine Vollständigkeit solcher Züge anzustreben. Da der Künstler nie vor dem Modell selbst arbeitet, fließen seine eigenen Züge nicht nur unbewußt, wie in jeder Kunst, in das Bild ein; er überträgt auch im buchstäblichen Sinn, wie E. Fischer es bei den Bildhauern der Dan beobachtet hat, seine eigenen Gesichtsmaße, die er mit der Hand am Gesicht abtastet, identisch auf den Werkblock. Die eigentliche Porträtähnlichkeit ergibt sich dann nicht aus einer geschlossenen Auffassung von der Individualität des Modells, sie resultiert vielmehr aus disparaten Details, aus der »Verwendung einzelner Züge oder Elemente individueller menschlicher Gesichter in einem Werkstück«, die die »selbstbildnerische« Grundform Zug um Zug in der Erinnerung an das Modell abwandeln.[40]

Diese Tendenz zur Isolation einzelner Züge, die sich schon in den Frauenbildnissen bemerkbar macht, obwohl ihnen ausdrücklich ein Auftrag zur Darstellung einer bestimmten Individualität zugrunde liegt, verstärkt sich noch in den Figuren, die Fremde darstellen; denn diese entspringen nicht dem Wunsch nach Wiedergabe einer Individualität. Wir haben gesehen, daß man in den Besessenheitskulten die Gestalt von Fremden auf das reduzierte, was man an ihnen als typisch wahrnahm; und auch die *hamba*-Figuren der Cokwe konzentrierten sich zuweilen auf bloße Attribute, auf Trachten und Frisuren; und sogar physiognomische Eigentümlichkeiten – die lange, gebogene Nase des Europäers, seine schmalen Lippen, sein Bart, seine glatten Haare – sowie Arm- und Körperhaltungen erinnern eher an aufzählbare Attribute als an die zu einer Einheit verbundenen Züge eines Porträts.

Die Ähnlichkeit zahlreicher afrikanischer Skulpturen mit fremden Modellen ist dennoch nicht nur für diejenigen, für die sie ursprünglich hergestellt wurden und die um die Signifikanz der Attribute wußten, sondern auch für uns als Außenstehende erstaunlich. Wie Julius Lips im Gegenzug gegen die von den Expressionisten und Kubisten postulierte Andersheit der afrikanischen Kunst zeigen konnte, geben diese Skulpturen in ihrer Gesamtheit ein prägnantes Bild von deutschen, britischen, französischen, belgischen und portugiesischen Nationalcharakteren, von europäischen Berufsständen und militärischen Rängen, von Offizieren und einfachen Soldaten, von Missionaren und Händlern, von Lehrerinnen und Hausfrauen.[41] Die ganz individuellen, idiosynkratischen Züge, die wir in einigen *hamba*-Figuren erkennen, belegen eindrucksvoll, daß sich den afrikanischen Künstlern zuweilen sogar ganze europäische Charakterbilder allein aus der Beobachtung ihrer äußeren Erscheinung erschlossen hatten.

Exkurs über Abstraktion und Einfühlung

Wir haben gesehen, daß es bei den Cokwe neben dem expressiven Realismus der *hamba*-Figuren noch einen genrehaften Realismus gab; die aus dem *hamba*-Kult entwickelte höfische Kunst schilderte, im figuralen Beiwerk der Häuptlingsstühle, kleine Szenen aus dem Alltag, in denen bisweilen ebenfalls Gestalten aus der ethnischen Umwelt der Cokwe auftreten.[42] Beide Versionen des Realismus standen im Gegensatz zur Abstraktion der *muyombo*-Figuren, die zwar kunstgeschichtlich kaum ins Gewicht fallen, aber doch im Zentrum des wichtigsten politischen Kults standen. Im Vorgriff auf weniger stringente Formen der Einbindung von Skulpturen in Besessenheitskulte scheint es sinnvoll, diese beiden Versionen realistischer Darstellungen unter dem rezeptionsästhetischen Begriff der Einfühlung zusammenzufassen und von den entgegengesetztn Abstraktionstendenzen in der afrikanischen Kunst abzugrenzen.

Das Begriffspaar *Abstraktion und Einfühlung* wurde bekanntlich zuerst in Wilhelm Worringers gleichnamigem Buch entwickelt, wo es sich nicht nur auf Formen des »absoluten Kunstwollens« bezieht, sondern zugleich auf das ihnen zugrundeliegende »Weltgefühl«, den »psychischen Zustand, in dem die Menschheit jeweilig sich dem Kosmos gegenüber, den Erscheinungen der Außenwelt gegenüber befindet«. Wenn ästhetisch genießen heißt, »mich selbst in einem von mir verschiedenen sinnlichen Gegenstand genießen, mich in ihn einzufühlen«, so hat dies ein »Weltgefühl« zur Voraussetzung, das sich dem »Organisch-Lebenswahren« zuneigt, »ein glückliches pantheistisches Vertraulichkeitsverhältnis zwischen dem Menschen und den Außenwelterscheinungen«.[43]

Das »Kunstwollen der Naturvölker«, aller »primitiven Kunstepochen« und gewisser »entwickelter orientalischer Kulturvölker« zeige hingegen eine Tendenz zur Abstraktion, und zwar als »Folge einer großen inneren Beunruhigung des Menschen durch die Erscheinungen der Außenwelt«. Solche Völker seien von einem »ungeheuren Ruhebedürfnis« beherrscht, und die »Beglückungsmöglichkeit, die sie in der Kunst suchten, bestand nicht darin, sich in die Dinge der Außenwelt zu versenken, sich in ihnen zu genießen, sondern darin, das einzelne Ding der Außenwelt aus seiner Willkürlichkeit und scheinbaren Zufälligkeit herauszunehmen, es durch Annäherung an abstrakte Formen zu verewigen und auf diese Weise einen Ruhepunkt in der Erscheinungen Flucht zu finden.«[44]

So unhaltbar Worringers geschichtsphilosophisch-evolutionistische Konstruktion eines allgemeinen Wegs von abstrakter zu einfühlender Kunst im Licht allein schon der frühen Felsbilder scheinen muß, so nützlich erweist sich seine allerdings sehr allgemeine Entgegensetzung von Abstraktion und Einfühlung bei der Analyse von Weltbildern und Kunstformen, die, aufeinander bezogen, gleichzeitig und innerhalb einer einzigen Gesellschaft existieren. Diese Koexistenz, das Verhältnis einer notwendigen komplementären Ergänzung von Abstraktion und Einfühlung ist uns im Laufe der vorliegenden Studien bereits mehrfach begegnet.

Im Kreis der »akephalen« Besessenheitskulte nahm die ästhetische »Einfühlung« die Form der Besessenheit an; in der Sprache dieser Kulte war es nicht der Mensch, der sich in die Außenwelterscheinungen einfühlte, sondern diese selbst drangen in den Menschen ein, um in ihm sich sichtbar zu machen – zu »genießen«. Es war dies aber nur die innere Ansicht eines Vorgangs, der von unserem Standpunkt aus gerade auf der Einfühlung des Besessenen in eine beobachtete, erinnerte oder überlieferte Erscheinung beruhte. Die ästhetische Seite dieses Vorgangs äußerte sich in Verkleidung, Musik, Lied und Tanz; Einfühlung geriet zum Fest.

Die Ahnengeister, Inbegriff einer idealen Gemeinschaft und die berufenen Hüter der Einheit und Gleichheit ihrer Nachkommen, entstanden im Bestattungsritual, das den Verstorbenen von aller »Willkürlichkeit und scheinbaren Zufälligkeit« reinigte. Gegenüber den Ahnen kam die beunruhigende Vielfalt der wirklichen Welt zur Ruhe; in ihrem Bild war die tatsächliche Differenzierung der Körperschaft, waren die Widersprüche, die gegensätzlichen Interessen und Eigenschaften der Clangenossen, aufgehoben.

Wo man »akephale« Besessenheitskulte nicht neben dem Ahnenkult, sondern im Schatten monotheistischer Hochreligionen praktizierte, trat das komplementäre Verhältnis von Abstraktion und Einfühlung nicht weniger deutlich hervor. So stand im Sudan der *zar* der Frauen neben dem *zikr* der Männer; die Frauen, unter sich wenig differenziert und von der öffentlichen Gesellschaft ausgeschlossen, schufen sich eine kultische Sphäre der Bewegtheit und der Differenzierung, in der sie die »Weltlichkeit« als das »Andere« ihrer Frauenkultur darstellten, d. h. in der sie sich in die ihnen verschlossene »Welt« einfühlten; die Sufi-orden praktizierten dagegen mit dem *zikr* einen ekstatischen Kult, in dem sie die »Weltlichkeit« mit ihren Trennungen und Ungerechtigkeiten zugunsten der idealen Gleichheit einer jenseitigen Gemeinde aufhoben; sie wandten sich von der Form des Lebens ab, um in der mystischen Entrückung ihren »Ruhepunkt« zu finden.

Die Umsetzung dieser komplementären »Weltgefühle« in Formen des »Kunstwollens« begegnete uns im Gegensatz der *minganji-* und *mbuya-*Masken bei den Pende, sowie in den *hamba*-Figuren der Cokwe, in deren Kreis der *muyombo*-Pfahl die Abstraktion der Ahnengeister gleichsam zur vollständigen Bildlosigkeit gesteigert hatte. Unter den *mbuya*-Masken verwandelten sich die Spieler in die vielfältigen Figuren ihrer Außenwelt; und die realistischen Gesichter dieser Masken erlaubten den Zuschauern, zusammen mit den darstellenden Tänzen, sich in diese Erscheinungen einzufühlen. Die *minganji*-Masken führten dagegen mit ihren abstrakten, lebensfernen Formen die ideale Gemeinschaft entrückter, entpersönlichter Ahnen vor Augen, in denen die Knaben im Beschneidungslager die verewigten Werte der Gesellschaft erblickten.

Neben der realistischen, lebensnahen Skulptur der »akephalen« Maskeraden und Besessenheitskulte gab es nun aber die höfische Kunst, die nicht weniger zur Einfühlung aufforderte; bei den Pende waren dies etwa die Figuren auf den Häuptlingshütten, deren Gesichter denen der *mbuya*-Masken glichen, bei den Cokwe die verzierten Stühle und eine Reihe von Repräsentationsfiguren, die sich analog aus den *hamba-*Figuren entwickelt hatten. Die ganze ungeheure Vielfalt der afrikanischen Kunst läßt sich nach ihren rituellen Kontexten in diese drei Klassen einteilen: in die Kunst der Ahnen, die der Könige und die der »akephalen« Kulte. Der abstrakten Kunst der Ahnen steht die »einfühlende« Kunst der differenzierenden Kulte und der Höfe gegenüber. Dabei ergibt sich die Unterscheidung der beiden letzteren Formen nur zum Teil aus ihrem Stil; sie ist, allgemein gesprochen, eine Funktion ihrer Sichtbarkeit.

Wie der britische Kunsthistoriker Denis Duerden zeigen konnte, war die afrikanische Kunst in ihrer Gesamtheit von dem Bestreben erfüllt, der Gegenwart kein starres, als dauerhaft und verbindlich geltendes Muster aufzuerlegen. Während die verschriftlichten Hochkulturen, so vor allem die ägyptische, die abstrakten Typen, Zeichen einer durchgeordneten »ewigen« Herrschaftsform bisweilen über Jahrhunderte hinweg in ihren Bildwerken getreulich reproduzierten, lehnten die afrikanischen Kulturen südlich der Sahara die Schrift als Medium einer unwiderruflichen Festschreibung einer Lebensform ab, und sie achteten, im gleichen Sinn, darauf, durch ihre Bildwerke nicht der Gegenwart den Stempel der Vergangenheit aufzuprägen. Wo die Kunst dennoch abstrakte Formen schuf, blieb deren Einfluß auf das Universum der »Leitbilder« gering, da man die Werke im Verborgenen aufbewahrte.

So wurde das Verhältnis von Abstraktion und Einfühlung, Individualität und Allgemeingültigkeit in der afrikanischen Kunst durch die Zeit und Art der Ausstellung der Werke modifiziert. »Die Kunst der Ahnen«, schreibt D. Duerden, »bleibt sehr allgemein, aber sie muß verborgen sein; die Kunst der Könige kann offen und permanent zur Schau gestellt werden, aber sie muß in ihre besondere Individualität fixiert bleiben und jeden Ausdruck vermeiden, der so statisch und allgemein ist, daß er der Gesellschaft aufgeprägt würde, wenn man ihm die Art der permanenten Schaustellung gestattete, die der zeitlich begrenzten Individualität des Königs vorbehalten ist; und die Kunst der jungen Erwachsenen muß für sehr flüchtige Augenblicke erscheinen und ständig revidiert werden.«[45]

Das Leben des Königs galt als makellos und vorbildlich; die Untertanen konnten und sollten sich in die Form dieses Lebens, wie auch die höfische Kunst sie vor Augen führte, einfühlen. Die Gestalt der Ahnen repräsentierte dagegen ein Ideal, das zu entrückt und menschenfern war, als daß die Lebenden seine ständige Nähe ertragen hätten; die Kunst der Ahnen wurde deswegen in Schreine relegiert, ihre Masken traten nur im Ausnahmezustand etwa der Initiation auf. Die »akephalen« Maskeraden appellierten auf ihre Weise, bisweilen unter der Form der komischen Abweichung, an die Werte, gegen die die Gesellschaft notwendig verstoßen mußte; sie zeigten ihre Kunst im flüchtigen Augenblick des Festes, ohne, wie der König, das Recht zu ihrer permanenten Ausstellung zu besitzen. Die Kunst der einzelnen Individuen, die Skulptur der Besessenen, der Wahrsager, Heiler und Jäger, sowie die erotischen Figuren, repräsentierte keine allgemeinen Werte und mußte, wie die Kunst der Ahnen, aber aus entgegengesetzten Gründen, in den Schreinen ihrer Besitzer verborgen werden.

Die Kunst der Könige und die der »akephalen« Kulte dienten gleichermaßen der »Einfühlung« in die Erscheinungen der Außenwelt; die eine war dauerhaft sichtbar, die andere erschien nur in der Zeit des Festes; in beiden Kategorien repräsentierte man die eigene Kultur und ihr »Anderes«, die Mächte der Wildnis und das, was *wir* als fremde Kultur bezeichnen; doch die Absicht, die die höfische Kunst bei der Darstellung des »Anderen« verfolgte, hatte nichts mit den entsprechenden Abbildungsbedürfnissen in den »akephalen« Kulten gemein.

Daß bildliche Darstellungen von Fremden, insbesondere von Fremden, die einer anderen Rasse angehören, der Repräsentation dienen können, ist uns aus der europäischen Kunstgeschichte bekannt; das Bild des Fremden steckt die Größe des Reiches ab, dessen Ruhm es verherrlicht; es zeigt an, daß sich Verfügungsgewalt nicht auf das eigene Volk beschränkt, sondern fremdstämmige Knechte, Diener oder Sklaven umfaßt, wenn nicht gar, wie im Zeitalter imperialistischer Weltausstellungen, ferne Länder und exotische Kontinente. Schon die frühesten Darstellungen von Schwarzafrikanern in der ägyptischen Kunst zeigen besiegte oder erschlagene Feinde, Kriegsgefangene, Sklaven, Tänzerinnen, Dienerinnen, die Gefäße oder Spiegel tragen. Die griechische Kunst wies Afrikanern mit Vorliebe komische oder dienende Rollen zu, zeigte sie als Tänzer und Tänzerinnen, Boxer, Jockeys und Pferdeknechte. Auf venezianischen Kurtisanenbildern rafft der Mohr Vorhänge und reicht Blumen; er fungiert als Bestandteil des Mobiliars, hält Noten und Lampen. An der Krippe erscheint er zwar als König, Weiser oder Magier, doch repräsentiert er dann nichts als die exotische Menschheit, die am christlichen Wunder teilhat.[46]

Wie die Mohren das Repräsentationsbedürfnis der europäischen Kunst befriedigten, so die Portugiesen das der höfischen Kunst Benins. Zwar genossen die Portugiesen vom Ende des 15. bis in die Mitte des 17. Jahrhunderts in Benin gewisse Privilegien, aber auf den Bildwerken erschienen sie keineswegs um ihrer eigenen Macht willen; portugiesische Soldaten, bewaffnet mit Gewehr oder Armbrust, verherrlichen z. B. einen Feldzug des Königs gegen die Igala, der von den Portugiesen unterstützt wurde. Bärtige Portugiesengesichter reihen sich, zum Ornament verkürzt, auf elfenbeinernen Armbändern; sie bilden eine Art Krone an einer Elfenbeinmaske, die der König bei den Gedenkriten für seine verstorbene Mutter trug und die wahrscheinlich die Mutter des Königs darstellt, der regierte, als die ersten Portugiesen nach Benin kamen (s. Abb. 34).[47]

34 Benin, Hüftmaske aus Elfenbein, frühes 16. Jahrhundert, mit einer Tiara aus Portugiesenbildern.

Die Grenzen zwischen der repräsentativen Vereinnahmung des Fremdenbilds in der höfischen Kunst und der Darstellung eines eigenen Andersseins unter der Form eines »Anderen« der eigenen Kultur in den »akephalen« Kulten verschoben sich jedoch in der Kolonialzeit, als einerseits die Macht der segmentären Ordnungen und der Zentralinstanzen zu zerfallen begann, andererseits aber die afrikanische Kunst noch aus ihren eigenständigen Traditionen heraus neuen Aufgaben und Anforderungen gewachsen war. Zeichen der kolonialen Fremdherrschaft fanden ihren Weg in die höfische Kunst, wo sie nicht mehr die Verfügung über das »Andere« verherrlichten, sondern nurmehr die Gleichrangigkeit von traditionaler und neuer Herrschaft formulierten; und einige »akephale« Kulte machten sich den genrehaften Realismus der höfischen Kunst zusammen mit importierten europäischen Formen zu eigen; sie begannen ihre Kunst dauerhaft zur Schau zu stellen – obwohl oder weil die raschen Veränderungen der Zeit die Fixierung der in ihnen niedergelegten Lebensform nicht mehr zuließen.

Die Fassade des *Posuban* bei den Fante

In den Asafo-Kompagnien der Fante im Süden der Goldküste bzw. Ghanas war ein Besessenheitskult der Frauen in eine kriegerische Organisation der Männer integriert. Im Laufe der Kolonialzeit, als die Kriegführung der Fante obsolet wurde, begannen die Kompagnien Schreine zu errichten, die, an den Fassaden mit einer Fülle von anekdotischen Figuren geschmückt, ihre Macht mit Hilfe einer symbolischen Aneignung ihrer kolonialen, später modernen Umwelt zur Schau stellten. Besessenheit und Skulptur, die der *hamba*-Kult der Cokwe aufgrund des *cizulie*-Begriffs in eins setzte, traten in diesem Kult der Fante auseinander, zusammengehalten allein durch die Identität und den Ehrgeiz der Kompagnien.

In dieser zentralisierten, matrilinearen Gesellschaft, die sich, an der Küste gelegen, besonders früh und intensiv mit den Europäern auseinandersetzen mußte, während sie zugleich dem Druck der Ashanti im Norden ausgesetzt war, wurde das politisch-rechtliche System von korporativen Matrilineages reguliert, während sich die militärische Organisation durch komplementäre Patrifiliation rekrutierte. Die matrilinearen Körperschaften konstituierten sich durch die mystische Bande des mütterlichen Bluts, die Kompagnien durch die des väterlichen Samens. Die Zentralinstanz, der beide Organisationsformen unterstanden, lag in den Händen der aristokratischen Lineage, die das jeweilige Staatswesen begründet hatte. Der aristokratischen, rigiden Kultur der Matrilineages und des Staates stand die egalitäre Kultur der Kompagnien gegenüber. Männer und Frauen gehörten durch ihre Mütter zur politisch-rechtlichen, durch ihre Väter zur kriegerisch-rituellen Organisation.

In der Kolonialzeit entwickelten die *asafo*-Kompagnien eine Form des »akephalen« Kults, die man am besten mit den kompetitiven Tanzgesellschaften des *beni ngoma* an der Ostküste vergleichen kann. Von jeder wirklichen militärischen Tätigkeit ausgeschlossen, konzentrierte man sich in beiden Fällen auf den Wettstreit untereinander, auf die wechselseitige emblematische Abgrenzung und das Sichüberbieten im Prunk der Militärparaden, der Kostüme und des symbolischen Exerzierens. Hier wie dort verschob sich der agonale Impuls von der Kriegführung gegen Außenstehende auf die agonale Besetzung symbolischer Felder; die einst egalitären Kompagnien wurden zu spielerischen, »akephalen« Konventen, die aber – etwa im Gegensatz zu unseren Schützenvereinen – ihren traditionalen rituellen Hintergrund bewahrten und sich eine eigentümliche, neue Art von Skulptur schufen.

Im Zentrum aller Aktivitäten einer *asafo*-Kompagnie stand ihr *posuban,* ein großer Schrein aus Beton, umgeben von einer Vielzahl bunt bemalter Beton-Skulpturen. Hielt sich die Kunst, die im Dienst der aristokratischen Matrilineages und des Staates stand, wenigstens zum Teil noch an ihre überlieferten Aufgaben, Formen und Motive, so offenbart die Kunst des *posuban* in ihrem Material, in ihrer Architektur sowie im Stil und in den Bildinhalten des figuralen Beiwerks eine verblüffende Offenheit für den Einfluß der Europäer, mit denen die Kompagnien in der Vergangenheit oft gemeinsame Sache gegen die Ashanti im Norden gemacht hatten.

Die ersten *posuban* wurden erst gegen Ende des 19. Jahrhunderts gebaut, sie hatten aber die europäischen Forts früherer Jahrhunderte oder Kriegsschiffe zum Vorbild; über einem ein- oder mehrstöckigen Gebäude erhoben sich, ohne irgendeine architektonische Funktion, Reihen von Torbögen, ohne Tore, Wände oder Gewölbe (s. Taf. G); in ihnen standen, naturalistisch ausgeführt, Standbilder von Reitern, Tieren und Fabelwesen, die an europäischen Marktbudenschmuck erinnern. Viele Figuren gingen auf europäische Vorbilder zurück, so die Nixe, die der Bugfigur eines alten Segelschiffs abgeschaut sein mag; neben einheimischen Tieren und Kulturgegenständen gab es Drachen und Einhörner, Engel und Teufel, aber auch moderne Instrumente, Uhren, Kanonen, Maschinengewehre und Flugzeuge.[48]

Jeder *posuban* versammelt die Identitätsmarken der Kompagnie, der er gehört; das Recht auf die Darstellung bestimmter Motive war oft umstritten, und einige der erbittersten Kämpfe lieferten sich die Kompagnien gerade um die Embleme der Modernität, der Technologie und des Reichtums der Europäer. So ließe sich das figurale Beiwerk eines *posuban* geradezu als Sammlung der Pokale oder Trophäen ansehen, die seine Kompagnie im Spiel um ein symbolisches Kapital erringen und gegen ihre Konkurrenten behaupten konnte.[49]

Die rituelle Macht, deren Ruhm die Fassade des *posuban* verkündete, befand sich in seinem Inneren. Kultschreine erfüllen ja vor allem die Aufgabe, das Geheimnis des Kults vor den Augen der Uneingeweihten zu verbergen; nur das, was zu profanen Zeiten nicht sichtbar ist, kann in der Zeit des Festes hervorgeholt und auf spektakuläre Weise enthüllt werden. Zwar wurde das am strengsten gehütete Geheimnis der *asafo*-Kompagnien, das, was die Ethnologen herkömmlicherweise die »Medizin« nennen, in unscheinbaren Erdhügeln aufbewahrt, die zweifellos älter waren als die *posuban* und sich auch besser in das Gewebe traditioneller Ritualpraktiken der Akan fügen, und nur sehr selten, zur

Installation eines neuen »Kommandeurs«, hervorgeholt[50]; aber der *posuban* enthielt die Trommeln der Kompagnie. Da sich die Kompagnien durch komplementäre Patrifiliation rekrutierten, erwählten sie statt der Ahnen der Matrilineages, statt der »Kräfte der Gesellschaft«, zu ihren Schutzgeistern Mächte der Widlnis, »Kräfte der Natur«, die nach dem Glauben der Akan in den Gewässern und Wäldern außerhalb der Kulturlandschaft residieren. Die Macht, die einer Kompagnie als oberster Schutzgeist diente, war ihre Trommel, angefertigt aus dem Holz eines Baumes, der sich einem Jäger oder Wanderer als Geist offenbart hatte.[51]

Die Konstellation zwischen dem Inneren des *posuban* und seiner Fassade, zwischen den »Kräften der Natur« und den Bildern des »Anderen«, der symbolischen Besetzung, zwischen den Geistern der Besessenen und denen der Bilder kehrt in der Aufteilung der Kompagnien in einen Frauen- und einen Männerflügel wieder. Die Position der Frauen war nicht in allen *asafo*-Kompagnien dieselbe; im allgemeinen begleiteten aber die Frauen ihre Kompagnien früher im Krieg als Krankenschwestern und Köchinnen; sie feuerten die Kämpfenden an und beschimpften die Feiglinge; sonst unterhielten sie die Männer mit Liedern und Tänzen.[52] Vor wie nach der kolonialen Unterwerfung stellten sie aber insbesondere die Priesterschaft; jede Frau, die von der schützenden und helfenden Wildnismacht ihrer Kompagnie besessen war, konnte Priesterin werden. Die Besessenen verkündeten die Anweisungen und Ratschläge des Schutzgeistes; auf alle Aktivitäten, am meisten jedoch auf die militärische Strategie übten sie einen tiefgreifenden Einfluß aus. Bosman hat die kaum vorhersehbaren Kriegstaktiken der *asafo*-Kompagnien schon zu seiner Zeit, 1704, beschrieben und darin das Werk einer »priesterlichen Verschlagenheit« sehen wollen.[53] Heute hat dieser Besessenheitskult, mit den militärischen Operationen selbst, seine Bedeutung verloren, aber besessene Tänzerinnen treten noch immer bei den festlichen Aufzügen der Kompagnien in Erscheinung (s. Abb. 35).[54]

Im Gegensatz zu den Trommeln im Inneren, der »Medizin« und den Weissagungen der Besessenen richten sich die Aufzüge und die permanent sichtbare Kunst an der Fassade des *posuban* an das profane Auge der Uneingeweihten, der Öffentlichkeit. Darin gleicht die Kunst des *posuban* der alten Kunst der Könige. Der Betrachter bedarf keiner Initiation in die Arkana des Kults, um die Bildinhalte dieser Kunst entschlüsseln zu können. Selbst dort, wo es sich um Allegorien oder um sinnbildliche Veranschaulichungen von Sprichwörtern handelt, hält das Bild seine Bedeutung nur zurück, um den Betrachter zur Entzifferung

35 Fante, Ghana, Mitglieder einer *asafo*-Kompagnie mit besessener Priesterin.

aufzufordern. Die Allegorie steht nicht im Zeichen des Geheimnisses, sie provoziert die Reflexion in didaktischer Absicht.

So zeigt eine *asafo*-Skulptur z. B. einen bewaffneten Kompagnieführer, der einen Uneingeweihten davon abhält, in einen Sack zu schauen.[55] Der Sack versinnbildlicht das Geheimnis der Kompagnie, und die Figurengruppe besagt im Ganzen nur etwas über die Macht der Organisation, die Unbefugten den Zutritt zu ihren Arkana zu verwehren vermag. Eine andere Gruppe, die einen Europäer und einen Afrikaner an einem Damebrett zeigt, bringt ebenfalls die eigene Überlegenheit zum Ausdruck: Der Europäer hält sich den Mund – vor Staunen, daß der Afrikaner ihn besiegt hat (s. Abb. 36).

Die Kunst kann didaktische und rühmende Zwecke dieser Art nur verwirklichen, wenn sie ihren Gegenständen allgemeine Lesbarkeit verleiht. Da die Motive des *posuban* nicht zuletzt einer fremden Kultur entstammen, können sie nicht schon durchgehend ikonographischen Konventionen unterliegen; der Künstler mußte sich vielmehr um genrehaft-naturalistische Versionen bemühen, auf die der expressive Realismus der esoterischen *hamba*-Figuren nicht angewiesen war.

Die allegorische Skulptur in Ashanti

Die rhetorische Kultur, die sich in Ashanti, wie in vielen anderen afrikanischen Königreichen, entwickelt hatte, erging sich mit Vorliebe in einer Fülle von witzigen und vielsagenden Anspielungen; in der alltäglichen wie in der offiziellen und diplomatischen Kommunikation vermied man es peinlichst, anderen seine Meinung aufzudrängen, indem man sie unumwunden aussprach; jedermann verfügte über ein unerschöpfliches Reservoir von Sprichwörtern und Redewendungen, mit dessen Hilfe er seine Ansichten und Wünsche ebenso vorsichtig andeuten wie verhüllen konnte.

»Indem man ein Sprichwort nach dem anderen zitierte, indem man Sprichwörter mit gegensätzlichen oder abweichenden Bedeutungen ins Spiel brachte oder die in den Sprichwörtern enthaltenen Beziehungen vertauschte, konnte man einen Gegenstand auf sehr vielfältige Weise erörtern, sich ihm annähern und eine Reihe von möglichen Lösungen oder möglichen Beziehungsketten in Erwägung ziehen, ohne sie geradewegs zu nennen. Darin lag natürlich eine wesentliche Zweideutigkeit; denn welche Partei oder welches Ereignis in der sozialen Situation man

36 Fante, Ghana, Figurengruppe von einem *posuban:* Europäer und Afrikaner beim Damespiel; der Afrikaner gewinnt und der Europäer hält vor Überraschung die Hand vor den Mund.

als Parallele zu dem einen oder anderen Bestandteil der sprichwörtlichen Beziehung auffassen wollte, lag in der Verantwortung des einzelnen.«[56]

Ein solcher Diskurs war im strikten Sinn des Wortes allegorisch, d. h. das, was man sagte, verwies auf etwas anderes; es verhüllte etwas, was der Adressat als das Gemeinte erriet. So lag eine Umsetzung dieser bilderreichen Reden in plastische Bilder nahe; man bezog sich auf Gegenstände der materiellen Kultur, und Bilder eigneten sich am besten als Anknüpfungspunkte für scheinbar unverfängliche Unterhaltungen. Skulpturen und reich verzierte Statussymbole wurden zu Allegorien, die ebenso vieldeutig sein mußten wie die allegorische Rede selbst; ihre Bedeutung war offen, ein vielsagender Wink, der bei jedem Hinweis je nach seinem Aktualitätsbezug neue und sogar widersprüchliche Bedeutungen erhielt.[57]

Allerdings sperrte sich eine Reihe von Skulpturen grundsätzlich gegen die Allegorese. Die sog. Fruchtbarkeitspuppen, *akua ba*, die junge Frauen sich wie Kinder auf den Rücken banden, nicht nur um ihrem Kinderwunsch Ausdruck zu verleihen, sondern gleichsam in magischer Antizipation des ungeborenen Kindes, das sich der idealen Gestalt dieser Figuren annähern sollte, formulierten den zentralen Wert dieser matrilinearen Gesellschaft, die Mutterschaft, die keine Zweideutigkeiten zuließ. Auch Skulpturen, die eine Mutter mit ihrem Kind darstellten und die zu Ehren kinderreicher Mütter angefertigt wurden, bedienten sich einer eindeutigen Formensprache. In diesen beiden Skulpturengruppen stoßen wir wieder auf den Abstraktionswillen, der überall in der afrikanischen Kunst die bildliche Repräsentation der verbindlichen gesellschaftlichen Werte bestimmte.

Im Gegensatz zu dem abstrakten Stil dieser Skulpturen stand der anekdotische, erzählende Realismus der höfischen Kunst, der die Kunst der Vornehmen und die der Schreine einschloß. Die figuralen Aufsätze der sog. Sprecherstäbe entwickelten sich analog zu den Figuren des *posuban* der Fante. Wie M. McLeod gezeigt hat, entstand der Brauch, diese Stäbe, die funktional auf die von den Europäern eingeführten Verhandlungsstäbe zurückgehen, an ihrem oberen Ende mit Figurengruppen auszustatten, erst in der Kolonialzeit, und zwar im Gegenzug zum realen Zerfall des traditionalen Autoritätssystems. Vor allem in den vierziger Jahren, als die moderne Infrastruktur die diplomatischen Dienste der Sprecher obsolet machte, verzierte man die Stäbe mit prunkvollen Skulpturen, die nun anstelle der Funktion den Status markierten; ein Stab trug z. B. das Bild eines Hahns und einer Henne, in Illustration des Sprichworts, daß die Henne weiß, wann der Morgen anbricht, es aber dem Hahn überläßt, all den Lärm zu machen[58]; und häufig stellte man Uhren und Ketten dar, stets Zeichen der Macht des Häuptlings, die man in der vielfältigsten und widersprüchlichsten Weise allegorisierte. Soweit in dieser Kunst also Attribute der europäischen oder modernen Welt zitiert wurden, handelte es sich um Allegorien der alten sozialen Ordnung und keineswegs, wie in der Skulptur der Besessenen, um Versuche, eine Macht des Anschaulichen im Bild zu bannen.

Ähnliches gilt für die Figurenaufsätze an der Spitze der Häuptlingsschirme; so zeigt eine Figur, die 1894 bei den benachbarten Ewe in Togo gesammelt wurde, dem Motiv nach dort aber ein Import von der Goldküste war, eine Frau, die beide Arme nach oben reckt; es soll sich um eine »Friedensgöttin« handeln, doch geht das Motiv auf die englischen Händler, auf das *God save the King* zurück; zur Begrüßung des Häuptlings erhebt das Volk die Hände, wie die Figur es andeutet (s. Abb. 37).[59]

Die säkulare Kunst, Sprecherstäbe und einzelne Figuren, zu Ensembles geordnet, die manche Unterhaltungsorchester vor allem in den dreißiger und vierziger Jahren neben ihren Trommeln zur Schau stellten, unterscheidet sich weder stilistisch noch in ihrem Hang zur Allegorie von ihrem höfischen Vorbild. Figuren der Kolonialzeit, Uniformierte mit Tellermützen und Tropenhelmen, konnten neben klassischen Mutter-Kind-Figuren plaziert werden, auf den Reliefs der Trommeln erschien die einheimische Fauna neben Uhren, Schlössern und Autos.[60]

Es gab keine Bilder der traditionalen Gottheiten, aber an ihren Schreinen akkumulierten sich im Laufe der Zeit Skulpturen aller Art und Herkunft als Votivgaben, Fruchtbarkeitspuppen, Mutter-Kind-Figuren und Elemente der höfischen Kunst, die zum Teil die Geschichte des Schreins und seiner erwiesenen Macht dokumentierten und verherrlichten. Auch an den »neuen« Schreinen der Hexenjäger, die man zu Beginn der Kolonialzeit vorwiegend aus den Savannen des Nordens importiert hatte, konnten all diese Bildwerke deponiert werden, teils als Beweise der Macht des Schreins, Hexen zu überführen, sofern es sich um von Hexen verwendete Figuren handelte, teils, um die Macht des Schreins mit den Zeichen traditionaler Autorität zum Ausdruck zu bringen, also durch Schwerter, Schirme und Sprecherstäbe. Die mit Reliefs verzierten Trommeln dieser Schreine glichen denen der Unterhaltungsorchester, die Flaggen denen der *asafo*-Kompagnien; einzelne Figuren könnten ebensogut säkulare Schaustücke wie Aufsätze von Sprecherstäben oder Schirmen gewesen sein.[61]

Die Offenheit der Bildwerke für allegorische Auslegungen ermöglichte die Vielfalt der Ausstellungsweisen. Wie im Fall der Skulpturen, die sich an den zentralen Wert der Mutterschaft knüpften, Eindeutigkeit erzielt wurde, so verlieh man auch manchen Figuren der Hexenjägerschreine eine unmißverständliche allegorische Bedeutung. In Schreinen, die die vorkoloniale Tradition der die Hexen hinrichtenden »Scharfrichter« wiederaufleben ließen, standen zuweilen Figuren, die einen abgeschlagenen Kopf in der Hand hielten, Allegorien der mystischen Macht

37
Ewe, Togo, Schaufigur von einem Häuptlingsschirm, 1894 gesammelt. Das Motiv stammte von der Goldküste und bedeutete: »God save the king«, hier auf den Häuptling bezogen.

der Schreine. Andere Figuren, ebenfalls mit mystischer Macht ausgestattet, allegorisierten dagegen eine andere Seite derselben Macht, nämlich die, den überführten Hexen Geld abzuknöpfen; sie zeigen jemanden, der seine empfangsbereite Hand ausstreckt, eine Geste, der ein in den Kopf der Figur eingelassenes Shillingstück noch zusätzlich Nachdruck verlieh.[62]

An den Schreinen der Hexenjäger – und an einigen Schreinen gewisser einheimischer Gottheiten – plazierte man Figuren, die die »Gehilfen« der Schreinmacht darstellten. Obwohl es sich auch dabei um Allegorien handeln konnte, besaßen diese Bilder gleichsam ein spirituelles Pendant, einen Geist, der im Auftrag der Schreinmacht Botschaften überbrachte, die Adepten der Kultgemeinde gegen mystische Angriffe verteidigte und Hexen aufspürte. Solche Bilder, oft nachlässig ausgeführt, da sie ja primär magische, nicht visuelle Mächte waren, und unter der Fülle der ihnen angehefteten magischen Substanzen fast verborgen, sollten gleichwohl die Klienten der Schreine beeindrucken.[63]

Das *objet trouvé,* mit dem ich die vorliegenden Studien eingeleitet habe, läßt sich in den einen oder den anderen dieser Zusammenhänge einordnen.[64] Es stellt einen Soldaten der Kolonialzeit dar, erkennbar an seiner Uniform und an seinem Fes, der, wie seine Skarifikation verrät, aus dem nördlichen Grasland stammt. Die allegorische Rede und die Kunst der Allegorie schaffen fließende Übergänge, und die Grenzen zwischen säkularer, höfischer und ritueller Kunst hatten sich in der Kolonialzeit vollends geöffnet. Manche Skulpturen der Hexenjägerschreine, die, zu Geistern geworden, selber Hexen jagen konnten, tragen, wie die besessenen Priester dieser Schreine, den charakteristischen Baumwollkittel der Leute aus dem Grasland.[65]

Bei den Ewe, die diese Schreine importierten, gab es eine Vielzahl solcher Hexenjägerbilder, die durch die Tracht als Leute aus dem Norden kenntlich waren; zu dem obligatorischen Baumwollkittel konnte ein Mossihut treten, »kabbalistische« Zeichen, die man, wie islamische Amulette, ebenfalls mit den Savannen in Verbindung brachte (vgl. Abb. 38 und Taf. B). Zugleich lag es sicher nahe, die mystische Macht der »Scharfrichter« mit der militärischen Macht der Kolonialherren und ihrer einheimischen Soldaten zu assoziieren. Bei den Akan – und den Ewe – standen in den »neuen« Schreinen bisweilen auch die Bilder europäisch gekleideter Herren.[66] Mit ihrer Uniform, ihrem Fes und ihren Gesichtsnarben kann die allegorische Fundsache, die unsere Untersuchung in Gang gebracht hat, sei es als reines Schaustück, sei es als Kultfigur mit spiritueller Macht, also mit der Kolonialherrschaft, dem

38
Ewe, Togo, Figur eines Hexenjägers in der Tracht des Nordens, mit Mossihut (vgl. Tafel B) und islamischen »kabbalistischen« Zeichen.

Islam oder der fremden Ethnizität des Nordens assoziiert worden sein. Diese Bedeutungen standen der Allegorese und der kultischen Praxis offen; gemeint war in jedem Fall jedoch, wie in allen Gestalten, denen wir begegneten, eine Allegorie des Anderen.

Die Guineaküste und die Frau aus dem Wasser

Der Bund mit den Meerwesen an der Küste von Kamerun

An der Guineaküste, von Sierra Leone bis zur Mündung des Zaire, und an vielen Strömen und Seen Afrikas begegnet uns das Gegenbild, das »Andere« der jeweils eigenen Kultur zuweilen unter der Form einer mythischen Welt, die, am Grunde des Meeres, der Flüsse oder Seen gelegen, die Ordnung des Lebens auf dem Land in der Natur des Wassers und seiner Fauna widerspiegelt. Wir haben an den Besessenheiten und Maskeraden der Kalabari gesehen, wie man durch die Darstellung der Gestalten dieser Gegenwelt eigenes Anderssein auslegte, teils indem man es rituell anerkannte, teils indem man unter dieser Form den komischen Idiosynkrasien der Mitmenschen den Spiegel der Satire vorhielt; in diesem Fall erfüllte das differenzierte Inventar der Wassergeister eine ähnliche Aufgabe wie das der ethnischen Typen in den Besessenheitskulten Ost- und Zentralafrikas. In anderen Kulturen waren solche Konvente dagegen zu Bünden durchgeordnet und stärker in die organisierte Gesellschaft eingebunden, wie wir es bereits am vorislamischen *bori*-Kult der Hausa beobachteten.

An der Küste von Kamerun lebten die Wassergeister, *mengu,* menschenähnlich und doch nicht Menschen, fischähnlich und doch nicht Fische, in Seen, Wasserfällen und Strudeln, vor allem aber im Meer, an Stellen, die den Fischern und Seefahrern Gefahr brachten. Schon in ihrer äußeren Erscheinung zeigte sich ihre Zweideutigkeit; einmal erschienen sie als furchtbar und häßlich: »am ganzen Körper behaart, mit breitem Munde, der die Wangen bis an die Ohren spaltet; die Augen glotzten viel zu groß für den kleinen Körper«; ein anderes Mal erschienen sie als hellfarben und betörend schön; oft erlagen Männer ihren Verlockungen und heirateten sie. Manchmal sah ein Fischer ein Meerweib auf einem Uferfelsen oder einer einsamen Insel sitzen; lieh es ihm seine Gunst, so mochte er sich Reichtum, Ruhm, Kinder oder Klugheit wünschen; wurde er seiner Geliebten jedoch untreu, so verwandelte sie sein Glück in Verderben.[1]

Die *mengu* herrschten über das Meer und die Flüsse, die Ahnen über die kultivierte Erde; die einen waren launisch, unberechenbar und frei von moralischen Bindungen, die anderen wachten über dem Tun und Lassen ihrer Nachkommen, straften Verstöße gegen die Solidarität der

Abstammungsgruppe und belohnten Fügsamkeit mit dem Gedeihen des Landes. Dieses Verhältnis wiederholte sich in den Beziehungen zwischen der politischen Ordnung, repräsentiert durch die Häuptlinge, und dem Bund der Adepten des *mengu*-Kults, denn diese bildeten nicht nur einen losen Konvent, sie waren fest organisiert und traten in Konkurrenz zu den verbindlichen politischen Instanzen. Wir wissen, daß die Häuptlinge schon seit 1879 versuchten, die politischen und rechtlichen Funktionen, die der *djengu*-Bund sich angeeignet hatte, zurückzugewinnen, den Bund auszuschalten und seine rituellen Paraphernalien zu vernichten.[2]

Die Adepten des Bundes, die sich ebenfalls *mengu* nannten, weihten den Wassergeistern Kultplätze auf dem Meer, wo sie Opfer darbrachten; jährlich feierten sie ihre großen Kultfeste am Strand und an den Ufern der Flüsse. Der Bund kontrollierte die Fischerei und die Schiffahrt; er verfügte über die magischen Mittel, mit deren Hilfe allein man irgendeine spezifische Berufstätigkeit ausüben konnte, die des Wahrsagers, des Heilers, des Wettermachers, des Kriegers oder des Richters. Nicht zuletzt verfügte der Bund über erhebliche materielle Ressourcen, da er nicht nur den Initianden Eintrittsgelder abverlangte – das war auch in den Konventen und Konventikeln der Besessenen üblich –, sondern zudem Straf- und Bußgelder verhängte und regelmäßige Abgaben, gewissermaßen Steuern, eintrieb. Mit diesem System der Berufsorganisation, der Besteuerung und Rechtsprechung stand der *djengu*-Bund, wie Ittmann feststellt, an der Schwelle zum Staat; alle männlichen Angehörigen des Stammes, nicht aber die Sklaven und fremden Beisassen – und nur bestimmte Frauen –, ließen sich in den Bund initiieren, um Zugang zu seinen magischen Geheimnissen zu erhalten; sie unterwarfen sich seiner Disziplin, aber blieben dennoch zugleich der Ordnung der Häuptlinge und der Abstammungsgruppen unterstellt. Obwohl eine Keimform des Staates, stand der Bund also noch im Verhältnis der komplementären Ergänzung und Opposition zu den angestammten politischen Instanzen – wie die *mengu* zu den Ahnen.[3]

Die Mädchen, die sich, in der Regel zu Beginn der Pubertät, in den Bund initiieren ließen, waren im Gegensatz zu den Jungen und Männern, die dem Bund aus Brauch und Opportunität beitraten, Besessene, die, von Krankheit und Niedergeschlagenheit getrieben, Heilung suchten. »Die Betreffenden«, schreibt Ittmann, »magern ab, leiden an Erbrechen und Durchfall, Würmer gehen ab, nicht selten auch durch Mund und Nase; sie werden apathisch, klagen über Kopf- und Leibweh und Schmerzen in den Gliedern, sie reden im Schlaf, sehen Gesichter, hauptsächlich *mengu*-Dämonen; Zeichen des zweiten Gesichtes machen sich bemerkbar, dabei begehen sie allerlei ungereimte Sachen, als würden sie von einer fremden Macht geleitet; sie singen *mengu*-Schlager (...), bald stöhnen sie und seufzen wie gequält, tanzen, schreien auf, werfen sich auf ihrem Lager herum, dann liegen sie wieder wie tot da.«[4]

Die Initiation weicht kaum von dem Muster ab, das wir aus den »akephalen« Besessenheitskulten kennen; aufgrund der Diagnose eines Wahrsagers trommelte man vor der Novizin verschiedene Rhythmen, bis sie auf einen Rhythmus reagierte und damit den Geist, von dem sie besessen war, zu erkennen gab; spontan oder infolge einer allgemein bekannten Verhaltensweise sprang sie dann auf; sie lief in den Wald, wo sie umherirren sollte, dichte Dornenhecken durchdringend, ohne sich zu verletzen, Flüsse durchquerend, ohne naß zu werden. Die eingeweihten Frauen streiften dann, auf der Suche nach ihr, durch die Wälder; sie sangen die Lieder der *mengu,* bis die Novizin ihnen antwortete. Eingefangen und ins Dorf zurückgeleitet, hatte die Initiandin fortan bestimmte Tabus zu beachten; sie wurde Riten unterzogen, die sie für den eigentlichen Initiationsakt stärken sollten. Auf dem Höhepunkt dieser Prozesse wurde das Mädchen, an Gurte gebunden, in tiefes Wasser getaucht, in den »Abgrund der *mengu*«, in den sie offenen Auges blickte. So verlor sie das Grauen vor den Mächten der Tiefe; sie wurde neu geboren und konnte, mit der Gabe, Unsichtbares zu schauen, in die Gemeinschaft zurückkehren.[5]

Die differenzierten Rhythmen, mit deren Hilfe die Identität des besessen machenden Geistes ermittelt wurde, erinnern an die differenzierenden Besessenheiten in den Frauenkulten *bori, zar* oder *pepo.* Anstelle der Verkleidungen, der fremden Trachten, trugen die von den *mengu* besessenen Frauen jedoch eine einheitliche, nur sie auszeichnende Kleidung aus Bast und Blättern; zu bestimmten Festen traten sie nackt auf; und in beiden Erscheinungsweisen zeigte sich statt der Differenzierung die Einheit der Frauen, statt der Assoziation mit Fremden die Assoziation mit der Natur, dem Wachstum und dem Wasser.

»Sie haben ihr Haar in dicken Strähnen geflochten, die auf die Schultern herabhängen; über dem Haar schwebt der aus Blättern und Federn verfertigte Tanzhut; das Gesicht ist mit weißer Erde bemalt, ein aus Bananenbast geflochtenes Schürzchen deckt die Scham. Um die Hüften hängt ein Kranz aus Farnkraut, um Hand- und Fußgelenke glänzen einige Messingringe. Manche tragen oberhalb der Fußknöchel ein Rasselband aus den Schalen einer Waldfrucht. Der Oberkörper ist mit Schnüren überspannt, an denen kleine Glöckchen befestigt sind

(...). In einer Hand tragen sie einen Stab, in der anderen ein aus Meerrohrfasern erstelltes Körbchen, in dem beim Schütteln Steinchen und Früchtchen rasseln. Eine zweite, an der Hüfte hängende Rassel bezeichnet die Trägerin als Freie. Mit der Rassel schlägt die Tanzende den Takt zum Getöne der Trommeln.«[6]

In dieser Tracht beanspruchten die Besessenen den öffentlichen Raum der Gemeinschaft; ein Warner ging ihrem Aufzug trommelnd oder Flöte blasend voran, um Uneingeweihte zu vertreiben. Und wenn sie nackt durch das Dorf zogen, mußten sich Knaben und Männer in den Häusern verstecken. »Alle Frauen tragen einen Strauß der breiten Blätter des *ngongi*-Grases als Zeichen, daß das Dorf in einem Gefahrzustand lebt, ziehen durchs Dorf und werfen sich auf dem freien Platz vor jedem Gehöft nieder. (...) Gebückt, das Gesicht auf den Boden gerichtet, schreiten sie dahin. Gebärde und Gesang soll allen unguten Streit in Gehöft und Dorf bannen und Frieden stiften.«[7]

Die ungewöhnliche Kleidung aus Bast und Blättern, die Nacktheit, die Schalen der Waldfrucht und das Körbchen aus Meerrohrfasern – all das verweist auf eine Macht des Lebens, die sich, personifiziert als *mengu,* in den besessenen Frauen verkörpert und von diesen gegen die Widersprüche der häuslichen und politischen Ordnung ins Feld geführt wird. Der Frauenflügel des *djengu*-Bunds war die organisierte Macht der Frauen; seine Aufzüge sollten nicht nur das Wachstum des Yams fördern, sie riefen die Männer zum Frieden auf; die Besessenen waren sogar imstande, alle Frauen der Gemeinschaft zum Streik zu bewegen, um den Männern bestimmte politische Entscheidungen aufzuzwingen.[8]

Eine Kehrseite und eine Folge dieser Verschmelzung der von den *mengu* besessenen Frauen mit den Kräften der Natur und des Wassers war die radikale Ablehnung alles Fremden und Neuen. Das strengste Tabu, das über die Novizin in der Zeit ihrer Initiation verhängt wurde, betraf die strikte Meidung aller Gegenstände europäischer Herkunft; die wirksamste magische Handlung, mit der die Fischer die gefährlichen *mengu* von ihren Booten fernhielten, bestand darin, Papierschnitzel, Inbegriff europäischer Kultur, aufs Wasser zu streuen; und einmal riefen die *mengu*-Frauen dazu auf, alle Frauenarbeiten, mit Ausnahme der Säuglingspflege, zu verweigern, um die Männer an der Übernahme europäischer Sitten und Güter zu hindern. Die *mengu* selbst nahmen nur sehr selten, und dann nur unter ihrem negativsten, gefährlichsten Aspekt, nämlich dann, wenn sie des Nachts das Lager eines Mannes aufsuchten, um ihm Tod und Unglück zu bringen, die trügerische Gestalt einer Europäerin an.[9]

Die Ordnung des Landes und die Natur des Wassers

In vielen afrikanischen Mythologien begegnen uns überwiegend weibliche Wassergeister mit menschlichem Oberkörper und theriomorphem Unterleib oder zwar menschlichen, aber in irgendeinen Sinn verkehrten Beinen und Füßen; der Unterleib hatte, wie bei den Nixen der germanischen Mythologie, die Gestalt eines Fischschwanzes; er konnte der unteren Hälfte eines Krokodils gleichen; zuweilen war auch der Körper der Länge nach halb krokodil- und halb menschenförmig; es gab, so die *mengu,* reine Menschengestalten, deren Füße aber nach hinten wiesen und deren Fußsohlen nach oben gekehrt waren, oder deren Beine die Gestalt von Fischen hatten, Fischköpfe an der Stelle der Füße; schließlich konnten die Füße an den Knien angewachsen sein. So unterschiedlich diese Formen auch waren, sie besagen alle, daß diese Wesen im Wasser, aber nicht auf dem Land leben konnten. Regelmäßig dachte man sie sich als hellhäutig, ihr Haar als lang und glatt oder wellig; an der Guineaküste glaubte man zudem, daß sie, in Menschen verwandelt, an Markttagen aus dem Wasser stiegen, daß man manchmal ihren Anblick von fern im Gewühl der Menge auf dem Markt erhaschen konnte.

Sicher lassen sich solche Mischwesen, Symbole im Sinne von Fiktionen, zusammengesetzt aus Elementen der Wirklichkeit, die sich in der Natur nicht miteinander verbinden, nicht in dem Sinn als »Bilder von *passiones*« deuten, in dem dies bei den Fremdgeistern etwa der Ostküste möglich und notwendig war. Zweifellos haben phantastische Verfremdungen und die mythische Idee einer verkehrten Welt am Grunde des Meeres, der Flüsse und Seen diese Symbole mitgeprägt. Man hat aber auch Erfahrungen geltend gemacht, in denen sich das überlieferte Symbol als Deutung einstellt. Dazu gehört der flüchtige Anblick einer Frau in der anonymen Menge des Marktes, vor allem aber der einer Seekuh, *Manatus senegalensis,* aus der Ordnung der Sirenen, die, mit fast anthropomorphem Kopf und weiblichen Brüsten, unvermutet im Wasser auftaucht. Das lange, wallende Haar erinnert an die Wellen des Wassers im flüchtigen Glitzern des Mondlichts oder eines Sonnenstrahls im Nebel, in einigen Flüssen Sierra Leones zuweilen noch in einem Diamanten reflektiert.

Die *tingoi* der Mende von Sierra Leone, eine Nixe von erlesener Schönheit, mit sanfter, weißer Haut und langen, wallenden Locken, wurde manchmal, auf einem Felsen sitzend und ihr Haar kämmend, von Fischern aus der Ferne erblickt; sie ließ sich ins Wasser gleiten, und in dem Strudel, den sie dabei verursachte, lief das Kanu Gefahr zu kentern. Fand ein Fischer den Kamm einer *tingoi,* so nahm er ihn an sich, um einen Preis zu fordern, sobald die Nixe ihm erschien und ihr Eigentum zurückforderte. Gewährte sie ihm ihre Gunst, so gelangte er zu großem Reichtum, den er aber ebenso plötzlich wieder verlor, wenn er der *tingoi* untreu wurde oder wenn es dieser gelang, ihren Kamm zurückzuerobern.[10]

Die benachbarten Kpelle in Liberia sagten den Wassergeistern eine ähnliche Ambivalenz nach. »Ihr Kopf ist der eines Menschen und der übrige Körper dem Fische ähnlich; sie haben langes Kopfhaar. In der Morgensonne sieht man sie auf den Felsen im Flusse sich sonnen.« Auch sie gewähren »Reichtum, Ansehen und langes Leben, bewahren vor Schädigungen, gewähren Schutz in Gefahren und verleihen übernatürliche Kräfte. Sie verlangen dafür weiße Schafe, weißes Tuch und in bestimmten Abständen Menschenopfer. Wenn ein Mensch abends zu seinen Wassermenschen geht, und bald darauf wird seine Frau krank und stirbt, so weiß man, daß er sie den Wassermenschen übergeben hat. (...) Die Wassermenschen sind in ihrem Charakter unberechenbar und heimtückisch. Sie spenden wohl Reichtum, werden aber ebenso leicht dem Menschen verderblich, machen ihn krank, lassen ihn plötzlich sterben oder versetzen ihn in völlige Armut. Ihr Dienst schließt daher immer ein gewisses Wagnis in sich und die Notwendigkeit, mit peinlicher Genauigkeit ihren Forderungen nachzukommen.«[11]

Halb Fisch, halb Mensch, lebten die Flußmenschen der Tembu und Fingo in Südafrika in Kraalen am Grunde der Flüsse. Manchmal sah man sie auf Felsen im Fluß sitzen, wo sie ihr Haar an der Sonne trockneten. Menschen, die ihren Ruf vernahmen, gingen rastlos und bedrückt einher, antworteten nicht, wenn man sie ansprach, bis sie eines Tages davonliefen, um im Wasser zu verschwinden. Nach Tagen, in denen sie von den Flußmenschen die Kunst der Heiler und Wahrsager erlernt hatten, kehrten sie zurück, behangen mit Wurzeln und Rinden, und begannen, Hexen zu überführen, zu heilen und zu weissagen. Andere, die sexuelle Beziehungen zu den Frauen des Wassers aufnahmen, gelangten dagegen zu Reichtum an Vieh und Erntefrüchten.[12]

Mythen, Träume und Träumereien dieser Art bildeten den Untergrund einer Reihe von Kulten, die wir trotz ihrer Verschiedenheit wiederum teils der politischen Ordnung und teils dem Bedürfnis nach individueller Differenzierung zuordnen können. Wir haben, im *mengu*-Bund an der Küste von Kamerun, bereits eine Form kennengelernt, die, auf der

Grenze zwischen beidem, sowohl die »Kräfte der Natur« vindizierte als auch Ansprüche auf politische Geltung erhob und schließlich die Autorität der Häuptlinge herausforderte. Häufiger finden wir jedoch – in zentralisierten Gesellschaften – eine eindeutige Bindung des Kults der Wassergeister an die mythische Person des Königs, die dann deren Ambivalenz in sich aufnimmt, oder – in Gesellschaften, in denen es entweder keine Könige gab oder diese keinen Anspruch auf die Herrschaft über das Wasser durchgesetzt hatten – »akephale« Besessenheitskulte, in denen der einzelne einen qualifizierenden Bund mit den Gestalten des Wassers einging und Gleichbesessene zum Fest ihres Geistes zusammenkamen.

In der wilden, unkontrollierten Macht, mit der der Mythos das Meer und die Flüsse ausstattete, lag eine Herausforderung der sozialen Ordnung. Selbst dort, wo keine politische Macht einen Kult der großen Gewässer inszenierte, bestand eine gewisse Tendenz, den Mächten des Wassers die moralische Autorität der Ahnen mildernd beizugesellen. So glaubten die Mende, daß sehr entfernte Ahnen mit den Nixen am Grund der Flüsse lebten und einen mäßigenden Einfluß auf sie ausübten; und die Tembu und Fingo glaubten, möglicherweise vermittels einer ähnlichen Vorstellung, daß die Flußmenschen, gefährlich wie sie im allgemeinen waren, gelegentlich in moralischer Absicht in die Geschicke der Menschen eingriffen.[13]

Im alten Kongoreich veranstaltete man bei der Installation des Grafen von Soyo eine zeremonielle Jagd auf Seekühe, den wichtigsten Prototypus der Nixen, offenbar um die Macht des zukünftigen Herrschers über den Zaire zum Ausdruck zu bringen.[14] In Benin verband man Oba Ohen, der wahrscheinlich im 14. oder 15. Jahrhundert regiert hatte und dessen gelähmte Beine man in der Form von Fischen vorstellte, mit Olokun, der Gottheit des Meeres, des Reichtums und der menschlichen Fruchtbarkeit, von der er besessen war.[15]

Auch Nyikang, der Gründer des Königtums der Shilluk am Weißen Nil, stand in Beziehung zu den Frauen aus dem Wasser. Am Anfang, so heißt es in einer Version des Mythos, der von der Herkunft Nyikangs erzählt, schuf Gott eine große weiße Kuh, die aus dem Nil kam; die Kuh gebar einen Menschen; dessen Urenkel, Ukwa, sah eines Tages zwei liebliche Mädchen mit langem Haar aus dem Nil auftauchen und sich im seichten Wasser tummeln. Statt Beinen hatten sie den Schwanz des Krokodils. Einmal sah Ukwa sie am Ufer sitzen, näherte sich ihnen von hinten und ergriff sie; auf ihre Schreie hin eilte ihr Vater, links grün und von der Gestalt des Krokodils, rechts von der Gestalt des Menschen, aus der Tiefe des Flusses herbei. Die Töchter sträubten sich gegen Ukwa, dem aber der Vater gestattete, sie zu heiraten. Der erstgeborene Sohn der älteren Tochter wurde Nyikang genannt und erbte die krokodilischen Attribute seiner Mutter und seines Großvaters. Nach Ukwas Tod kam es zu erbitterten Nachfolgekämpfen zwischen Nyikang und seinem Halbbruder Duwat; Nyikang floh mit seinen Geschwistern und gründete das Königtum der Shilluk. Noch heute lebt seine Mutter in den Gewässern des Weißen Nils und des Sobat, wo man sie als Krokodil am Ufer sehen kann; zwar bringt man ihr keine Opfer dar, aber niemand darf sich beklagen, wenn sie selbst unter Tieren und Menschen ihre Opfer sucht.[16]

Wir haben gesehen, daß die Mythen vom Ursprung der verschiedenen Kulturen und Rassen bei den Shilluk alle Stammväter der Menschheit als Brüder darstellten; in diesem Mythos vom Ursprung des Königtums wird die Beziehung zwischen der Ordnung des Landes und der Natur des Wassers dagegen mit einer Ehe gleichgesetzt; in der für die Shilluk verbindlichen väterlichen Linie stammt der Gründer der Dynastie von einer Kuh ab, dem Inbegriff männlichen Besitzes, in der komplementären mütterlichen Linie von den Krokodilsmenschen. Die Macht des Königs erstreckt sich über das Land und den Nil; denn dem Vater des ersten Königs war es gelungen, die Frauen aus dem Wasser einzufangen und zu domestizieren, allerdings nicht so gründlich, daß sie auf ihre Opfer verzichteten.

Auch in den »akephalen« Besessenheitskulten verbanden sich Menschen und Wassergeister aus Liebe, aber die Initiative lag dabei nie bei den Menschen. Eine zeremonielle Jagd auf Seekühe begründete die Herrschaft des Grafen von Soyo über den Zaire; der Vater des ersten Shillukkönigs entführte die Krokodilsfrauen gewaltsam aus dem Wasser. Aber bei den Tembu und Fingo lockten die Flußmenschen den zukünftigen Wahrsager in ihren Kraal; bei den Shona gab es Wahrsager, die nicht von *shave* besessen waren, sondern ihre Kunst den Seejungfrauen verdankten, die sie am Ufer ergriffen, ins Wasser gezogen und ihnen die Gabe der Weissagung verliehen hatten.[17]

Oft griffen die Initiationsriten der Nixenkulte diese Symbolik auf, so der *mengu*-Kult, wo man die Mädchen an Gurten ins Wasser eintauchte und sie dem Grauen der Tiefe ins Auge schauen ließ, und ähnlich in einem kongolesischen Kult, in den man junge Mädchen initiierte, indem man sie, auf eine Liege aus frischen Blättern gebunden, in den Fluß tauchte, um sie symbolisch den Nixen zu opfern.[18] Diese Bilder, die unwiderstehlichen Lockungen des Wassers, erinnern nun aber, da die Wasserwesen ganz überwiegend als Frauen gedacht wurden, auch an die weiblichen Ahnen der Tallensi, deren Verlangen nach Zuwendung Männer in der Mitte ihres Lebens sich nicht dauerhaft entziehen konnten. Die launischen, verführerischen und zugleich sich entziehenden Wesen des Wassers sind, wie die weiblichen Ahnen der Tallensi, von Psychoanalytikern oft als Mutterbilder gedeutet worden.[19] Und wie das Mutterbild in den weiblichen Ahnen bisweilen die Gestalt einer *fremden* Frau annahm, so konnte sich in den »akephalen« Besessenheiten nun auch das Bild der Nixe mit den Zügen der Europäerin zu einem doppelt verfremdeten Gegenbild der kulturellen Ordnung mischen.

Von den Wassergeistern zu *Mammywater*

Die ersten Europäer, die man an der Guineaküste sichtete, kamen in Schiffen, die aus dem Meer aufzutauchen schienen, da man zuerst ihre Mastspitzen sah; ihre Haut war hell wie die Haut von Wasserleichen; und sie verfügten über unbekannte Ausrüstungsgegenstände, die man für das Werk der kapriziösen Wassergeister hielt. Auf den großen Strömen zogen sie, wie Fische, ins Innere des Landes.[20]

In den mythischen Gestalten der Wassergeister mischten sich von jeher Attribute des Wassers und Attribute fremder Kulturen oder Rassen. Im *mengu*-Kult an der Küste von Kamerun markierten Tabus einen scharfen Gegensatz zwischen den Weißen und ihrer Kultur einerseits und den *mengu* als Repräsentanten sowohl der Tradition als der Natur des Wassers andererseits; die *mengu* wurden aber mit den Pygmäen identifiziert, weil beide sich durch ihre übermenschlichen Kräfte und durch ihre geheimnisvolle Fähigkeit, plötzlich im Wald oder im Wasser zu verschwinden, auszeichneten. An der Ostküste glaubten z. B. die Segeju, die *ruhani,* Nixen, die am Grunde des Indischen Ozeans lebten, Fischer gefährdeten, aber auch Glück verhießen, seien arabischer Abstammung.[21]

In der Kolonialzeit – und zum Teil bis heute – wurde es in weiten Gebieten der Guineaküste, zum Teil auch in Zentral- und Ostafrika, üblich, die Nixen wegen ihrer hellen Hautfarbe, ihres langen glatten oder welligen Haars, wegen ihres Reichtums und wegen ihrer Fremdheit und Unberechenbarkeit mit Europäerinnen gleichzusetzen oder sie zumindest als mit deren Attributen ausgestattet vor- und darzustellen.

Eine Vielzahl ursprünglich sehr verschiedener Wassergeister wurde auf das Pidginwort *mammywater,* auch *mami wata* o. ä. geschrieben, umgetauft und mit einer Reihe von neuen, erstaunlich einheitlichen Attributen versehen.

Der Name *mammywater,* vor dem 20. Jahrhundert in Afrika wahrscheinlich unbekannt, läßt sich zuerst in den afrikanischen Exklaven in der Neuen Welt nachweisen, etwa in Surinam und Haiti, wo er seit der Mitte des 18. Jahrhunderts als *waturmamma* oder *watramamma* dokumentiert ist. Es ist möglich, daß der Name, zusammen mit einzelnen ikonographischen Elementen, von freigelassenen Sklaven an die Guineaküste, etwa nach Liberia, importiert wurde. Seeleute und Wanderarbeiter könnten ihn dann verbreitet und damit zur Vereinheitlichung und gleichsam zur Modernisierung vielfältiger traditionaler und sogar misoneistischer Mythen und Kulte von Wassergeistern beigetragen haben.[22]

Der neue Typus der *mammywater* bezog seine Einheitlichkeit entscheidend aus Bildwerken europäischer Herkunft, die sich zuletzt als Drucke über die Märkte verbreiteten und von afrikanischen Bildhauern und Wandmalern immer wieder kopiert wurden. Dabei handelte es sich zuerst um volkstümliche Nixenbilder, dann um ein Schaustellerplakat und schließlich um Illustriertenphotos, die man den imaginären Porträts der Wassermenschen zugrunde legte.

Die ersten »nordischen« Nixen an der Guineaküste waren Galionsfiguren von Segelschiffen; ein solches Nixenbild wurde z. B. von einem afrikanischen Künstler in einer afro-portugiesischen Elfenbeinschnitzerei kopiert, die bereits 1743 nach Europa gelangte.[23] Noch heute finden sich ähnliche Kopien im Figurenschmuck der *posuban* bei den Fante.[24]

Der Austausch von Bildern zwischen den Kulturen geht oft unvorhersehbare Wege. Die Welt der Heiligenbilder, die die katholischen Missionare ihren Zöglingen ans Herz legten, fand in Afrika im allgemeinen nur mäßigen Anklang, wobei man die Heiligen zudem unter Umständen noch zu Jagdfetischen herabsetzte. Kurz vor dem Ersten Weltkrieg, also zu der Zeit, als die Kubisten und Expressionisten die Abstraktion in der afrikanischen Kunst für sich entdeckten, begann ein obskures Plakat aus Hamburg von der afrikanischen Imagination Besitz zu ergreifen, weil es sich eignete, die rituelle Auseinandersetzung mit der europäischen Welt längs mythischer Linien weiterzuentwickeln und die Gestalt der Wassergeister mit dem Bild der weißen Herrin zu verschmelzen.

In den Aufzeichnungen von Kenneth Murray, der als Kolonialbeamter für die Kunstdenkmäler im Südosten Nigerias zuständig war, fand sich eine Notiz, nach der ein britischer Bezirksamtmann Akpan Chukwu, einem berühmten Schnitzer der Anang, einen Druck mit der Bitte vorlegte, nach dieser Vorlage eine Holzfigur zu schnitzen, die er als Souvenir mitnehmen wollte. Es handelt sich um eine Art Schausteller-plakat, das Murray einem gewissen Arnold Schleisinger zuschrieb und, obschon das Bild einer Frau, den Titel *Der Schlangenbändiger* trug (s. Abb. 39). Wie traumverloren starrt auf diesem Bild eine Frau mit üppigem, schwarzem Haar ins Leere; um Arme und Hals windet sich eine Schlange, während eine andere, um die Hüften gewunden, den Kopf auf ihre Brust gelegt hat. Rechts unten ist ein auf die Spitze gestelltes Quadrat eingesetzt, das einen Jungen mit weiteren, tanzenden Schlangen zeigt. Das Motiv, das Milieu und die Physiognomie der Frau lassen an Indien denken, und da das Plakat später in Indien mit einer Umschrift in Urdu gedruckt wurde, wird es von Afrikanern – und von Kunsthistorikern – häufig mit Indien assoziiert. Das Plakat, auf vielen westafrikanischen Märkten vertrieben, ziert die Wände zahlreicher Häu-ser, in denen die von *mammywater* Besessenen zusammenkommen; als Wandmalerei und als Plastik aus Holz oder Zement fungiert das Motiv als Kultfigur und als Ladenschild der Wahrsager und Heiler, während die Männer es in ihren Maskeraden ohne rituelle Absicht zur Schau stellen.[25]

39
Arnold Schleisinger, »Die Schlan-genbändigerin«, Plakat.

Das Bild der Schlangenbändigerin, das ja an sich nichts mit dem Wasser zu tun hat, wurde wahrscheinlich zuerst im Nigerdelta und im Crossflußgebiet mit den Wassergeistern identifiziert und als *mammywater* bezeichnet, da es dort sowohl traditionale Schlangenkulte als auch jene Kulte der Wassergeister gab, die uns im Zusammenhang mit den Maskeraden der Kalabari begegneten. Die ältesten in der Literatur belegten Kopien standen jedoch weiter nördlich in den *mbari*-Häusern der Igbo, Tempeln zu Ehren lokaler Schutzgottheiten, geschmückt mit Lehmfiguren und Wandmalereien. Unter diesen Figuren entdeckte P. A. Talbot 1914 das Bild einer Frau, um die sich eine Pythonschlange wand, das aber damals noch nicht als *mammywater* bezeichnet wurde.[26]

In Südostnigeria, zwischen Nigerdelta, Crossfluß und Benue, fungierte das Motiv der *mammywater* als Schlangenbändigerin in Wandbildern und Figuren aus Holz und Zement als Kultbild in den überwiegend von Frauen praktizierten Besessenheitskulten; Frauen, die sich in den *mammywater*-Kult initiieren ließen, tanzten manchmal, eine *mammywater*-Figur auf dem Kopf, über den Markt, um als Wahrsagerinnen Klienten zu werben (s. Abb. 40).[27] Dasselbe Motiv tauchte in Gestalt einer lebensgroßen Gliederpuppe im *ekong*-Spiel der Anang auf, als Maskenaufsatz in den Maskeraden der Männer und, ohne Bezug auf *mammywater,* sogar noch weiter im Norden, bei den Tiv.[28] Nigeraufwärts, im Gebiet der *hauka*-Kulte, gab es ein Exemplar des Hamburgischen Drucks z. B. in Timbuktu; Doguwa, das Oberhaupt der Fulani-Geister des *bori*-Kults, galt als weiße Frau, der die Fischer Opfer darbrachten, und in Timbuktu wurde die Schlangenbändigerin anstatt mit *mammywater* mit Harakoi, dem Gatten Doguwas, identifiziert, die um Arme und Hals gewundene Schlange aber mit den *hauka* selbst, die man sich, wie wir gesehen haben, als die Geister der modernen Zivilisation dachte.[29]

Freiere Adaptationen der Schlangenbändigerin finden sich in der Kunst der Baule und Guro an der Elfenbeinküste. Die Baule deuteten das Bild als »Priesterkönig«; in den *seri*-Maskeraden der Guro erschien das Motiv in den Maskenaufsätzen, die traditionale Themen und Szenen aus dem modernen Alltagsleben darstellten; die Ikonographie der Schlangenbändigerin war hier ohne Bedeutung, sie gehörte einfach zu der Bilderwelt, die man auf dem Markt antraf. Manchmal hielt man sich bei der Wiedergabe eng an das Original (s. Abb. 41); abgelöst von kultischen Zwecken war es aber auch möglich, die Figur nackt zu geben und dabei entweder die asymmetrische Anordnung der Schlangen beizubehalten oder sie dem traditionalen Ideal der Achsensymmetrie unterzu-

40 Ibibio, Nigeria, Novizin des *mammywater*-Kults tanzt mit ihrer Figur, einer Kopie des Plakats von Schleisinger, über den Markt, um als Wahrsagerin und Heilerin Klienten zu werben.

41
Guro, Elfenbeinküste, *seri*-Maske mit Aufsatzfigur, Kopie des Plakats von Schleisinger.

ordnen; schließlich konnte man das fremde Modell vollends den Formvorstellungen der Guro angleichen, wenn man die Schlange sich direkt um das Maskengesicht winden ließ.[30]

Neben dem Motiv der Schlangenbändigerin behauptete sich jedoch, vor allem in Wandmalereien und Tafelbildern, das klassische Motiv der »nordischen« Nixe. Die Dan, die an den Wänden ihrer Häuser zuweilen kleine Begegnungen mit einfachen Strichzeichnungen festhielten, stellten *mammywater* als Frau mit schlangenförmigem Rumpf dar, in der einen Hand eine moderne Handtasche, in der anderen einen Kamm; und am Cavally gab es ähnliche Zeichnungen, in denen aber menschliche Beine den Fischleib ergänzten.[31]

In den Minengebieten Shabas gab es eine vielleicht nur kurzlebige, den Belgiern abgeschaute Mode, in der Wohnstube gerahmte Bilder aufzuhängen, und das häufigste Motiv war dabei *mamba muntu,* die Krokodilsfrau, die die Gestalt der »nordischen« Nixe hatte und dem

Eigentümer Glück bringen sollte. Diese Nixen waren nicht nur allgemein als Europäerinnen zu erkennen, es waren vielmehr oft bestimmte Belgierinnen und Französinnen, die man mit peinlicher Genauigkeit aus Illustrierten oder Modeheften kopiert hatte (vgl. Abb. 42).[32]

Die ethnische Fremdheit der Nixe scheint in allen diesen Bildern einerseits der Fremdheit des Wassers im Gegensatz zum Land und zur Welt der Menschen zu entsprechen, andererseits den Eindruck jenes Unheimlichen zu unterstreichen, hinter dem sich das allzu Heimliche, das Verdrängte, das nicht bewußt werden darf, verbirgt – in Analogie zur Unheimlichkeit des fremden Gottes, die, wie Theodor Reik gezeigt hat, die Form ist, unter der der verdrängte eigene Gott zurückkehrt. Insofern verschmilzt in der Gestalt der *mammywater* ein Mutterbild mit dem Bild der unzugänglichen weißen Hausherrin, die als einzige eine unvergleichliche, vollständige Befriedigung gewähren könnte.[33]

Unbeschadet solcher psychoanalytischen Deutungen erweist sich die kolonialzeitliche Bestimmung der Nixe als Europäerin aber auch als die

42 Zaire, Samba, »Mammy Wata«. Badende Frau flieht vor der Erscheinung Mammy Watas.

Kehrseite einer anderen, gleichzeitigen Ethnizitätsbestimmung, nämlich der, durch die Jesus für viele afrikanische Kirchen zum Afrikaner und zum Symbol afrikanischer Identität wurde. Die Wassergeister, afrikanischen Ursprungs, wurden zu Europäerinnen, während Jesus, durch Europäer vermittelt, zum Afrikaner wurde.

Die afrikanische Kunst hatte den christlichen Gestalten schon sehr früh afrikanische Züge verliehen; im alten Kongoreich hatte man Jesus nach dem Vorbild der afrikanischen Gottheiten als bisexuelles Wesen dargestellt und die Kreuzigung durch physiognomische Momente und durch die mit dargestellten Trauersitten insgesamt in ein afrikanisches Milieu versetzt (s. Abb. 43).[34] Das widersprach keineswegs den damals in Europa üblichen Vorstellungen, die Geschichten des Neuen Testaments unter Abstraktion von ihrer historischen Umwelt im Andachtsbild zu vergegenwärtigen. Wenn es nicht auf die Ähnlichkeit des Bildes ankam, sondern auf seine andächtige Wirkung, konnte man die biblischen Gestalten als Niederländer oder Italiener, Chinesen oder Afrikaner abbilden.

In den zwanziger Jahren unseres Jahrhunderts erfuhr die Frage nach der Ethnizität Jesu in Afrika jedoch eine Wendung ins Politische; sie

43 Kongo, Kreuzigung.

wurde virulent, als unabhängige afrikanische Kirchen im Umkreis von Marcus Garvey begannen, Jesus im historischen Sinn als Afrikaner einzufordern. Entweder sollte ein schwarzer Messias ein schwarzes Israel erbauen, oder afrikanische Führer wurden selbst mit Jesus gleichgesetzt. Der Grund für diese Neubestimmung der Ethnizität Jesu war der politische Nationalismus, der den christlichen Kult als Symbol überethnischer Einheit benutzte und für den es darum lebenswichtig war, ihn von seiner Bindung an die Kolonialherren abzulösen. Die Ethnizität der Kultfrage mußte mit der Ethnizität der Gemeinde identisch werden.[35]

Die kapriziösen Mächte des Wassers standen dagegen außerhalb der sozialen Ordnung und jenseits von Gut und Böse; wie die alten Wassergeister sich komplementär zu den Ahnen verhalten hatten und sich nicht um die Moral, die Solidarität, die Gleichheit und Einheit der Gemeinschaft kümmerten, sondern um Glück und Unglück des einzelnen, so formulierte das Bild der *mammywater* nicht die politische Identität gegenüber den Weißen, sondern die Ängste und Hoffnungen des einzelnen, die Gefahren und Verlockungen, denen er sich ausgesetzt fühlte, das Glück, das zufällig ihm und nicht seinen Mitmenschen widerfuhr. Von *mammywater* besessen sein hieß in einem Teil seiner selbst ein Anderer sein, und weil die europäische Welt zum Inbegriff des Anderssein wurde, konnte sie eine *Grenze* markieren; die politische Gemeinde stellte sich ihr entgegen, während der einzelne von ihr besessen sein konnte.

Das Fest der *Mami Wata* in Togo

Die eigenständige Art der Auseinandersetzung mit fremden Kulturen und der modernen Zivilisation, die vor und während der Kolonialzeit in vielen »akephalen« Besessenheitskulten geleistet wurde, ist fast überall in Afrika von heteronomen wirtschaftlichen und kulturellen Formen der Einbindung in die moderne Weltzivilisation verdrängt worden. Oft haben postkoloniale Regierungen, wie schon die Kolonialherren, Besessenheitskulte verboten und wirksam unterbunden. In der gegenwärtigen Weltwirtschaftskrise wird nicht selten auch einfach der bescheidene ökonomische Überschuß gefehlt haben, den man zur Finanzierung der Verwandlungsfeste braucht. Nur in wenigen Ländern, so vor allem in Togo, ist diese Institution noch nicht gänzlich untergegangen; wo es einen zwar sehr bescheidenen, aber weit gestreuten Wohlstand gibt, kann sich eine eigenständige Volkskultur entwickeln, die heutzutage noch stärker als in der Kolonialzeit eine moderne Fassade aufbaut, hinter der sich die überlieferten Wege der Kulte desto hartnäckiger fortsetzen.

Die Ewe im Süden von Togo – und im Südosten von Ghana – praktizieren einen Kult der *mami wata,* der viele Züge mit den alten und neuen Kulten der Wassergeister an der Guineaküste teilt, aber im Hinblick auf die Wertschätzung moderner Konsumgüter eine vollendete Antithese zu der puristischen Natursymbolik und dem Konservativismus des *mengu*-Kults in Kamerun bildet. Spätestens zu Beginn des Jahrhunderts glaubten die Ewe an Wassermenschen, die am Grunde des Meeres leben und an Markttagen in Menschengestalt heraufkommen, um den Markt zu besuchen[36]; und schon damals verehrten sie eine kleine Gottheit des Meeres, *wumetro,* die sie in Kultbildern als reitenden, von seiner Frau, seinen Angestellten und seinen Booten begleiteten Europäer darstellten, eine Gottheit, von der sie sich, wie die Ostafrikaner von einigen Fremdgeistern, einen günstigen Einfluß auf ihre Geschäfte mit Europäern erhofften.[37] Eine ähnliche Assoziation von Meer, Reichtum und europäischer Kultur prägte Jahrzehnte später, vielleicht seit den fünfziger Jahren, auch den Kult der *mami wata.*

Die Ewe haben den Kult der *mami wata* fest in das alte System der *vodu*-Konvente integriert; den Namen und die Ikonographie entlehnten sie ihren Nachbarn im Osten oder Westen, aber sie unterstellten *mami wata* der Gottheit *da,* dem *vodu* des Geldes, der Händler, der Edelsteine und Perlen, den man sich als Regenbogen oder Schlange vorstellt[38]; diesem Pantheon ordneten sie auch *ablo* zu, *vodu* des Meeres, der einst seinen Anhängern einen Topf schenkte, der sich immer neu mit Kaurimuscheln füllte, soviel man auch aus ihm herausnahm.[39] Eine ganze Reihe der alten Gottheiten erschien nun, ausgestattet mit Attributen der Modernität, im Gefolge der *mami wata: mami-densu, mami-tohosu, mami-ablo* usw. Infolge eines exzessiven Synkretismus taucht dieses Pantheon jedoch zugleich in einer hinduistischen Version auf, als *mami-vishnu, mami-rama* usw., während die Christen *mami wata* mit der Jungfrau Maria gleichsetzen und ihr *mami-josef, mami-jesuvi, mami-gabriel* und andere Engel und Heilige als Gefolge beiordnen.[40]

Die in diesen Kulten verwendeten Bilder beeindrucken gewiß nicht durch ihre ästhetische Qualität, wohl aber durch die Heterogenität der Vorlagen, nach denen die Formen und Motive zusammengestellt und vermischt wurden – ein Eklektizismus, der den religiösen Synkretismus noch in den Schatten stellt. Eine Fülle von Skulpturen aus Lehm und Holz stand zwar schon in den alten *vodu*-Konventen der Ewe, aber sie waren wenig ausgeführt und stilistisch von den Akan im Westen und den Fon im Osten abhängig. Zu diesen alten Einflüssen, die nie zu einem eigenständigen Stil integriert wurden, traten in neuerer Zeit Druckwerke aus Indien und Europa, die man, umgedeutet zu Emblemen und Darstellungen der *mami wata*, in Wandbildern und Skulpturen kopierte.

In den *mami-wata*-Konventen der Ewe stoßen wir wieder auf das Hamburgische Plakat der »Schlangenbändigerin«, neben der sich aber vor allem das Motiv der »nordischen« Nixe behauptet. Plastische Kopien in Holz oder Zement, mit Autolacken bunt bemalt, zeigen eine Europäerin, marzipanweiß oder schweinchenrosa, mit schwarzem oder güldenem Haar, leeren Augen und einem traurig anmutenden Gesicht, um die sich, stark schematisiert, Schlangen winden; manchmal, in hinduistischen Versionen, ist sie mit den Attributen indischer Götter ausgestattet, vielarmig, auf der Stirnmitte ein Kastenzeichen.[41] Noch merkwürdiger wirken die Wandbilder blonder Nixen mit Fischschwanz und üppigem Busen, die einen Spiegel vor sich hin halten und sich kämmen, und die man für Cover Girls oder Pin-Ups halten müßte, wären sie nicht stets von einem Regenbogen umwölbt, der unzweideutig zu verstehen gibt, daß es sich nicht um eine moderne Badenixe, sondern um eine Gottheit aus dem Gefolge des *vodu da* handelt.[42] Hinduistische Versionen zeigen *mami wata* entsprechend braunhäutig und schwarzhaarig, mit Schlüpfer und Büstenhalter, drei Köpfen und sechs Armen.[43] Aus Magazinen und Modeheften stammen schließlich sogar Bilder von Frauen ohne Fischschwanz, mit menschlichen Beinen; nur der Badeanzug, den sie anhaben, erinnert dann noch an ihre Assoziation mit dem Strand und dem Meer: Die Säkularisierung des Kultbilds ist zum Abschluß gelangt, obwohl es immer noch eine Gottheit der Besessenen darstellt (s. Abb. 44).[44]

Das Fest der *mami wata,* das vor allem der Initiation der Mädchen und Frauen dient, offenbart dieselbe Ambivalenz, es feiert das Meer des Mythos und zugleich die Welt des Luxus. Wiederum kündigt sich die Besessenheit bei Mädchen und Frauen, selten bei Männern, durch Träume, Krankheiten und Niedergeschlagenheit an, die die Betroffenen veranlassen, den lokalen Konvent der *mami-wata*-Gemeinde aufzusuchen und sich, wenn die Wahrsagerin die Diagnose bestätigt, reinigen und einweihen zu lassen. Die Initiation folgt dem üblichen Muster, wobei allerdings die Novizin, infolge der Einbindung in den *vodu*-Kult, nicht verkleidet wird; vielmehr entblößt man ihren Oberkörper, um ihn

44 Ewe, Togo, *mami wata* im Badeanzug, mit Spiegel und Heiligenschein; der Regenbogen und die Schlangen markieren ihre Position im *vodu*-Pantheon.

mit Kaolin zu weißen. Ein Teil der Initiation findet des Nachts am Strand statt, wo die Novizin in der Brandung, das Gesicht dem Meer zugewandt, mit Wasser übergossen wird (s. Taf. H). Während dieser Ritus, der an den »Blick in die Tiefe« im *mengu*-Kult erinnert, die Besessene an die Naturmacht des Meeres bindet, verknüpft sie das gemeinsame Festmahl der Eingeweihten mit den luxuriösen Tafelsitten der Europäer und der Reichen.

Das rituelle Mahl europäischer Speisen, das uns in so vielen Besessenheitskulten begegnete, findet im Konvent der *mami wata* statt. Der Tisch wird mit einem weißen Tischtuch gedeckt, man fährt, soweit möglich, europäische Gerichte auf, die die Eingeweihten mit Messer, Gabel und Löffel essen; sie trinken teure Liköre und rauchen Zigaretten. Zum Ambiente gehört ein Altar, der, nach dem Vorbild sowohl des christlichen Altars wie der Schaufensterdekorationen, mit wirklichen oder vermeintlichen Luxuswaren aller Art überladen ist: Auf den Altären liegen Plastikpuppen und Spielzeug, Blumen und Räucherkerzen, Porzellan und Likörflaschen, Kuchen, Bonbons, Früchte und Kaffee, Puder, Parfüm und Modeschmuck (s. Taf. I).[45]

Mimesis im transsaharischen Vergleich

Fremdbesessenheit und Ethnographie

Die »akephalen« Maskeraden und Besessenheitskulte, in denen Afrikaner das jeweils »Andere« ihrer eigenen Kultur darstellten, erfüllten keine einheitliche Aufgabe; sie dienten der Heilung und dem Amüsement, der Kritik der Abweichung und ihrer Legitimation, der festlichen Verschmelzung zum Kollektiv und der Differenzierung des Einzelnen von seiner Körperschaft; sie wurden zum reichsten Ausdruck abgeschiedener Frauenkulturen, und sie schufen die Distanz, in der Jäger und Wahrsager, Heiler, Töpferinnen und Friseusen ihren Berufen nachgingen; sie fixierten fremdartige Phänomene, steigerten sie zu Typen und machten sie zum Bestandteil der eigenen Überlieferung; sie entdeckten die Gestalten, die dann die Kunst in Masken und Figuren aufgriff, um sie wiederum dem Kult zur Verfügung zu stellen. Ihre Einheit liegt nicht in einer Funktion, sondern in ihrem darstellenden Charakter und in ihrem Wirklichkeitsbegriff. Es ist nicht möglich, sie in der Perspektive einer Instanz unserer arbeitsteiligen Gesellschaft zu erklären, da sie stets zugleich mehr und weniger sind als Therapie, Kunst, Unterhaltung, Sozialkritik, Beruf, Mode oder Ethnographie.

Ein Aspekt, nämlich die Auseinandersetzung mit dem »Anderen« der eigenen Kultur, stellte sich jedoch in allen diesen Perspektiven ein; stets empfanden die Besessenen den Zwang, ein »Anderes«, und damit ihr eigenes Anderssein, darzustellen und im Ritual anzuerkennen. Da wir dieses »Andere« eine fremde Kultur nennen, liegt es nahe, die »akephalen» Kulte mit unserer Ethnographie zu vergleichen, die sich ebenfalls mit fremden Kulturen auseinandersetzt. Ein solcher Vergleich kann nicht zur Erklärung der hier behandelten Erscheinungen beitragen, wohl aber die Bestimmung ihrer Eigenheit präzisieren und eine abschließende Taxierung ihres Werts vorbereiten.

Überblickt man die moderne Ethnographie, wie sie von Malinowski begründet wurde und bis vor kurzem unangefochten als vorbildlich und verbindlich galt, so läßt sich kaum eine Gemeinsamkeit zwischen ihr und den Besessenheitskulten entdecken; der Nüchternheit der einen steht die ekstatische Steigerung, buchstäblich die Begeisterung, der anderen gegenüber, der analytischen Differenzierung ein armseliger Eklektizismus, der Trockenheit ein tänzerischer Schwung.

Die Maskierten und Besessenen griffen scheinbar beliebige Details auf, eine Kopfbedeckung, die Farbe eines Tuchs, eine Geste, einen Ton in der Stimme, vor allem Speisen und Tischsitten. Dieses offenkundig willkürliche, allenfalls am Spektakulären orientierte Verfahren erinnert noch am ehesten an die ähnlich willkürliche Sammlung von Beobachtungen zu Sitten und Bräuchen, die bei den Reisenden des 19. Jahrhunderts gang und gäbe war. Von den Kuriositätenkabinetten zu den ethnographischen Museen trugen die Europäer die Artefakte zusammen, die die Besessenen entweder direkt ihrer Tracht einfügten oder in anderen Materialien kopierten. Beide stellten keinen Zusammenhang zwischen diesen Details her, beide lösten sie aus ihren sozialen und kulturellen Kontexten. Erst die moderne Ethnographie stellt die Sammlung der Details in den Dienst einer systematischen Analyse des großen Ganzen.

In der Perspektive der modernen Ethnographie erscheint der Eklektizismus der Besessenen als ebenso primitiv und vorwissenschaftlich wie der der Sammelsurien des 19. Jahrhunderts. In der umgekehrten Sicht könnte man einwenden, daß die moderne Ethnographie das Beobachtete in ein System einordnet, das zwar stringent sein mag, aber nie ganz der Sphäre des theoretischen Gezänks enthoben ist; die ekstatischen Tänze und ihre Figuren gewinnen Plausibilität und Verbindlichkeit, die moderne Ethnographie hat es bis heute nicht geschafft, das Bild der Moderne von ihrem »Anderen« neu zu prägen, da die Unterordnung des Sichtbaren unter das System notwendig auf Anschaulichkeit verzichtet. Man wird den Verdacht nicht los, daß das Widersprüchliche der gelebten Wirklichkeit in der Analyse unterschlagen wird.

Die ethnographischen Sammler des 19. Jahrhunderts waren sich keiner Hingabe an ihre Sammlungsgegenstände bewußt; vielleicht staunten sie über das Seltsame und Fremdartige, das ihnen begegnete, aber das positivistische Wissenschaftsideal schloß den Begriff des Wunderbaren aus. Vielleicht sammelten diese Ethnographen mit leidenschaftlicher Hingabe, aber das blieb dann folgenlos, sowohl für die Museumsarchive wie für die Veröffentlichung.

Eine ausdrückliche Bewunderung für den »Wilden« findet sich eher bei den Aufklärern – und Gegenaufklärern – des 18. Jahrhunderts. Aber der »Wilde« des 18. Jahrhunderts war wesentlich Projektion des Bürgers, der sich vom Adel unterscheiden wollte, und Fortführung des klassizistischen Ideals; sein Bild entsprang zum wenigsten der Konfrontation; die Bewunderung galt einer Figur, die sich längst angeschickt hatte, die Herrschaft anzutreten.

Vor der Aufklärung konnte das Wunderbare des »Anderen« gelegentlich in Europa ebenso erkannt und anerkannt werden wie in Afrika. So löste etwa die Europareise einer japanischen Delegation um 1585 beim einfachen Volk geradezu einen Schock aus; man berührte die Fremden mit Händen und Rosenkränzen, als wären sie Heiligenreliquien; und in einem 1687 gedruckten Bericht über die Reise einer siamesischen Gesandtschaft heißt es: »Alle die Jenigen, die diese Abgesandten besucht (. . .) seynd gantz von ihrem Geist erfüllet zurück kommen.«[1] Oft wird die Inquisition eine solche Hingabe an das Fremde und Wunderbare verhindert haben, wie sie fremde Religionen selbst als Häresien verfolgte. Und mit der Psychologisierung des Erfülltseins und der Säkularisierung von Geist zu Kultur wurden einer solchen, der afrikanischen Auseinandersetzung mit dem »Anderen« vergleichbaren Hingabe an den Geist »fremder Abgesandter« die Grundlagen unwiederbringlich entzogen.

Verschiedene Strömungen der barockisierenden – oder »alternativen« – Ethnographie, die in den letzten zwei Jahrzehnten die Ansprüche der modernen Ethnographie zu unterlaufen versucht hat, haben, teils ironisch, teils schwärmerisch, auf eine Einstellung zum »Anderen« zurückgegriffen, deren Voraussetzungen durch die Aufklärung unterminiert wurden. Aus diesem Konglomerat möchte ich zwei Versuche hervorheben, die sich in gewisser Hinsicht der Fremdbesessenheit wieder nähern: das Postulat der Hingabe, das schon einmal in der neoromantischen Ethnographie auftauchte, und die Ersetzung der wissenschaftlichen Darstellung fremder Kulturen durch performative.

Der moderne Ethnograph, der sich für die Dauer seiner Feldforschung von seiner Kultur weitgehend isoliert und sich als Fremder – aber nicht als Repräsentant einer fremden Kultur – mehr oder minder gut in das andere soziale und kulturelle Leben einfügt, wird nicht immer die nüchterne und kühle Distanz wahren, die ihm als Wissenschaftler unterstellt wird. Er wird zunächst überhaupt keine Strukturen sehen, sondern Gestalten, die ihn beeindrucken oder abstoßen, die ihn erfüllen, ergreifen oder besessen machen.

»Feldarbeit bedeutet aber für den Ethnologen, daß ihm gar nicht die Chance vergönnt wird, sich langsam einer Wirklichkeit zu nähern und sich bedächtig auf einem Beobachtungsposten einzurichten, *sondern er wird typisch durch die Wirklichkeit selbst überwältigt und muß sehen, wie er mit ihr fertig wird.* ›Participant observation‹ ist hier nicht die geruhsame Beobachtung, die ihre Vorsorge trifft, wie sie am besten an ihr Objekt herankommt; hier ist nichts voraussehbar, ja es ist sogar die entscheidende Fertigkeit des Beobachters, sich überraschen zu lassen. *Damit wird Überwältigung gewissermaßen zu einem Dauerzustand.*«[2]

Daß eine solche Erfahrung des Irritiertseins, ja sogar des Überwältigt- und Ergriffenwerdens, die sehr genau den *passiones* der afrikanischen Fremdbesessenen entspricht, oft den Verlauf einer Feldforschung bestimmt, indem der Ethnologe durch völlig unvorhersehbare Ereignisse auf neue Spuren gebracht wird, ist wohl unbestritten. Als problematisch gilt jedoch das methodologische Postulat der *Einfühlung,* das sich mitunter auf solche Erfahrungen bezieht. In einer von Herder begründeten und durch die romantische Mythologie und Adolf Bastian vermittelten Tradition hat vor allem Leo Frobenius die Ergriffenheit durch fremde Kulturen und die Einfühlung in sie, verstanden als »intuitive Schau«, zum Prinzip einer »paideumatischen« Ethnologie oder Kulturforschung erhoben. Die akademische Ethnologie hat diesen Ansatz jedoch nie akzeptiert, da die »Gestalten« ethnozentrische Projektionen bleiben, solange sie nicht durch die von Frobenius abgelehnte Beobachtung der Tatsachen überprüft werden.[3]

Außerhalb dieser neoromantischen Tradition finden sich Reminiszenzen der Ergriffenheits- und Besessenheitserfahrung in der ethnographischen Feldforschung allerdings oft in Metaphern und ironischen Verfremdungen, die immerhin eine *gebrochene* Verwandtschaft zwischen der wissenschaftlichen Ethnographie und der Fremderfahrung der Besessenen belegen können. So liebte es schon Malinowski selbst, sich als »Sprecher« der Trobriander vorzustellen und einen »anderen durch seinen Mund« sprechen zu lassen.[4] Und I. M. Lewis hat die Parallele zwischen dem Schamanen, für ihn identisch mit dem Besessenen, und dem Ethnographen noch expliziter geltend gemacht: »Wie ein Schamane begibt sich der Anthropologe auf die Reise zu fernen, geheimnisvollen Welten, von denen er einen reichen Schatz exotischer Weisheit mitbringt. Er vermittelt zwischen der eigenen Gruppe und dem Unbekannten. Er spricht ›mit Zungen‹, die zu Hause oft unverständlich sind, und fungiert als Medium zu jenen fremden Kulturen, die er durchstreift und die er in einem bestimmten Sinn verkörpert.«[5]

Räumt man ein, daß ein Teil der ethnographischen modernen *Erfahrung* durchaus mit den *passiones* der »akephalen« Kulte gleichgesetzt werden kann, so tritt der Gegensatz ihrer kulturell geprägten *Verarbeitung* freilich umso deutlicher zu Tage, und zwar besonders dann, wenn man sich dabei nicht an der äußerlichen Unterscheidung zwischen dem schriftlichen Diskurs einerseits und dem Tanz, der Maske und Kultfigur andererseits orientiert, sondern zum Vergleich eine der freilich seltenen »performativen« Varianten der modernen Ethnographie heranzieht.

Victor Turner, der schon in den fünfziger Jahren die Konzeption der *social dramas* entwickelt hatte, um seinen Strukturbeschreibungen Anschaulichkeit zu verleihen, veröffentlichte 1982 die Ergebnisse seines Versuchs, die von ihm im Feld studierten Rituale der Ndembu von amerikanischen Schauspielern auf einer New Yorker Bühne aufführen zu lassen. Er hatte Teile seiner Ethnographie zu Bühnenstücken umgeschrieben, und Schauspieler, die sonst lediglich in ihrer eigenen Kultur »die Rolle des Anderen spielen«, sollten in diesem Fall »in die Haut der Mitglieder einer anderen Kultur schlüpfen«.[6]

Obwohl diese »performative« Ethnographie äußerlich den Ritualen der Fremdbesessenen gleichen mag, fungierte Turner darin selbstverständlich nicht als »Medium zu jenen fremden Kulturen«, der »reiche Schatz exotischer Weisheit« bestand vielmehr in der strukturalen Analyse der Ndembu, die er den Schauspielern vermittelte, und deren Interesse konzentrierte sich sogar auf die matrilineare Struktur dieser Gesellschaft, die sie im feministischen Sinn auslegten. Die Rituale, in denen die Ndembu ihre eigenen sozialen Beziehungen darstellten, schienen den Schauspielern am besten geeignet, sich das Lebens- und Weltgefühl der Ndembu anzueignen, wie umgekehrt die Afrikaner so oft die Rituale der Europäer, ihre Tischsitten und ihre militärischen Zeremonien, in den Mittelpunkt ihrer besessenen Darstellungen der europäischen Kultur gestellt hatten; aber selbst diese Rituale wurden ausführlich diskutiert und sowohl auf eigene Vorstellungen und Erfahrungen von Gemeinschaftlichkeit als auf die Analyse der matrilinearen *Struktur* bezogen.[7] Das letzte Korrektiv in all diesen Prozessen konnte nur die ethnographische Analyse sein, und darin wird der Gegensatz zwischen der besessenen und der wissenschaftlichen Auseinandersetzung mit fremden Kulturen in einer äußersten Zuspitzung greifbar: Die Fremdbesessenen ergriffen – oder waren ergriffen von – Gesten, Trachtstücken, Bewegungsformen, die sie sich aneigneten und in einen Tanz oder eine Maskerade verwandelten, ohne je nach ihrem Sinn zu fragen, während die »performativen« Ethnographen in allem zuerst nach Sinn und Zusammenhang suchten, das Fremde reflektierten, um sich zuletzt selbst in ihm anschauen zu können.

Turner bewegt sich ganz im Bannkreis einer spezifisch modernen Konfrontation mit dem Fremden, in dem *sich* der europäische Geist, wie

Hegel schrieb, *erkennen* will, wenn er die *»innere«* Aneignung des Fremden, verknüpft mit einer Selbstenthüllung, zum Programm auch noch der »performativen« Ethnographie erhebt: »Diese Art des Schauspielens unterscheidet sich von jener, die sich auf überragende professionelle Techniken verläßt, um nahezu jede westliche Rolle mit Ähnlichkeit nachzuahmen. Schechner (der Dramaturg, mit dem Turner zusammenarbeitete) zielt eher auf *poiesis* als auf *mimesis*: auf das Machen, nicht auf das Vortäuschen. Die Rolle wächst mit dem Schauspieler, sie wird wahrhaft ›geschaffen‹ im Prozeß der Proben, der zuweilen schmerzhafte Augenblicke der Selbstenthüllung mit sich bringt. Eine solche Methode eignet sich besonders für den anthropologischen Unterricht, weil die ›mimetische‹ Methode nur vertrautes Material (westliche Verhaltensweisen) bewältigen wird, während sich mit der ›poietischen‹ unvertrautes Material handhaben läßt, da sie das Verhalten von innen wiedererschafft.«[8] Der Gegensatz zwischen dem modernen, seinem Selbstverständnis nach »kreativen« Theater und der an den äußeren, sichtbaren und unhinterfragten Erscheinungen orientierten Mimesis der Besessenheitskulte und Maskeraden ist damit ebenso prägnant bezeichnet wie der zwischen der rituellen Anerkennung des »Anderen« der eigenen Kultur in den afrikanischen Kulten und der Analyse und Systematisierung in der modernen Ethnographie: Es handelt sich nicht um einen Gegensatz von Kunst und Wissenschaft, sondern um divergierende Formen der Selbstauslegung im Anderen.

Mimetisches und rationales Handeln

Ich habe die Inhalte, die Funktionen und die gesellschaftlichen Kontexte der »akephalen« Maskeraden und Besessenheitskulte Afrikas ein Stück weit verständlich zu machen versucht. Verständlich schienen z. B. die Beziehungen zwischen den Inhalten und der sozialen Konstitution der Kulte, zwischen den Frauenkulturen und den Figuren, die in ihnen dargestellt wurden und die Außenseite der Frauenkultur vergegenwärtigten; oder zwischen den jungen Männern und den Masken, die sie tanzten und die es ihnen erlaubten, sich spielerisch in die Rollen einzufühlen, deren reale Übernahme die sozialen Regeln ihnen verwehrten. Nicht minder verständlich schien, daß sich niemand ohne Not in einen Besessenheitskult initiieren ließ; schwere, wiederkehrende Träume, Niedergeschlagenheit, Trauer, Apathie und Krankheit waren die Anlässe zur Initiation, und sicher besaß der Umschlag des Leidens in die Ekstase der Verkleidungen und Tänze Heilkraft; zugleich schuf die Initiation eine Distanz zur Gesellschaft, in der der Einzelne besondere, auszeichnende Gaben entwickeln und einem speziellen Beruf nachgehen konnte. Es war notwendig, solche Konfigurationen aufzuzeigen, da sonst das uns überlieferte Material eine Anhäufung von Einzelheiten geblieben wäre.

All diese Konfigurationen erklären aber nicht, weshalb man in bestimmten Gesellschaften überhaupt Maskeraden und Besessenheiten praktiziert. Die Funktionen, die sich hier und da an die Kulte heften, heben sich gerade durch ihre Vielzahl auf; die therapeutische Funktion ist zu unspezifisch, um die kultische Praxis zu erklären; ein stringenter Bezug zwischen bestimmten Krankheiten und dargestellten Figuren besteht nur selten, nämlich dann, wenn ein Trauma durch eine neue Figur verwunden wird; später lösen sich die Figuren von ihren ursprünglichen Anlässen und werden für beliebige Initiationen verfügbar; schließlich kann man sich sogar wegen der Krankheit eines Verwandten initiieren lassen. Noch deutlicher tritt der sekundäre Charakter der Funktionen zu Tage, wo Masken und Besessenheiten zur Auszeichnung von Berufen oder zur Werbung für Bordelle oder politische Parteien eingesetzt werden. Berufsbessenheiten erweisen sich zuweilen als Erwerbsquelle, und zuweilen tragen Frauen Rivalitäten aus, indem sie sich in einen Kult initiieren lassen; auch können Frauen gelegentlich ihre Männer unter Druck setzen, indem sie sich zu Besessenen erklären lassen. Solche Manipulationen spielen aber in jede Institution hinein und erklären keine.

Wenn sich die Erklärungen gegenseitig aufheben, sekundäre Aspekte zur Hauptsache erheben oder sich als bloße Rationalisierungen erweisen – wie dort, wo man Frauen Eifersucht, Wahrsagern Betrug vorwirft –, bleibt nur die Möglichkeit, die Praxis der Maskeraden und Besessenheiten in den »akephalen« Kulten als ein zweckfreies Verhalten zu betrachten, an das sich dann freilich dieser oder jener Zweck, diese oder jene Funktion oder Absicht heften mag. Das bedeutet aber, daß wir diese Praxis als an sich selbst »irrational« akzeptieren müssen, obgleich sie in sonst rational bestimmten Handlungskontexten auftritt. Ethnographisch gesehen wird diese Interpretation dem Selbstverständnis der Besessenen gerecht, die ihre Besessenheit ja nicht als zweck- oder wertrationales Handeln begreifen, sondern als Folge eines Zwangs, den die »Mächte« auf sie ausüben. Die letzte Schwierigkeit, die die »akephalen« Kulte unserem Verständnis bieten, liegt dann aber darin, daß sich vor dem modernen Bewußtsein »irrationales« Handeln nur als Kunst, und das heißt als »kreativ«, ausweisen kann, während »Kreativität« ganz entschieden nicht zum Selbstverständnis der Besessenen paßt. Ich möchte deswegen in der europäischen Tradition zurückgehen, auf den Begriff der *Mimesis,* als einen Inbegriff des »Irrationalen«, in dem sich kein Widerspruch zwischen »Kreativität« und »Besessenheit« einstellt.

Victor Turners Behauptung, der Schauspieler könne sich nur durch die innere, seine eigene Identität reflektierende Aneignung in die Rolle eines Fremden aus einer anderen Kultur versetzen, nicht durch Mimesis, liegt ein undurchschauter Ethnozentrismus zugrunde, nämlich das Verdikt, das die Moderne über die Mimesis verhängt hat. Die »richtige« Aneignung einer fremden Kultur erscheint als *poiesis,* verstanden als »kreativer Prozeß«, weil mimetisches Verhalten von vornherein als minderwertige »Nachahmung« verworfen wird. Es ist nützlich, sich daran zu erinnern, daß die Kunst, solange sie als *téchne* galt, Mimesis der Natur sein sollte und daß die *imitatio Christi* natürlich nie als eine Art von Nachäfferei verstanden wurde.

Wir haben bereits gesehen, daß die moderne Kunst die afrikanische Plastik gerade in dem Augenblick für sich entdeckte, als sie sich am heftigsten von der klassischen Formel einer »Nachahmung der Natur« lossagte; auf ihrem Standpunkt *erschien* die afrikanische Plastik als besonders »kreativ«, teils weil man vorzugsweise die »abstrakteren« Formen rezipierte, teils weil man die fremdartig formulierte Naturnähe nicht erkannte. Wir konnten zeigen, daß sich die afrikanische Kunst manchmal, etwa in der Kunst der Besessenen und in der höfischen Kunst, um die Herstellung von Ähnlichkeit bemühte, manchmal, vor allem in der Kunst der Ahnen, Ähnlichkeit meiden mußte. Die expliziten oder explizierbaren Begründungen für die Meidung von Ähnlichkeit erwiesen sich teils als magische Scheu, teils als Idealisierungs- oder Abstraktionsgebote, die mit der Reinigung der verklärten Ahnen von persönlichen Zügen zu tun hatten. Entsprang die Abkehr der modernen Kunst von der Mimesis einem Ungenügen an der Natur, das seine Parallele in der technischen Bearbeitung der Natur hatte, so entsprang die afrikanische Abstraktion zuletzt einer Einsicht in die Notwendigkeit von Widersprüchen, die sich nur in der idealen, nicht in der wirklichen Welt auflösen lassen. Umgekehrt wurzelt aber die afrikanische Mimesis nicht, wie die europäische, in einem Glauben an die Vorbildlichkeit der Natur, sondern in Absichten der Bannung oder Allegorisierung.

Noch eindeutiger als die afrikanische Plastik läßt sich die Besessenheit, und am meisten die der »akephalen« Kulte, in den Begriff der Mimesis fassen. Besessenheit erfährt sich nicht nur als unselbständiges Handeln, sondern sogar ausdrücklich als Zwang zur »Nachahmung«, als Angleichung an ein Anderes, vom Subjekt Verschiedenes, das zur Darstellung gelangen will. Dieses »Andere« gilt zwar nicht als die sichtbare Wirklichkeit selbst, sondern als »Geist«, »Geist« aber wird dabei verstanden als »Bild einer *passio*«, als ein abgespaltenes, verselbständigtes Stück Wirklichkeit, oft als das, was das Sichtbare zum Exemplar einer Gattung macht. Der Besessene scheint aufgehört zu haben, er selbst zu sein; er handelt und spricht *als ein Anderer;* und eben dies ist auch in der europäischen Tradition das älteste und wahrscheinlich ursprünglichste Bestimmungsmerkmal von *mimesis.*

Mimesis, »nachahmende Darstellung« im Gegensatz zur einfachen Erzählung, die sich, so kunstvoll sie sein mag, der indirekten Rede bedient, nennt Plato im III. Buch des *Staates* (392d–398b) den Versuch, »sich selbst einem anderen nachzubilden in Stimme oder Gebärde«, die Art des Vortrags, bei der jemand so spricht, »als ob ein anderer der Redende wäre als er selbst«. Diese Bestimmung ist an gewissen Passagen Homers und an den in Masken gespielten Komödien und Tragödien gewonnen, aber sie trifft noch genauer als diese die Rede des Besessenen, die einmal dem Epos und dem Schauspiel vorhergegangen sein mag.

Plato hat auch als erster das Irrationale, Unvernünftige der Mimesis erkannt und den unversöhnlichen Gegensatz von mimetischem und rationalem Handeln formuliert. Sein Verdikt der Mimesis, am deutlichsten im X. Buch des *Staates* ausgesprochen, wo Mimesis als »das Dritte nach der Wahrheit« verworfen wird, spielte in die spätere Auseinandersetzung mit der aristotelischen Begründung von Mimesis hinein und fand in gewisser Hinsicht in der modernen Idee des schöpferischen Menschen seine Vollendung.

In der vorläufigen Erörterung der Mimesis im III. Buch wird die Nichtidentität des mimetisch Handelnden kritisiert. Wie Plato an den Dichtern und Schauspielern der Tragödien und Komödien zeigt, besteht eine Beziehung zwischen dem Charakter des Darstellers und seiner Figur, da es sonst keine unterschiedlichen Eignungen für die eine oder die andere Rolle gäbe. Daraus wird geschlossen, daß das Dargestellte den Charakter des Darstellers präge – ähnlich wie man in den Besessenheitskulten glaubte, der Geist präge den Charakter seines Mediums. Edles solle man nicht nachahmen, vielmehr danach trachten, selbst edel zu sein. Man sollte nun erwarten, daß sich die Darstellung des Unedlen gewissermaßen von selbst verbiete, da sie schlechte Charaktere verstärke oder sogar hervorbringe. Bezeichnenderweise wird in diesem Zusammenhang aber ein ganzer Katalog »unedler« Rollen angeführt, der für die Entwicklung des Arguments überflüssig wäre. Dieser Katalog wirkt wie ein plötzlicher Einbruch der Wirklichkeit in eine utopische Debatte; er steht in einem ähnlichen Verhältnis zu den verfochtenen Idealen wie die Inventare eines *zar-* oder *bori*-Kults.

Männer sollen nicht Weiber darstellen, weder junge noch alte, weder eine Kranke noch eine Verliebte oder Gebärende, weder Mägde noch Knechte, weder Feige noch Wahnsinnige; auch nicht Männer, die Schmiedende sind oder in Handarbeit begriffene, Rudernde im Kriegsfahrzeug oder ihre Befehlshaber, noch »wiehernde Pferde und brüllende Stiere und rauschende Flüsse und brausende Meere und Donner«. Eine solche Aufzählung spricht aber für sich selbst; sie zeugt noch von der Anziehungskraft einer alltäglichen und natürlichen Wirklichkeit, indem sie sie als unedel verwirft, als Abfall von der Idee, und ihre Mimesis, an der sie halb teilhat, als unvernünftig verurteilt.

Die Interpretation des Fremden durch Mimesis

Mimesis bedeutet ihrem Begriff nach Angleichung an ein anderes; so wäre sie in sozialen Gebilden, die sich als wesentlich homogen verstehen, obsolet. Wer sich etwa als Clan-Genosse darstellt, stellt nicht einen anderen dar, sondern an sich selbst das, was seine soziale Identität und die aller Clan-Genossen ausmacht. Obwohl er nicht wirklich mit seinen Clan-Genossen identisch ist, verschmilzt er in den Ritualen des Clans mit einem Ideal, das er sein, nicht nur darstellen soll. In der Mimesis gleicht man sich dagegen an etwas an, das man nicht ist und auch nicht sein soll. So ist irgendeine als gültig anerkannte Differenz zwischen dem Darsteller und dem Dargestellten eine unerläßliche Bedingung mimetischen Verhaltens.

In kulturell homogenen Gesellschaften ohne Arbeitsteilung gibt es zwar Differenzen des Geschlechts und des Alters – sowie durchaus verschiedene Charaktere –, aber zu Gegenständen mimetischer Darstellungen wählt man in ihnen doch bevorzugt Wesen der außermenschlichen Welt, vor allem Tiere, deren Erscheinung man in Verkleidungen, Masken und Tänzen »nachahmt«. Die Ethnologie hat zu verschiedenen Zeiten verschiedene Hypothesen formuliert, um sich diese Tierdarstellungen verständlich zu machen; sie hat sie als Ausdruck der Angst vor dem Unbekannten gedeutet, als Jagdzauber, als Totemismus, als Ausdruck des Glaubens an die Verwandlung von Menschen in Tiere, von Tieren in Menschen. Betrachtet man aber Mimesis als eine grundlegende Verhaltensweise des Menschen, die sich nur sekundär auf einen Zweck beziehen läßt, so fällt zuerst auf, daß in solchen homogenen, segmentären Gesellschaften nicht die sehr ähnlichen Menschen, sondern die sehr unähnlichen Tiere zur Mimesis herausfordern. Trotz der Differenzierung nach Geschlecht, Alter und Charakter sind die Menschen in diesen sozialen Gebilden einander vertraut; einer wechselseitigen Interpretation durch Mimesis bedarf es nicht, und zuweilen gibt es zudem ausdrückliche Verbote zur Herstellung von Ähnlichkeit, die belegen, daß die Mimesis von Genossen als Aggression verstanden würde. Aber die Gestalten der Tiere überwältigen, sie scheinen die Menschen zur Mimesis zu zwingen.

Wir haben gesehen, daß die Mimesis des anderen Menschen dort entsteht, wo die Kulturen sich mischen, wo jemand als Fremder in einer anderen Gesellschaft lebt und wo eine Gesellschaft durch die Fremden, die sie in sich aufnimmt, mit anderen Kulturen in Berührung kommt. Die »Differenz« zwischen zwei gleich alten Personen des gleichen Geschlechts, die sich als Fremde gegenüberstehen, ist, obgleich nicht meßbar, in mancher Hinsicht sicher nicht größer als die zwischen beliebigen Personen einer homogenen Gesellschaft; aber sie sind sich nicht vertraut; zwischen ihnen bestehen keine Verbote zur Herstellung von Ähnlichkeit, das Unvertraute des Anderen kann überwältigen und zur Mimesis zwingen. Es entsteht eine Gestalt, die den anderen durch Mimesis interpretiert, die sich verselbständigt und von anderen übernommen und dem Inventar der Tradition eingefügt werden kann. Verschwindet die Fremdheit, indem man eine soziale Beziehung zu den Fremden aufnimmt, so wird die Mimesis durch die Praxis obsolet, die einmal gefundene Figur kann nur außerhalb dieser Beziehung überdauern.

Eine ähnliche Konstellation stellt sich in heterogenen politischen Ordnungen ein, die entweder ursprünglich verschiedene Kulturen miteinander vergesellschaften, in denen aufgrund von Arbeitsteilung und Industrialisierung verschiedene soziale Milieus entstanden sind, oder die sich durch historische Krisen, religiöse Erneuerungen oder Eroberungen differenziert haben. So führte etwa die Islamisierung und Kolonialisierung der Hausa zur Ausgrenzung einer Frauenkultur, der das öffentliche Leben fremd wurde, so daß sie es sich mimetisch vergegenwärtigen mußte; und mit der Emanzipation dieser Frauenkultur wurde der *bori*-Kult instrumentalisierbar, er erhielt eine politische Funktion. Im 19. Jahrhundert setzte, nicht zuletzt aufgrund einer globalen Ausweitung moderner Verkehrsmittel, eine ungeheure Beschleunigung sowohl der Kulturenmischung als der Differenzierung sozialer Milieus ein, die in Afrika von einer Welle mimetischer Kulte begleitet wurde. Diese Welle verebbte in dem Maße, in dem die Mischung schließlich zur Nivellierung führte.

Die Typen, die eine homogene Gesellschaft von Generation zu Generation überliefert, zeichnen sich durch ein hohes Maß an Dauerhaftigkeit und stilistischer Geschlossenheit aus, in der bildenden Kunst, in der Musik, in den Erzählungen, Liedern und Tänzen. Zwar war es illusionär zu glauben, daß diese Gesellschaften in unwandelbaren, archaischen Formen eingeschlossen seien; im Gegenteil: gerade das Fehlen einer schriftlichen Überlieferung und die Bevorzugung vergänglicher Materialien, wie Holz oder Lehm, in der plastischen Kunst erlaubten eine ständige Revision der Typen und Formen, die die hochkulturellen Klassengesellschaften, etwa die ägyptische, in Denkmälern und Texten gerinnen ließen; aber diese Revisionen betrafen doch eher die Details als die Typen, eher die Ausführungsbestimmungen als den Stil.

Der Realismus der Tierdarstellungen solcher Gesellschaften, etwa in den Felsbildern, ruft noch heute Staunen hervor; er entspricht dem Realismus, mit dem man Tiere in Verkleidungen und Tänzen darstellt. Das Menschenbild unterliegt dagegen oft dem Ähnlichkeitsverbot; besonders das Ahnenbild, das im Verborgenen aufbewahrt wird, abstrahiert und muß abstrahieren, da es nicht den lebendigen, wirklichen Menschen, sondern ein gereinigtes, eigenschaftsloses Ideal darstellt. Vor die Aufgabe – oder unter den Zwang – gestellt, den Typus einer fremden Kultur, gar einer fremden Rasse, zu entdecken, d. h. die Vielfalt der sichtbaren Erscheinung auf ihr »Wesen« oder ihren »Geist« zu reduzieren und im Tanz, in der Maske oder Kultfigur darzustellen, kann der Tänzer oder Künstler nicht einfach auf sein Inventar konventionalisierter Typen und Stilformen zurückgreifen; er ist der Abstraktionsregeln und Ähnlichkeitsverbote enthoben, er darf und muß seinen Kanon verlassen. Die beobachtete Wirklichkeit beginnt, in das relativ geschlossene Universum jener Kultur einzudringen, die beobachtet oder sich überwältigt fühlt.

Die getanzten, getrommelten, erzählten und geschnitzten Bilder einer homogenen Kultur sind in ihre Lebenswelt verwoben, weil sie ihr entstammen, ihr Selbstbild, ihre Ängste und Hoffnungen in sich sammeln und verdichten und weil sie auf ihre gelebte Wirklichkeit zurückwirken. Der Fremde verfügt über ein anderes Universum von Bildern, das in seine Erscheinung, seine Gewohnheiten und Verhaltensweisen hineinspielt; seine Darstellung erzwingt deswegen eine Mischung der Stile und Typen, der etwas Gebrochenes und Widersprüchliches anhaftet. Der Bruch mit dem Kanon ist ein Bruch mit dem ästhetischen Ideal, vielleicht unsicher und schwankend, damit aber auch näher an der Wirklichkeit.

Aus diesen Überlegungen folgt, daß Epochen der Kulturenmischung am ehesten dazu gebracht werden, mit dem Kanon zu brechen und realistische Darstellungen zu erzeugen, wobei freilich der Kanon neben dem neuen Realismus überdauern kann. Wir haben gesehen, daß dies in den afrikanischen Besessenheitskulten, Maskeraden und Kultfiguren des späten 19. und frühen 20. Jahrhunderts der Fall war. In den Gesellschaften, die schon vor der Kolonialzeit kulturell heterogen waren oder im Austausch mit Fremden standen, sind diesem Realismus wahrscheinlich ähnliche Epochen des Realismus vorausgegangen, doch reicht das historische Material nicht aus, um eine solche These zu erhärten.

Der Gedanke an eine enge Verknüpfung von Kulturenmischung und Mimesis, Erschließung fremder Lebenswelten und Realismus bewährt sich aber an der europäischen Literatur- und Kunstgeschichte. Wie Erich Auerbach gezeigt hat, entstand der Realismus in der abendländischen Literatur im Bruch mit der Lehre von den Höhenlagen, ausgelöst durch die Geschichte Christi, in der sich das Alltägliche mit dem Tragischen mischt.[9] Die Interpretation des Wirklichen durch literarische Mimesis erreichte ihren ersten Höhepunkt im Mittelalter, einen zweiten im 19. Jahrhundert. In dieser zweiten Epoche des europäischen Realismus wird aber die innere Verknüpfung von Mimesis und Fremderfahrung besonders gut greifbar.

Der Roman Stendhals und Balzacs entstand in einer Zeit und vor einem historischen Hintergrund, da sich infolge der Revolution die Stände und Klassen in einer zuvor unbekannten Weise zu berühren begannen. Ein beliebiges Individuum konnte ebenso schnell aufsteigen wie absinken, so daß sich an einem einzelnen Schicksal das Ganze der Gesellschaft mit seinen sehr unterschiedlichen sozialen Milieus darstellen ließ.

Im realistischen Roman geht es, wie in der afrikanischen Besessenheit, nicht um eine rationale Erkenntnis von Ordnungen und Zusammenhängen, wie etwa in der modernen Ethnographie, sondern um intuitiv erfaßte, suggestive Bilder, die den Autor, sei es des Textes oder des Tanzes, überwältigen. So schreibt Auerbach von Balzac: »Die Ordnungslosigkeit und die rationale Nachlässigkeit des Textes sind Folgen der Hast, mit der Balzac arbeitete, aber sie sind dennoch kein Zufall, denn die Hast selbst ist zum guten Teil eine Folge seiner eigenen Besessenheit von suggestiven Bildern. Das Motiv der Milieueinheit hat ihn selbst mit solcher Gewalt ergriffen, daß die Gegenstände und Personen, welche ein Milieu bilden, für ihn oft eine Art zweite, von ihrer rational erfaßbaren verschiedene, aber weit wesentlichere Bedeutung gewinnen: eine Bedeutung, die man am besten mit dem Adjektiv ›dämonisch‹ bezeichnet.«[10] Diese Beschreibung läßt sich ohne Abstriche z. B. auf den *hauka*-Kult übertragen, der das Milieu der Kolonialherrschaft darstellt, und zwar nicht dessen rationale Ordnung, sondern eine zu »Geistern« verselbständigte, »dämonische« Ebene, eben die der Bilder von *passiones,* von denen die Darsteller besessen waren. Und wie die *hauka* als Zaungäste die militärischen Zeremonien der Engländer und Franzosen beobachteten, um sich von ihnen für ihren Kult »inspirieren« zu lassen, so gingen die realistischen Schriftsteller des 19. Jahrhunderts, die Brüder Goncourt und Zola, in die Arbeiterviertel und Kohlebergwerke, um fremde soziale Milieus zu studieren und darzustellen.[11]

Nach Auerbachs Überzeugung war es mit der Möglichkeit, ein fremdes soziales Milieu zu erschließen, schon zu Beginn des 20. Jahrhunderts vorbei. »Die Bevölkerungsschichten und ihre verschiedenen Lebensformen sind durcheinandergeschüttelt, es gibt auch keine exotischen Völker mehr; vor einem Jahrhundert wirkten (etwa bei Mérimée) die Korsen oder die Spanier noch exotisch, heut wäre das Wort für die chinesischen Bauern von Pearl Buck ganz unangebracht.«[12] Im gleichen Maß, wie sich die kulturellen oder lebensweltlichen Differenzen nivellieren, muß sich dann aber auch der realistische Roman nivellieren; er gelangt zu globaler Herrschaft, aber die Differenzierung der sozialen Milieus geht verloren. Wir haben gesehen, daß diese Beobachtung in der ganz anderen Perspektive der afrikanischen Plastik und des Tanzes ebenfalls gilt; die Nivellierung der Kulturen nimmt nicht nur den außereuropäischen Völkern, sondern auch Europa selbst, von außen gesehen, den Charakter des Exotischen. Die Kolonialzeit war deswegen nicht das Ende der afrikanischen Kunst, wie so oft behauptet wird, sondern eher ihre letzte Blütezeit, nach der sie sich der allgemeinen Nivellierung nicht mehr entziehen kann.

In diesen Gedankengang läßt sich nun auch die Frage nach dem Realismus der bildlichen Darstellung von Fremden im Vergleich von afrikanischer und europäischer Kunst einfügen. Die wohl erstaunlichste Entdekkung, die Julius Lips machte, als er afrikanische Bilder von Europäern mit europäischen Bildern von Afrikanern und anderen Außereuropäern verglich, war, daß viele afrikanische Künstler die europäische Physiognomie sehr genau wiedergaben, ja sogar die Nationalität, den Berufsstand und den Charakter, während die europäischen ethnographischen Zeichner völlig unspezifische Gestalten gaben, die eher die Nationalität des Zeichners verrieten als auch nur die Rassenzugehörigkeit des Gezeichneten. Diese Beobachtung muß allerdings historisch relativiert werden.

Die mittelalterliche europäische Kunst gab die afrikanische Physiognomie überaus realistisch; der Balthasar der Krippe zu Bethlehem war ihr eine *figura,* nämlich der Repräsentant der exotischen Menschheit oder überhaupt der menschlichen Vielfalt; kein Kanon hielt sie von der Mimesis des Afrikaners ab, sein wirkliches Bild entsprach den Absichten ihres »figuralen« Realismus. Diese Bildtradition endete aber mit Dürers berühmten Porträt der Katharina, die er 1521 auf der niederländischen Reise zeichnete. Die Expeditionszeichner des 17. und 18. Jahrhunderts waren vielleicht nicht so sehr unfähig, fremde Physiognomien zu geben, wie Lips ihnen unterstellt, als daran gar nicht interessiert; sie richteten sich nach dem klassischen Kanon, ihre Afrikaner erinnern an die Bilder in den Anatomieatlanten der Zeit oder an barocke oder klassizistische Skulpturen in einem Park. Diese Zeichner lebten an Bord der Entdekkungsschiffe, nicht wirklich in fremden Kulturen. In dieser wohl vorbereiteten Distanz brauchten sie sich von keiner fremden Erscheinung überwältigen zu lassen. Noch wichtiger aber war wahrscheinlich, daß das Publikum, für das sie arbeiteten, nur scheinbar an fremden Völkern interessiert war; dieses Publikum verlangte nach Bildern des Edlen Wilden, die vor allem dem klassizistischen Ideal zu entsprechen hatten. Darin glich es in gewisser Weise dem Hof von Benin, der an Portugiesenbildern auch nur zu seinem eigenen Ruhm interessiert war. Wie die afrikanischen Bilder der Aufklärung idealisierte und verkleidete Bürger gaben, so gab die höfische Kunst in Benin als Portugiesen idealisierte, verkleidete Afrikaner.

Es scheint, daß die realistische Absicht sich in der Kunst des Fremdenbilds erst im 19. Jahrhundert durchsetzt, in Afrika wie in Europa, und mit der Forcierung der Kulturenmischung zusammenhängt. Vor allem an den *hamba*-Figuren der Cokwe konnten wir beobachten, wie eng die Besessenheit von Europäern mit dem expressiven Realismus der Plastik verknüpft war. In der gleichen Zeit kam aber auch ein neuer Typus des europäischen Reisenden und Zeichners auf, der von den afrikanischen Völkern und ihren Kulturen zutiefst beeindruckt war. Georg Schweinfurth gab zumindest exakte Bilder von den Bongo und anderen Völkern des Südsudans und entwickelte schon sehr früh einen Blick für ihre Kunst. Seine Art des Zeichnens, die gewissermaßen unter der Anleitung eines ethnographischen Blicks stand, konnte sich zwar nicht durchsetzen, aber doch wohl nur deshalb nicht, weil sie alsbald von der Photographie abgelöst wurde. Und noch viel später belegen etwa die Aquarelle, die Emil Nolde als Expeditionszeichner in Neuguinea anfertigte, welche wahre Besessenheit auch der europäische Künstler bei der Darstellung des Fremden an den Tag legen konnte.

Inzwischen hat die Photographie, in der sich der europäische Realismus vollendet und zugleich nivelliert, längst auch die afrikanischen Darstellungen von Fremden entmachtet, und zwar selbst im Rahmen der Kulte der Fremdbesessenen. Wir haben gesehen, daß das zentrale Kultbild des *mammywater*-Kults schon kurz vor dem Ersten Weltkrieg aus einem europäischen Druck als plastische Kopie hervorging; und heute stammen die Wandbilder der meisten Kultgemeinden sogar aus der Illustriertenphotographie. Sie sind in diesem Sinne realistischer als alles, was die afrikanische Kunst je geschaffen hat; aber es sind Kopien einer nivellierten Wirklichkeit, die den Zauber des Fremden und Exotischen verloren hat, für uns und in geringerem Maße wohl auch für die Afrikaner selbst. Insofern bleiben sie weit hinter den expressiven Figuren, den getanzten wie den gemalten, der älteren Besessenheitskulte zurück, die sich der ersten Begegnung mit der europäischen oder einer anderen Zivilisation verdankten. Nur diese besitzen den Wert und die Schönheit von Inkunabeln. Trotz aller Nivellierungen ist die Fremdbesessenheit in einigen Teilen Afrikas jedoch nicht völlig verschwunden, wie der *mammywater*-Kult zeigt, der mit seinen Trancen, Tänzen und Initiationen noch eine eigenständige Aneignung der modernen Kultur möglich macht. Wenn man Elemente der modernen Konsumwelt auf einem Altar aufbaut, moderne Speisen rituell verzehrt, so ist die Fremdheit der Lebensform, in der dies geschieht, noch nicht ganz eingeebnet. Und so sehr sich die Novizin der *mammywater* unserer Strand- und Freizeitkultur nähert, wenn sie sich des Nachts in der Brandung mit Wasser übergießen läßt, so ist sie doch noch keine Badenixe.

Anmerkungen

Ashanti und die Leute aus dem Grasland

1 Vgl. die Kataloge Jahn 1980; 1983.
2 Vgl. die Figuren in Jahn 1980, Abb. 18, 19; 1983, Abb. 44, 45, 51, 52.
3 Cole und Ross 1978, S. 26 f.
4 Vgl. Fortes 1975; Schildkrout 1979.
5 Rattray 1916, S. 142, Nr. 533.
6 Fortes 1975, S. 241.
7 Fortes 1969, S. 263.
8 Rattray 1929, S. 35.
9 Schildkrout 1979, S. 190.
10 Zu *xenos* und *barbaros* s. Pauly's Realencyclopädie der classischen Altertumswissenschaften, s. v. »Barbaren«, »Xenoi«; zu *ger* und *nokri* vgl. Weber 1976, III, S. 32–43; vgl. a. Cohen 1966, S. 131–166.
11 Simmel 1908, S. 512.
12 Evans-Pritchard 1940, S. 217 ff.
13 Vgl. a. Newcomer 1972.
14 Fortes 1945; 1949.
15 Fortes 1945, S. 22.
16 Fortes 1975, S. 232 f.
17 Fortes 1975, S. 230.
18 »Alle zentralisierten Gesellschaften scheinen eine Verschmelzung verschiedener Völker zu sein, von denen jedes sich seines besonderen Ursprungs und seiner besonderen Geschichte bewußt ist (...) Zentralisierte Gewalt und ein Verwaltungssystem scheinen notwendig zu sein, um kulturell unterschiedliche Gruppen in einem einzigen politischen System zusammenzuhalten (...) Eine zentralisierte Form der Regierung ist nicht nötig, um unterschiedliche Gruppen, die starke kulturelle Ähnlichkeit und die gleiche Lebensweise haben, zu verschmelzen. Auch resultiert aus einer solchen Verschmelzung nicht notwendig eine zentralisierte Form der Regierung. Die Nuer haben eine große Anzahl unterworfener Dinka assimiliert, die ebenso wie sie Hirten sind und eine sehr ähnliche Kultur besitzen. Sie haben sie durch Adoption oder auf andere Weise in ihr Lineage-System aufgenommen, ohne daß dies zu einem Klassen- oder Kastensystem oder zu einer zentralisierten Form der Regierung geführt hätte. Scharfe Unterschiede kultureller oder ökonomischer Art sind wahrscheinlich unverträglich mit einem segmentären politischen System« (Fortes und Evans-Pritchard 1940, S. 9 f.; hier zit. n. der dt. Übersetzung, Fortes und Evans-Pritchard 1978, S. 158 f.).
19 Vgl. a. Simmel 1908, S. 125 ff.

20 Southall 1956, S. 202.
21 Vgl. Schnelle 1971.
22 Southall 1956, S. 230.
23 Wilks 1975, S. 308 ff.
24 Skinner 1974, S. 8 f.
25 Colson 1970.
26 Schaar 1917/18, S. 97 f.
27 Vedder 1923, I, S. 9.
28 Evans-Pritchard 1940, S. 125; hier zit. n. der dt. Übers. in Lincoln 1983, S. 14.
29 Gen. 9, 18–27.
30 Enderwitz 1979, S. 26 f.
31 Tremearne 1914, S. 28.
32 Bosman 1704, S. 149.
33 Hofmayr 1911; Baumann 1936, S. 333; Beidelman 1963; Görög-Karady 1976; Duchâteau 1980.
34 Duchâteau 1980, S. 56; Samarin 1980.
35 Hofmayr 1911, S. 130.
36 Westermann 1912, S. 178.
37 Hofmayr 1925, S. 241.
38 Frazer 1957, S. 352 f.
39 Ellis 1887, S. 339.
40 Zit. n. Baumann 1936, S. 333.
41 Vgl. Fortes 1983.
42 Muratori 1936, I, S. 2 f. – Ich zitiere die Originalfassung, da es sich um einen unveröffentlichten Text handelt: »In quel tempo Ajok prese uno scudo ed un fucile, e disse allo uomo rosso e all'uomo nero: ›Fate la gara di corsa.‹ Essi fecero la gara di corsa ed il Nero si scelse lo scudo e lasciò il fucile al rosso. Allora Ajok si fece restituire lo scudo ed il fucile, e li appese di nuovo all'albero e disse: ›Fate la gara di corsa e disputatevi quelle cose là!‹ Ed essi fecero di nuovo la gara di corsa, e di nuovo il Nero arrivò per primo e si scelse lo scudo e lasciò il fucile al rosso. Allora Ajok disse al Nero: ›Tu così vuoi lo scudo. Eccoti lo scudo. Prendi anche le lance.‹ Quindi disse al rosso: ›Tu prenditi il fucile. Vieni, castiga i Neri affinchè portino i tuoi oggetti come schiavi. Io avevo pensato: ›si prenda il Nero il fucile‹, ma egli non ha voluto. Perciò venite, o Neri, sopportate il vostro castigo!‹«
43 Baumann 1936, S. 284 ff.
44 Baumann 1936, S. 280 f.
45 Bastian 1874, II, S. 218.
46 Hofmayr 1911, S. 130 f.
47 Görög-Karady 1976; Baumann 1936, S. 333.
48 Soweit sich die afrikanischen Differenzmythen auf Europäer beziehen, können sie nur unmittelbar nach der ersten Begegnung entstanden sein; sie zeigen sich aber nicht als von etwas Neuem und Unbekanntem überwältigt.

Oft verbindet sich die mythische Negation historischer Veränderungen mit zyklischen Zeitvorstellungen, die an Eliades Thesen zum »Mythos der ewigen Wiederkehr« erinnern (vgl. Eliade 1954). »In Burundi ist die Geschichte zyklisch. Die Namen der Könige bilden einen Zyklus, und wie ein König dem anderen folgt, nimmt die Geschichte ihren Lauf und beginnt von Neuem. Auf einen Mwaambutsa folgt ein Ntare, dann ein Mweezi und schließlich ein Mutaaga, der einem neuen Mwaambutsa vorhergeht. Jeder König des Zyklus besitzt einen idealtypischen Charakter und mit jeder vierten Generation kehrt jeder Idealtypus wieder. Ntare ist der Eroberer, der eine Dynastie gründet, Mweezi der Herrscher, der seine Macht gegen Rebellen behaupten muß, aber über ein sehr langes Leben verfügt; Mutaaga ist der gute, aber glücklose König und Mwaambutsa der König, der einem neuen Ntare den Weg bereitet« (Vansina 1973, S. 104 f.). An die Stelle des idealtypischen Charakters der Könige tritt in den zyklischen Altersklassensystemen der ostafrikanischen Kalenjin der idealtypische Charakter der acht Altersklassen, die in einem ewigen Kreislauf aufeinander folgen; alle »historischen Ereignisse« kehren mit jeder neunten Altersklasse zurück, und die Tugen z. B. sind so konsequent, daß für sie die erste Begegnung mit den Europäern nur die Wiederholung ihrer Begegnung mit den Sirikwa war (vgl. Blackburn 1976, S. 75 ff.; Sutton 1976, S. 48 ff.; Mwanzi 1977, S. 26 ff.) und daß sich, nach der Dekolonialisierung, die Kolonialzeit wiederholen wird (Behrend 1983). – Eine solche Geschichtsauffassung läßt sich zwar nicht mit dem neuzeitlichen Fortschrittsoptimismus in Einklang bringen, aber sie erscheint auch nur in dessen Perspektive als »pessimistisch«, ebenso wie Nietzsches Philosophie der ewigen Wiederkehr des Gleichen.

49 Vgl. Fernandez 1982, S. 70.
50 Sundkler 1961, S. 57, 59.
51 Hegel 1955, S. 218 f.
52 Fortes 1983.
53 Fortes 1949, S. 325.
54 Fortes 1949, S. 327, Anm. 1.
55 Rattray 1923, S. 150.
56 Vgl. die Analyse bei Horton 1983, S. 64–71, der ich hier im wesentlichen folge.
57 Vgl. Fortes 1969, S. 179–183.
58 Rattray 1927, S. 28–30.
59 Rattray 1927, S. 29 f.; Debrunner 1961, S. 101–104.
60 Rattray 1927, S. 29 f.
61 Field 1960, S. 87 ff. – Vgl. Ward 1956, Debrunner 1961; McLeod 1975.
62 McLeod 1975, S. 112.
63 Debrunner 1961, S. 107.
64 Vgl. Fortes 1945, S. 106; 1975, S. 231; Debrunner 1961, S. 107.
65 Debrunner 1961, S. 127.

66 Ward 1956, S. 52; Field 1960, S. 99; McLeod 1981, S. 148.
67 Field 1960, S. 90; Debrunner 1961, S. 107; vgl. Chesi 1979, Abb. S. 79.

Über transsaharische Konvergenzen

1 Horton 1983.
2 Horton 1983, S. 74–77.
3 Horton 1983, S. 50–57.
4 Daß ein solches Gegensatzpaar für afrikanische Kosmologien konstitutiv ist (und wahrscheinlich für alle Weltbilder), ist natürlich oft bemerkt worden; nur die Bezeichnungen schwanken: Dem Gegensatz von Natur und Gesellschaft »entspricht« der Gegensatz von Busch und Siedlung (manchmal auch Wasser und Land), Wildnis und Kultur, Natur und Kultur, Wildnis und Zivilisation. Zur anthropologischen Erörterung dieser Problematik vgl. Duerr 1978.
5 Evans-Pritchard 1956, S. 106 ff.
6 Horton 1970; 1983.
7 Lienhardt 1961.
8 Lienhardt 1961, S. 151; vgl. Kramer 1984.
9 Lienhardt 1961, S. 150.
10 Vgl. Weber 1968, S. 328.
11 Lienhardt 1961, S. 151 f.
12 Benz 1972, S. 125.
13 Benz 1972, S. 141.
14 Benz 1972, S. 125.
15 Vgl. Mühlmann 1972, S. 69.
16 Zutt 1972, S. 23.
17 Zutt 1972, S. 15 f.
18 So spricht Siroto 1976 in bezug auf gewisse afrikanische Bildwerke ausdrücklich von *erfundenen* Geistern *(invented spirits)*.
19 Minkus 1980, S. 182.
20 Minkus 1980, S. 185.
21 Colson 1969, S. 72.
22 Baumann 1975, S. 626.
23 Ein ähnlicher »Essentialismus« ist etwa an den »schwarzen« *mbandwa* der Nyoro zu beobachten; die Nyoro sprechen nicht vom »Geist des Europäers«, der in ihrer Sprache *mujungu* heißen müßte, sondern vom »Geist des Europäertums«, einem *mbandwa* namens *njungu,* nicht vom »Geist des Polen«, *mupolandi,* sondern vom »Geist des Polentums«, *mpolandi.* Dem entspricht, daß die von einem »schwarzen« *mbandwa* Besessenen nicht bestimmte Individuen verkörpern, sondern, wie Beattie sagt, »die verallgemeinerte Kraft oder Macht, von der man glaubt, daß sie es ist, durch die Polen oder andere Europäer das sind, was sie sind« (Beattie 1969, S. 162).

24 Baumann 1935, S. 194; Lima 1971, S. 347.
25 Baumann 1935, S. 206 f.
26 Vgl. z. B. Baumann 1938.

Im Griff einer anderen Kultur

1 Vgl. die Zusammenstellung bei Heintze 1970, S. 168–190.
2 Gelfand 1962, S. 162. – Vgl. zusammenfassend Bucher 1980.
3 Fry 1976, S. 19; Garbett 1969.
4 Gelfand 1959, S. 30 f.; v. Sicard 1967, S. 46; Gelfand 1962, S. 155, 151.
5 Garbett 1969.
6 Gelfand 1959.
7 Gelfand 1959, S. 141–143.
8 Gelfand 1959, S. 121.
9 Gelfand 1959, S. 139–141.
10 Gelfand 1959, S. 150.
11 Gelfand 1959, S. 136–138.
12 Gelfand 1959, S. 138 f.
13 Gelfand 1959, S. 129–136.
14 Gelfand 1959, S. 143.
15 Gelfand 1973, S. 139.
16 Gelfand 1973, S. 139.
17 Gelfand 1973, S. 140.
18 Fry 1976, S. 20 f.
19 Vgl. Garbutt 1909, S. 548; Morkel 1933, S. 114; Hugo 1935, S. 52; Heintze 1970, S. 54 f.; Fry 1976, S. 20 f.
20 Gelfand 1959, S. 121 f.; Fry 1976, S. 21.
21 Fry 1976, S. 22.
22 Gelfand 1959, S. 136–138.
23 Junod 1913; Lindblom 1920.
24 Z. B. Frobenius 1921; 1931; 1933; 1938, bes. S. 194; vgl. a. Kramer 1986.
25 Frobenius 1933, S. 296. – Die Begriffe »Schamanismus« und »Besessenheit« werden sehr unterschiedlich abgegrenzt, oft im Interesse bestimmter Wertungen. M. Eliade hat den afrikanischen Kontinent in seinen sonst so globalen religionsphänomenologischen Betrachtungen über »archaische Ekstasetechniken« unbeachtet gelassen (Eliade 1975), obwohl sich sein Lob des Schamanismus vom Lob afrikanischer »Ergriffenheit« bei Frobenius nicht wesentlich unterscheidet. Der »Schamanismus«, den Eliade lobt, ist nicht der, den Frobenius als Abfall und Aufbegehren gegen die natürliche Wirklichkeitsordnung geißelt. Nach Eliade konstituiert der Ascensus in jenseitige und höhere Welten den Kern genuin schamanistischer Ekstasen, Aufschwünge, in denen man der »Geschichte« entflieht; die Welt der Geschichte bedeutet aber für Eliade ungefähr das, was die Welt der

Tatsachen für Frobenius bedeutete; die »Archetypen« stehen zur Geschichte in einem ähnlichen Verhältnis wie die Wirklichkeit zu den Tatsachen. Gelobt wird hier wie dort die Abkehr vom Profanen und die Hinwendung zum Erhabenen; für Frobenius ist das Erhabene Subjekt der Ergriffenheit, die »Ichpotenz« Subjekt des Abfalls, während Eliade die Ekstase immerhin als »Technik« versteht. Besessenheitsphänomene, wie sie unbestreitbar in die Besessenheitskulte und in den Schamanismus hineinspielen, erscheinen Frobenius wie Eliade als »späte« Beimischungen, die ein ursprünglich reineres Erscheinungsbild getrübt oder verdrängt haben. – Im Anschluß an eine Eliade-Kritik von D. Schröder (1953) hat L. Vayda (1964) Schamanismus und Besessenheit ethnologisch-kulturhistorisch zu differenzieren versucht, indem er das unterschiedliche Selbstverständnis von Schamanen und Besessenen hervorhob. Während der Schamane seinen Hilfsgeistern gebiete und seine Seele selbst auf die Reise schicke, erfahre sich der Besessene als bloßes Medium eines fremden Geistes, der die Stelle seines Willens oder seiner Seele einnehme. Dieser Differenz der Selbstdarstellung soll eine Differenz des äußeren Erscheinungsbildes von Besessenheit und schamanischer Ekstase entsprechen; der Gegensatz zwischen den Hyperkinesen der Besessenen und der Erstarrung, Unempfindlichkeit und Reglosigkeit erscheint Vayda nicht als »unwesentlich«, da »sich die beiden Grundformen der Ekstase in ihrer Verbreitung, ihrem kulturellen Milieu und ihren historischen Zusammenhängen meistens klar trennen lassen« (Vayda 1964, S. 269). Der kosmologische Hintergrund des sibirischen Schamanismus unterscheide sich, und diese Differenz der Kosmologien überwiegt in kulturhistorischer Sicht die Tatsache, daß sich auch sibirische Schamanen zuweilen wie Besessene verhalten. Für Beobachter sind Schamanen Besessene, das hatte Eliade eingeräumt (Eliade 1951, S. 95 f.), und das bestreitet auch Vayda nicht. Aber wiederum geht es darum, ein »reines« Bild des Schamanismus von späteren Verunreinigungen abzuheben: »Dem sibirischen Schamanismus scheint die Besessenheit ursprünglich fremd gewesen zu sein« (Vayda 1964, S. 269).

26 Bourguignon 1976, S. 19.

27 Bourguignon 1976, S. 22–24.

28 Vgl. de Heusch 1962; Heintze 1970, S. 5; Rouget 1980; Lewis 1983, S. 178. – De Heusch (1962), der wie Eliade Besessenheit und Schamanismus auf je spezifische Kosmologien und Religionsformen bezieht, stellt z. B. einer »authentischen« eine »unauthentische«, »unfreiwillige«, und »unheilvolle« Besessenheit gegenüber. Quer zur Unterscheidung von Schamanismus und Besessenheit wird dann dem »Adorzismus« ein »Exorzismus« entgegengesetzt. Authentische Besessenheit sei die Hereinnahme des Geistes in das Medium und entspreche dem schamanischen Modell, bei dem der Schamane eine abhandengekommene Seele freilich nicht in sich selbst aufnimmt, sondern sie in den Körper seines Patienten zurückführt; unauthentische Besessenheit führe zur Vertreibung des Geistes aus seinem Gefäß und

entspreche jener anderen schamanischen Praxis, bei der eine Krankheitsursache aus dem Patienten entfernt wird. – M. Douglas unterscheidet schließlich ganze Gesellschaften hinsichtlich einer als maßgebend und einheitlich unterstellten Haltung zu psychomotorischen Phänomenen. Auf der einen Seite stehen Gesellschaften, die das Individuum durch Gruppendruck und Rigidität des Wahrnehmungsrasters »im Griff« haben, auf der anderen solche mit »schwachem« Zugriff; so sollen die Dinka über ein wenig rigides Wahrnehmungsraster verfügen und nur in geringem Maße dem Kollektivdruck ausgesetzt sein, so daß sie psychomotorische Besessenheitsphänomene nicht unterdrücken, während die »kollektivistischen« Nuer Wahrnehmungen rigide klassifizierten und unkontrollierbare Ausbrüche, wie die Besessenheit sie mit sich bringt, für bedrohlich hielten und zu unterbinden versuchten (Douglas 1973, S. 119–130). – Auch A. Friedrich (1939, S. 256 f.) hatte Gesellschaften, die Besessenheit begünstigen, *in toto* solchen gegenübergestellt, die sie behindern; Friedrich griff dabei auf die von Frobenius formulierte Theorie der »manistischen« Kulturen zurück, die sich ergriffen der Wirklichkeit hingeben; diesen Kulturen sei Ergriffenheit – von Friedrich »Besessenheit« genannt – genuin zueigen, so daß sie sich zu den Äußerungen der Besessenen positiv verhielten, während andere Kulturen von »andersgearteten Religionselementen« geprägt seien, die eine Entfaltung der Besessenheit behinderten, so daß sich dort nur deren »dunkle« Seite, d. h. die negativen, verfemten Aspekte herausbilden konnten.

29 Firth 1964, S. 247 f.; 1967, S. 296; 1970, S. 178.

30 Beattie 1964, S. 229; Heintze 1970; Lewis 1971.

31 Lewis 1983, S. 179.

32 Lewis 1983, S. 187.

33 Durkheim 1981, S. 290.

34 Durkheim 1981, S. 300.

35 Durkheim 1981, S. 366–369.

36 Ranger 1972, S. 12.

37 Anderswo in Afrika gibt es jedoch auch Frauen, die als Besessene einem spezifisch weiblichen Beruf nachgehen; so gab es bei den Nyaneka-Humbi in Angola neben besessenen Männern, die als Jäger, Schmiede, Wahrsager und Heiler arbeiteten, besessene Frauen, die den Beruf der Friseuse oder der Töpferin ausübten. Vgl. Estermann 1954, S. 9; Heintze 1970, S. 15.

38 Krapf 1858, S. 294. – Vgl. zu Krapf: Southall 1979.

39 Krapf 1858; O. Baumann 1891; Werth 1915; Skene 1917, Koritschoner 1936.

40 Velten 1903, S. 185, 205; Skene 1917, S. 422.

41 Gray 1969, S. 174.

42 Lindblom 1920, S. 229, 234.

43 Noble 1961, S. 52.

44 Lindblom 1920, S. 239 f.

45 Parkin 1970, S. 225.

46 Harris 1957, S. 1048.
47 Faulkingham 1979, S. 1.
48 Messing 1958, S. 1122.
49 Westermann 1912, S. 178.
50 Krieger 1967, S. 97.
51 Krieger 1967, Nr. 19.
52 Krieger 1967, Nr. 22.
53 Krieger 1967, Nr. 23.
54 Krieger 1967, Nr. 30, 9.
55 Krieger 1967, Nr. 8, S. 110.
56 Krieger 1967, S. 110 f.
57 Krieger 1967, S. 112 f.
58 Krieger 1967, S. 111.
59 Krieger 1967, S. 97.
60 Onwuejeogwu 1969, S. 293–295.
61 Onwuejeogwu 1969, S. 293–303.
62 Onwuejeogwu 1969, S. 290.
63 Onwuejeogwu 1969, S. 286.
64 Onwuejeogwu 1969, S. 286.
65 Tremearne 1914, S. 157; dagegen Harris 1930.
66 Onwuejeogwu 1969, S. 292; vgl. a. Besmer 1977.
67 Haberland 1960, S. 143.
68 Lewis 1969, S. 205.
69 Ibrahim 1979, S. 173.
70 Messing 1958, S. 1122; Leiris 1977, S. 168.
71 Ibrahim 1979, S. 172–175; Zenkovsky 1950, S. 70 f.
72 Cloudsley 1983, S. 70.
73 Lewis 1971, S. 204.
74 Onwuejeogwu 1969, S. 290.
75 Die Geburt der Tragödie, Abs. 8.
76 Klunzinger 1877, S. 388 f.; Littmann 1952, S. 58; Simon 1975, S. 254.
77 S. z. B. Kahle 1912, S. 23.
78 Ibrahim 1979, S. 175; Noble 1961, S. 51.
79 Beattie 1969, S. 161.
80 Colson 1970, S. 36.
81 Colson 1960, S. 122–161; 1962, S. 1–65.
82 Colson 1969, S. 71 f.
83 Colson 1969, S. 70, 73–78.
84 Colson 1969, S. 83, 95.
85 Colson 1969, S. 79 f., 86. – Diese Verhaltensweise gegenüber der modernen Technik ist sehr weit verbreitet und charakteristisch für die Gleichzeitigkeit von traditionalen Ekstasetechniken und moderner Technologie; ein bestürzendes Beispiel war die »schamanische« Mimesis der Atombombe von Nagasaki (vgl. Kramer 1983, S. 113).

86 Colson 1969, S. 85 f.
87 Colson 1969, S. 91, 94–102.
88 Colson 1969, S. 86.
89 Colson 1967; 1969, S. 85 f.
90 Colson 1984, S. 11.
91 Junod 1913, II, S. 436.
92 Gelfand 1954.
93 Ngubane 1977, S. 142–144; Sundkler 1961, S. 23.
94 Ngubane 1977, S. 142.
95 Sundkler 1961, S. 21 f.
96 Ngubane 1977, S. 144–150.
97 Sundkler 1961, S. 248 f.
98 Sartre 1969, S. 7.
99 Sartre 1969, S. 15 f.
100 Vgl. z. B. Rotberg 1971.
101 Gwassa 1972, S. 204–215. – Eine ähnliche, wenngleich begrenztere Bewegung, deren Prophet ebenfalls von einer riesigen Wasserschlange besessen war, war der Mumbo-Kult am Victoriasee (vgl. Wipper 1977, S. 23–85).
102 Ranger 1967, S. 213.
103 Ranger 1967, S. 215.
104 Ranger 1975, S. 9; Mitchell 1956, S. 2.
105 Fernandez 1982, S. 299; Binet 1972, S. 128.
106 Fernandez 1982, S. 297; Binet 1972, S. 27.
107 Zur Soziologie der Mode vgl. Simmel 1983, S. 26–51.
108 Fernandez 1982, S. 296 f.
109 Magubane 1971.
110 Das anarchische Moment, das sich in den Besessenheitskulten vor und während der Kolonialzeit findet, ist vor allem auch von Lewis betont worden (z. B. Lewis 1971, S. 117). Autoren, die sich primär für den »Zusammenbruch« traditionaler Ordnungen oder für die »koloniale Situation« interessieren, neigen dagegen dazu, den »harmonischen« Besessenheitskulten vor der Kolonialzeit kolonialzeitliche Kulte als Ausdruck der sozialen Desintegration gegenüberzustellen. So Bleyler, für den sich in der Fremdbesessenheit nichts anderes bekundet als die Ohnmacht, die Einbrüche und Veränderungen der Kolonialisierung und des sozialen Wandels zu verarbeiten; demnach wären die von Fremdgeistern Besessenen hilflos den unkontrollierbaren Mächten der kolonialen Herrschaft ausgeliefert, während zuvor die »mediativ Besessenen« – d. h. die charismatischen Medien – alle antisozialen Kräfte beherrscht und ausbalanciert hätten (Bleyler 1981, S. 69–76).
111 Vgl. Herskovits 1938, II.
112 Vgl. Burton 1961, S. 173–177.
113 Rouch 1960, S. 73–77, 133 f.
114 Rouch 1954/55; 1983, S. 217–228.

115 Rouch 1960, S. 207.
116 Rouch 1960, S. 134.
117 Vgl. Eaton 1979, S. 5–7; CinémAction 1980, S. 7.

In den Masken von Fremden und Verstorbenen

1 Sousberghe 1959, S. 83 ff.; 1960, S. 521. – Vgl. die Schlüsselpfeifen in Krieger 1965–69, III, Abb. 193; Kecskési 1982, Abb. 322; vgl. a. Lips 1983, S. 154.
2 Sousberghe 1959, S. 4.
3 Vgl. Curnow 1983.
4 Torday und Joyce 1922, S. 334.
5 Olbrechts 1946, S. 49.
6 Kjersmeier 1936, S. 22.
7 Sousberghe 1959, S. 29–32, 72; Kibango 1976.
8 Sousberghe 1960, S. 505.
9 Turner 1969, S. 82; Leach 1966.
10 Sousberghe 1981, S. 18; Kibango 1976, S. 2.
11 Sousberghe 1963, S. 53 ff.; Munamuhega 1975, S. 143.
12 Sousberghe 1956, S. 4–8; 1959, S. 35.
13 Sousberghe 1959, S. 30; Mudiji-Malamba 1979.
14 Sousberghe 1959, S. 56 f.; Gangambi 1974; Munamuhega 1975; Röschenthaler 1985, S. 89–94.
15 Sousberghe 1959, S. 40.
16 Sousberghe 1959, S. 40 ff.; Röschenthaler 1985, S. 95 f.
17 Sousberghe 1959, S. 49; Röschenthaler 1985, S. 98 ff.
18 Der Vogeljäger der Dinga: Sousberghe 1959, S. 33; der wanderne Wahrsager der Dinga: Sousberghe 1959, S. 52 f. (diese Maske erscheint auch auf dem Cover der ersten Veröffentlichung über afrikanische Kunst, Carl Einsteins *Negerplastik;* s. Einstein 1915); der Sklave: Munamuhega 1975, S. 53; der Pygmäe: Sousberghe 1959, S. 54; der Fremde: Sousberghe 1959, S. 52; Munamuhega 1975, S. 12, 85; der dreckige Weiße: Munamuhega 1975, S. 275; der Missionar: Gangambi 1974, S. 83; der fleißige Dinga, der ungehobelte Yaka: Munamuhega 1975, S. 331 ff.; Gangambi 1974, S. 123 f.; die verschiedenen Figuren: Röschenthaler 1985, S. 72–76, 86.
19 Der fleißige Dinga: Munamuhega 1975, S. 331 ff.; der Holzfäller: Munamuhega 1975, S. 183; Gangambi 1974, S. 118; der Büffel, die alte Frau: Munamuhega 1975, S. 291, 223; die alte Jungfer: Munamuhega 1975, S. 321; das kranke Schwein: Munamuhega 1975, S. 173; der Menschenfresser: Munamuhega 1975, S. 271; der dreckige Yaka: Munamuhega 1975, S. 108; der wandernde Wahrsager: Munamuhega 1975, S. 261; – vgl. die Zusammenstellung bei Röschenthaler 1985, S. 102 f.
20 Sousberghe 1960.

21 Sousberghe 1959, S. 6 f.; Röschenthaler 1985, S. 24 f.
22 Sousberghe 1960, S. 517, 521, 525.
23 Sousberghe 1959, S. 65; 1960, S. 519; zur Verbreitung dieser »therapeutischen« Masken vgl. Bastin 1984.
24 Sousberghe 1959, S. 45; Röschenthaler 1985, S. 9.
25 Sousberghe 1959, S. 11; 1960, S. 512; Röschenthaler 1985, S. 48.
26 Sousberghe 1959, S. 59, Anm. 1.
27 Sousberghe 1959, S. 73–79; Himmelheber 1960, S. 345–347.
28 Mauss (1938) 1975.
29 Vgl. Heurgon 1977, S. 304–309.
30 Boas 1966, S. 196.
31 Caillois 1982, S. 96.
32 Caillois 1982, S. 107.
33 Himmelheber und Himmelheber 1972, S. 120 f.
34 Mühlmann 1981, S. 28 f.
35 Weston 1984, S. 157–159. – Die einzige institutionalisierte weibliche Maskerade in Afrika, die der Sande-Gesellschaft der Mende von Sierra Leone, folgt dem (männlichen) Muster der Initiationsmasken, das die Pende exemplifizieren: Neben den Idealen der Weiblichkeit standen die entlastenden, komischen Maskeraden, in denen Frauen etwa gelehrte Moslems oder Führer der männlichen Geheimgesellschaft darstellten. Vgl. Phillips 1978, S. 275; zur Konfiguration von Frau und Mann in den Sande-Maskeraden vgl. a. Jedrej 1976.
36 Frobenius 1933, S. 210, 297.
37 Frobenius 1933, S. 209.
38 Thompson 1974, S. 126–133.
39 Messenger 1971, S. 209.
40 Ottenberg 1971, S. 11.
41 Ottenberg 1972, S. 109–113; 1975, S. 87–143.
42 Jeffreys 1951; Messenger 1971, S. 216–221.
43 Ottenberg 1975, S. 20 ff.
44 Messenger 1971, S. 213.
45 Lips 1983, S. 66.
46 Jeffreys 1951, S. 45.
47 Schoffeleers 1968, S. 362; Schoffeleers und Linden 1972, S. 261.
48 Horton 1963, S. 94; Talbot 1932, S. 309. – Anderswo konnte die Verbindung zwischen Wildnisgeistern und Fremden auch genealogisch formuliert werden; die komischen Masken der Guro, Aufsatzmasken, gelten als »Kinder« von *gyela,* einer Maske, die ihrerseits ein »Kind« von *zamble* und *gu* ist; *zamble* ist eine männliche, theriomorphe Maskengestalt, die ein Jäger zusammen mit ihrer anthropomorphen Frau, der Maske *gu,* in der Wildnis eingefangen und »domestiziert« hat; die Fremdheit von *zamble* als Wildnismacht wird durch ihre theriomorphe Gestalt markiert, in den *gu*-Gesichtern dagegen wollte man offenbar »den fremdartigen, tierischen Aspekt betonen

(...), indem man dem schönen Gesicht Hörner angefügt hat, bzw. ihnen aus ähnlichen Gründen die Physiognomie der schönen ›Fremden‹, der unheimlichen, aber als schön empfundenen durchziehenden Frauen (Fulbe wie Hausa) eingeschnitzt hat.« *Gyela,* beider »Kind«, hat das menschliche Antlitz der Mutter, darüber die Hörner und darunter zusätzlich das Tiermaul des Vaters, während die komischen Masken schließlich rein menschlich gebildet sind und überwiegend nicht Fremde, sondern Frauen der eigenen Gemeinschaft geben. Vgl. Fischer und Homberger 1985, S. 131 ff., 157 f.

49 Horton 1983, S. 54 f.
50 Horton 1965, S. 11.
51 Horton 1969, S. 27 f.
52 Horton 1969, S. 29–31.
53 S. z. B. Horton 1965, Abb. 17.
54 Horton 1963, S. 101 f.
55 Horton 1963, S. 102.
56 Horton 1969, S. 31.
57 Horton 1963, S. 98.
58 Horton 1963, S. 97.
59 Talbot 1932, S. 310.
60 Horton 1965, S. 9.
61 Horton 1965, S. 11 f.
62 Horton 1963, S. 100, 106.
63 Jones 1984, S. 56.
64 Horton 1965, Abb. 4–9. – Auch die vererbbaren Miniaturmasken der Dan gehören in diesen Zusammenhang. Vgl. Fischer und Himmelheber 1976, S. 139 ff.

Die Kunst der Besessenen als Bannung und Allegorie

1 Lima 1971, S. 183.
2 Lima 1971, S. 197.
3 Baumann 1935, S. 200; Lima 1971, S. 179–189.
4 Baumann 1935, S. 200.
5 Baumann 1935, S. 195.
6 Baumann 1935, S. 201.
7 Baumann 1935, S. 197 f.
8 Baumann 1935, S. 201–206; Lima 1971, S. 203–289.
9 Jagdhund und Löwe: Baumann 1935, S. 202; Heintze 1970, S. 28; Lima 1971, S. 236 ff.; Wahrsagekorb: Baumann 1935, S. 202; Vogel und Schlange: Baumann 1935, S. 202; Lima 1971, S. 238, 260; Zahn, Dorfwächter und Masken: Baumann 1935, S. 203; Lima 1971, S. 221, 256.
10 Lima 1971, S. 254 ff.

11 Lima 1971, S. 252 ff. – Solche Rahmen waren auch bei den Nachbarvölkern weit verbreitet; s. z. B. Neyt 1982, Abb. 85–92; Thiel 1984, Abb. 116–123.
12 Baumann 1935, S. 204 f.
13 Lima 1971, S. 207–213.
14 Lima 1971, Abb. 142–146, 153.
15 Baumann 1935, S. 204; Hauenstein 1961, S. 144.
16 Baumann 1935, S. 205; Lima 1971, S. 287 f.
17 Lima 1967, S. 142–150.
18 Lima 1971, Abb. 142–151, 153.
19 Bastin 1961 a, Abb. 12.
20 Bastin 1961 b, Abb. 4. – Zur Stellung der *hamba*-Figuren in der Kunst der Cokwe vgl. Lima 1971, bes. S. 355 ff.; vgl. a. Brain 1980, S. 38–43.
21 White 1949, S. 330.
22 White 1949, S. 329; 1961, S. 50.
23 Gehlen 1965, S. 20.
24 Einstein 1915, S. VII.
25 Einstein 1915, S. XV.
26 Vgl. Blumenberg 1957. – Blumenberg weist auf J. J. Breitingers *Critische Dichtkunst* von 1740 hin, in der die Idee des »schöpferischen Menschen« noch in Analogie zur aristotelischen Formel formuliert wird: »Der Dichter findet sich in der Lage Gottes *vor* der Erschaffung der Welt angesichts der ganzen Unendlichkeit des Möglichen, aus der er wählen darf; darum ist (...) die Poesie ›eine Nachahmung der Schöpfung und der Natur nicht nur in dem Wirklichen, sondern auch in dem Möglichen‹« (Blumenberg 1957, S. 281 f.).
27 So berichtet z. B. Franz Marc: »Bäume, Blumen, Erde, alles zeigte mir mit jedem Jahr mehr häßliche, gefühlswidrige Seiten, bis mir erst plötzlich die Häßlichkeit der Natur, ihre Unreinheit voll zum Bewußtsein kam.« Und noch prägnanter Raoul Dufy: »Die Natur, mein Herr, ist eine Hypothese ...« (zit. n. Blumenberg 1957, S. 282).
28 Field 1948, S. 44. – Vgl. a. Davies 1956, S. 149; Cole und Ross 1977, 125.
29 Meyer 1981, S. 124.
30 Himmelheber 1972, S. 261; vgl. a. 1960, S. 48.
31 Meyer 1981, S. 124.
32 Meneghini 1972, S. 47.
33 Fischer und Himmelheber 1976, S. 156–168.
34 Himmelheber 1960, S. 47.
35 Z. B. Fischer und Himmelheber 1976, S. 149 ff.
36 Vogel 1973. – Solche Figuren werden heute oft modisch gekleidet gegeben; vgl. Ravenhill 1980.
37 Himmelheber 1972, S. 286 f.
38 Fischer und Homberger 1985, S. 204.
39 Lima 1967, S. 142–150; Bastin 1984, S. 44.
40 Fischer 1970, S. 30 ff.

41 Lips 1937; 1983.
42 S. z. B. Krieger 1965–69, III, Abb. 292–295.
43 Worringer (1907) 1981, S. 46, 37, 49.
44 Worringer 1981, S. 49 f.
45 Duerden 1977, S. 153.
46 Vgl. Bugner 1976.
47 Fagg 1970, Abb. 23, 17; Ben-Amos 1980, Abb. 86.
48 Cole und Ross 1978, Abb. 367, 368, S. 189.
49 Datta 1972, S. 313.
50 Preston 1975, S. 38.
51 Christensen 1952, S. 113 f.
52 Christensen 1952, S. 111.
53 Preston 1975, S. 69.
54 Cole und Ross 1978, S. 201; Taf. XVII.
55 Cole und Ross 1978, Abb. 372.
56 McLeod 1981, S. 181.
57 Der aus der europäischen Kunst geläufige Sinn von Allegorie als Darstellung eines Allgemeinen in der menschlichen Gestalt ist hier nicht gemeint.
58 McLeod 1981, Abb. S. 100.
59 Krieger 1965–69, I, Abb. 33.
60 Cole und Ross 1978, S. 170–179.
61 McLeod 1981, S. 67; Debrunner 1961, S. 123 u. Abb. 5, 21, 23, 28.
62 McLeod 1981, Abb. S. 174, Abb. S. 70.
63 McLeod 1981, S. 71, 175.
64 E. G. Norris vermutet, daß die Figuren Jahn 1983, Abb. 44, 45, 51, 54 in Anti-Hexereischreinen standen (Norris 1983, S. 62 f.).
65 Warren 1976, S. 34; Abb. 6.23.
66 Jahn 1980, Abb. 46; Warren 1976, Abb. 6.24, 25.

Die Guineaküste und die Frau aus dem Wasser

1 Ittmann 1957, S. 141, 144.
2 Ittmann 1957, S. 176.
3 Ittmann 1957, bes. S. 137, 163 f., 175.
4 Ittmann 1957, S. 149.
5 Ittmann 1957, S. 155 f.
6 Ittmann 1957, S. 139 f.
7 Ittmann 1957, S. 169.
8 Ittmann 1957, S. 167.
9 Ittmann 1957, S. 145, Anm.
10 Harris und Sawyerr 1968, S. 39 ff.
11 Westermann 1921, S. 225 f.
12 Laubscher 1937, S. 1 ff., 32 f.

13 Harris und Sawyerr 1968, S. 44; Laubscher 1937, S. 1.
14 Dupré 1982, S. 382.
15 Fraser 1972, S. 269; Witte 1982.
16 Westermann 1912, S. 156 f.
17 Gelfand 1962, S. 147 f.
18 Ogrizek 1981–82; 1982.
19 Laubscher 1937, S. 6; Ogrizek 1981–82; 1982; Wintrob 1970; – vgl. zur Interpretation Duerr 1984, S. 227.
20 Vgl. Duchâteau 1980, S. 56 f.; Görög-Karady 1976, S. 218 f.
21 Ittmann 1957, S. 141; Gray 1969, S. 174.
22 Paxson 1983, S. 418 f.
23 Fraser 1972, Abb. 14.10.
24 Cole und Ross 1978, Abb. 369.
25 Salmons 1977, S. 13.
26 Cole 1982; Jones 1984, S. 82 ff.; Talbot 1932, S. 93. – Baumann deutete eine solche *mbari*-Kopie als »kretische Schlangengöttin«; er sah darin einen Beweis für »altmediterrane« Einflüsse in Westafrika (Baumann 1940, S. 68 f.). Auch K. Dittmer deutete Kopien der »Schlangenbändigerin« bei den Ibibio als »eine weibliche Gottheit, die zugleich Fruchtbarkeits- wie Mond- und Wassergöttin ist« (Dittmer 1966, S. 36, Abb. 33).
27 Salmons 1977, S. 11; zum *mammywater*-Kult der Igbo vgl. a. Jell und Jell-Bahlsen 1981; Jell-Bahlsen 1985.
28 Till 1983, S. 238; Jahn 1983, Abb. 124; Kasfir 1982, S. 51.
29 Harris 1930, S. 330; Pâques 1964, S. 585 u. Abb. 17.
30 Himmelheber 1965, S. 116; Fischer und Homberger 1985, Abb. 133; 132; Himmelheber 1965, Abb. 3,5.
31 Fischer und Himmelheber 1976, Abb. 230; Holas 1949, Abb. 2; 1952, Abb. 184.
32 Szombati-Fabian und Fabian 1976, Abb. 7–10; Fabian 1978, Abb. 1; Fabian und Szombati-Fabian 1980, Abb. 5, 12, 13; Eckhardt 1979, Abb. 128–130, 242–252. – Es entspricht der Modernität von *mammywater*, daß man sie auch zur Filmgestalt machen konnte, wie in dem in Gabun gedrehten Film *La cage,* mit Marina Vlady als Mammy Watta; vgl. Faucher 1963.
33 Reik 1923; Wintrob 1970, S. 151.
34 Thiel 1984, Abb. 98; Krieger 1965–69, III, Abb. 167.
35 Firth 1973, S. 410.
36 Spieth 1911, S. 302.
37 Spieß 1910, S. 13, Abb. 5.
38 Weise 1984, S. 64, Anm. 2.
39 Spieth 1911, S. 133 f.; Wendl 1986, S. 6.
40 Wendl 1986, S. 5 f.
41 Chesi 1979, Abb. S. 245; 1983, Abb. S. 303–305.
42 Wendl 1986, Abb. 2.
43 Chesi 1979, Abb. S. 192 r.u.

44 Wendl 1986, Abb. 4.
45 Chesi 1979, Abb. S. 85, Abb. S. 237 o.; Wendl 1985, S. 10 f.; Abb. 6–8.

Mimesis im transsaharischen Vergleich

1 Weißhaupt 1979, Tl. 1, S. 82, 86.
2 König 1984, S. 25.
3 Vgl. Kramer 1985.
4 Malinowski 1954, S. 94; 1981, S. 15.
5 Lewis 1981, S. 190.
6 Turner 1982, S. 90.
7 Turner 1982, S. 96 f.
8 Turner 1982, S. 93.
9 Auerbach (1946) 1982.
10 Auerbach 1982, S. 439.
11 Die moderne Ethnographie erscheint in vieler Hinsicht als Fortsetzung solcher Studien; ihre Darstellungsweisen nähern sich aber nur selten (so z. B. Evans-Pritchard 1974) denen der Literatur.
12 Auerbach 1982, S. 514.

Literaturverzeichnis

Ardener, Edwin 1972. Belief and the Problem of Women; in: *The Interpretation of Ritual,* hg. v. J. S. La Fontaine, London.

Auerbach, Erich 1982 (1946). *Mimesis. Dargestellte Wirklichkeit in der abendländischen Literatur,* Bern und München.

Bastian, Adolf 1874. *Die deutsche Expedition an die Loango-Küste,* 2 Bde., Jena.

Bastin, Marie-Louise, 1961a. Art decoratif Tshokwe (= *DIAMANG, Publicaçoes Culturais* 55), Lissabon.

Bastin, Marie-Louise 1961b. Quelques œuvres Tshokwe des musées et collections d'Allemagne et de Scandinavie, *Africa-Tervuren* 7.

Bastin, Marie-Louise 1984. Ritual Masks of the Chokwe, *African* Arts 7 (4).

Baumann, Herrmann 1935. *Lunda. Bei Bauern und Jägern in Inner-Angola,* Berlin.

Baumann, Herrmann 1936. *Schöpfung und Urzeit des Menschen im Mythus afrikanischer Völker,* Berlin.

Baumann, Herrmann 1938. Afrikanische Wild- und Buschgeister, *Zeitschr. f. Ethnologie* 70.

Baumann, Herrmann 1940. Die Kulturen Afrikas; in: *Völkerkunde von Afrika,* hg. v. H. Baumann, R. Thurnwald und D. Westermann, Essen.

Baumann, Herrmann 1975. Die Sambesi-Angola-Provinz; in: *Die Völker Afrikas und ihre traditionellen Kulturen,* hg. v. H. Baumann, Bd. 1 (= *Studien zur Kulturkunde* 34), Wiesbaden.

Baumann, Oskar 1891. *Usambara und seine Nachbargebiete,* Berlin.

Beattie, John 1964. *Other Cultures,* London.

Beattie, John 1969. Spirit Mediumship in Bunyoro; in: *Spirit Mediumship and Society in Africa,* hg. v. J. Beattie und J. Middleton, London.

Behrend, Heike 1983. Die Zeit geht krumme Wege, *Kursbuch* 73.

Beidelmann, T. O. 1963. A Kaguru Version of the Sons of Noah, *Cahier d'études africaine* 12.

Ben-Amos, Paula 1980. *The Art of Benin,* London.

Benz, Ernst 1972. Ergriffenheit und Besessenheit als Grundformen religiöser Erfahrung; in: *Ergriffenheit und Besessenheit,* hg. v. J. Zutt, Bern und München.

Besmer, Fremont E. 1977. Initiation into the Bori Cult. A Case Study in Ningi Town, *Africa* 47.

Binet, J. 1972. *Sociétés de danse chez les Fang du Gabon* (= *Trav. et Docum. ORSTOM* 17), Paris.

Blackburn, R. H. 1976. Okiek History; in: *Kenya before 1900,* hg. v. B. A. Ogot, Nairobi.

Bleyler, Karl-Eugen 1981. *Religion und Gesellschaft in Schwarzafrika. Sozialreligiöse Bewegungen und koloniale Situation,* Stuttgart.
Blumenberg, Hans 1957. »Nachahmung der Natur«. Zur Vorgeschichte der Idee des schöpferischen Menschen, *Studium Generale* 10.
Boas, Franz 1966. *Kwakiutl Ethnography,* hg. v. H. Codere, New York und London.
Bosman, W. 1704. *Nauwkeurige Beschrijving van de Guinese Goud-Landen,* Utrecht.
Bourguignon, Erika 1976. Spirit Possession Belief and Social Structure; in: *The Realm of the Extra-Human. Ideas and Actions (=World Anthropology),* hg. v. A. Bharati, Den Haag und Paris.
Bucher, Hubert 1980. *Spirits and Power. An Analysis of Shona Cosmology,* Kapstadt.
Bugner, Ladislas (Hg.) 1976. *The Image of the Black in Western Art,* 3 Bde., o. O. (Office du Livre).
Burton, W. F. P. 1961. *Luba Religion and Magic in Custom and Belief,* Tervuren.

Caillois, Roger 1982. *Die Spiele und die Menschen. Maske und Rausch,* Frankfurt a. M. und Berlin.
Chesi, Gert 1979. *Voodoo. Afrikas geheime Macht.* Wörgl.
Chesi, Gert 1983. Voodoo; in: *Colon. Das schwarze Bild vom weißen Mann,* hg. v. J. Jahn, München.
Christensen, J. B. 1952. *Double Descent among the Fanti,* New Haven (HRAF).
CinémAction 1980. Rouch d'hier à demain, *CinémAction* 17.
Cloudsley, Anne 1983. *Women of Omdurman,* London.
Cohen, Hermann 1966 (1919). *Religion der Vernunft aus den Quellen des Judentums.* Darmstadt.
Cole, Herbert M. 1982. *Mbari. Art and Life among the Owerri Igbo,* Bloomington.
Cole, Herbert M. und Aniakor, Chike C. 1984. *Igbo Art. Community and Cosmos,* Los Angeles.
Cole, Herbert M. und Ross, Doran H. 1978. *The Arts of Ghana,* University of California.
Colson, Elizabeth 1960. *Social Organization among the Gwembe Tonga,* Manchester.
Colson, Elizabeth 1962. *The Plateau Tonga,* Manchester.
Colson, Elizabeth 1967. Competence and Incompetence in the Context of Indipendence, *Current Anthropology* 8.
Colson, Elizabeth 1969. Spirit Possession among the Tonga of Zambia; in: *Spirit Mediumship and Society in Africa,* hg. v. J. Beattie und J. Middleton, London.
Colson, Elizabeth 1970. The Assimilation of Aliens among Zambian Tonga; in: *From Tribe to Nation in Africa,* hg. v. R. Cohen und J. Middleton, Scranton.
Colson, Elizabeth 1984. The Reordering of Experience. Anthropological Involvement with Time, *Jr. of Anthropological Research* 40.

Curnow, Kathy 1983. *The Afro-Portuguese Ivories. Classification and Stilistic Analyses of a Hybrid Art Form,* 2 Bde., Ann Arbor (Univ. Microfilms Intern.).

Datta, Ansu 1972. The Fante Asafo. A Re-Examination, *Africa* 42.
Davies, Oliver 1956. Human Representation in Terracottas from the Gold Coast, *South African Jr. of Science* 52 (6).
Debrunner, H. 1961. *Witchcraft in Ghana,* Accra.
Dittmer, Kunz 1966. *Kunst und Handwerk in Westafrika (= Wegweiser zur Völkerkunde* 8), Hamburg.
Douglas, Mary 1973. *Natural Symbols. Explorations in Cosmology,* New York.
Duchâteau, Armand 1980. Das Bild der Weißen in frühen afrikanischen Mythen und Legenden; in: *Europäisierung der Erde,* hg. v. G. Klingenstein u. a., München.
Duerden, Denis 1977. *African Art and Literature. The Invisible Present,* London.
Duerr, Hans Peter 1978. *Traumzeit. Über die Grenze zwischen Wildnis und Zivilisation,* Frankfurt a. M.
Duerr, Hans Peter 1984. *Sedna oder die Liebe zum Leben,* Frankfurt a. M.
Dupré, Georges 1982. *Un ordre et sa destruction,* Paris.
Durkheim, Emile 1981 (1915). *Die elementaren Formen des religiösen Lebens,* Frankfurt a. M.

Eaton, Mick (Hg.) 1979. *Anthropology – Reality – Cinema. The Films of Jean Rouch,* London.
Eckhardt, Ulrich (Hg.) 1979. *Moderne Kunst aus Afrika* (Horizonte '79), Berlin.
Einstein, Carl 1915. *Negerplastik,* Leipzig.
Eliade, Mircea 1951. Einführende Betrachtungen über den Schamanismus, *Paideuma* 5.
Eliade, Mircea 1954. *The Myth of the Eternal Return. Cosmos and History,* New York.
Eliade, Mircea 1975 (1951). *Schamanismus und archaische Ekstasetechnik,* Frankfurt a. M.
Ellis, A. B. 1887. *The Tshi-speaking Peoples of the Gold Coast of West Africa,* London.
Enderwitz, Susanne 1979. *Gesellschaftlicher Rang und ethnische Legitimation,* Freiburg.
Estermann, Carlos 1954. Culte des esprits et magie chez les Bantous du sud-ouest de l'Angola, *Anthropos* 49.
Evans-Pritchard, E. E. 1940. *The Nuer. A Description of the Modes of Livelihood and Political Institutions of a Nilotic People,* Oxford.
Evans-Pritchard, E. E. 1956. *Nuer Religion,* Oxford.
Evans-Pritchard, E. E. 1974. *Man and Woman among the Azande,* London.
Fabian, Johannes 1978. Popular Culture in Africa. Findings and Conjectures, *Africa* 48.

Fabian, Johannes und Szombati-Fabian, Ilona 1980. Folk Art from an Anthropological Perspective; in: *Perspectives on American Folk Art,* hg. v. I. M. G. Quimby und S. T. Swank, New York und London.

Fagg, William 1970. *Divine Kingship in Africa.* London.

Faucher, André 1963. *La cage. Mamy Watta,* Paris.

Faulkingham, Ralph H. 1979. *The Spirits and their Cousins. Some Aspects of Belief, Ritual, and Social Organization in a Rural Hausa Village in Niger,* Amherst.

Fernandez, James 1982. *Bwiti. An Ethnography of the Religious Imagination in Africa,* Princeton.

Field, M. J. 1948. *Akim-Kotoku. An Oman of the Gold Coast,* London.

Field, M. J. 1960. *Search for Security. An Ethno-psychiatric Study of Rural Ghana,* London.

Field, M. J. 1969. Spirit Possession in Ghana; in: *Spirit Mediumship and Society in Africa,* hg. v. J. Beattie und J. Middleton, London.

Firth, Raymond 1964. *Essays on Social Organization and Values,* London.

Firth, Raymond 1967. *Tikopia Ritual and Belief.* London.

Firth, Raymond 1970. *Rank and Religion in Tikopia,* London.

Firth, Raymond 1973. *Symbols, Public and Private,* London.

Fischer, Eberhard 1970. Selbstbildnerisches, Porträt und Kopie bei Maskenschnitzern der Dan in Liberia, *Baessler-Archiv,* N.F. 18.

Fischer, Eberhard und Himmelheber, Hans 1976. *Die Kunst der Dan,* Zürich.

Fischer, Eberhard und Homberger, Lorenz 1985. *Die Kunst der Guro, Elfenbeinküste,* Zürich.

Fortes, Meyer 1945. *The Dynamics of Clanship among the Tallensi,* Oxford.

Fortes, Meyer 1949. *The Web of Kinship among the Tallensi,* Oxford.

Fortes, Meyer 1969. *Kinship and the Social Order,* Chicago.

Fortes, Meyer 1975. Strangers; in: *Studies in African Social Anthropology,* hg. v. M. Fortes und S. Patterson, London.

Fortes, Meyer 1983 (1959). *Oedipus and Job in West African Religion,* hg. v. J. Goody (= *Cambridge Studies in Social Anthropology* 48), Cambridge.

Fortes, Meyer und Evans-Pritchard, E. E. 1940. Introduction; in: *African Political Systems,* hg. v. M. Fortes und E. E. Evans-Pritchard, London.

Fortes, Meyer und Evans-Pritchard, E. E. 1978. Afrikanische politische Systeme – Einleitung; in: *Gesellschaften ohne Staat,* hg. v. F. Kramer und Ch. Sigrist, Bd. I, Frankfurt a. M.

Fraser, Douglas 1972. The Fish-Legged Figure in Benin and Yoruba Art; in: *African Art and Leadership,* hg. v. D. Fraser und H. M. Cole, Madison.

Frazer, James G. 1957. *The Golden Bough* (gek. Ausg.), London.

Friedrich, Adolf 1939. *Afrikanische Priestertümer* (= *Studien zur Kulturkunde* 6), Stuttgart.

Frobenius, Leo 1921. *Paideuma. Umrisse einer Kultur- u. Seelenlehre,* München.

Frobenius, Leo 1931. *Erythräa. Länder und Zeiten des heiligen Königsmordes,* Berlin und Zürich.

Frobenius, Leo 1933. *Kulturgeschichte Afrikas. Prolegomena zu einer historischen Gestaltlehre,* Zürich.

Frobenius, Leo 1938 (1932). *Schicksalskunde,* Weimar.

Fry, Peter 1976. *Spirits of Protest. Spirit-Mediums and the Articulation of Consensus among the Zezuru of Southern Rhodesia (Zimbabwe)* (= *Cambridge Studies in Social Anthropology* 14), Cambridge.

Gangambi, Muyaga 1974. *Les masques Pende de Gatundo* (= *CEEBA,* s. II, 22), Bandundu.

Garbett, G. Kingsley 1969. Spirit Mediums as Mediators in Korekore Society; in: *Spirit Mediumship and Society in Africa,* hg. v. J. Beattie und J. Middleton, London.

Garbutt, H. W. 1909. Native Witchcraft and Superstition in South Africa, *Jr. of the Roy. Anthr. Inst.* 39.

Gehlen, Arnold 1965. *Zeit-Bilder. Zur Soziologie und Àsthetik der modernen Malerei,* Frankfurt a. M. und Bonn.

Gelfand, Michael, 1954. Chikwambo (Runhare), *Nada* 31.

Gelfand, Michael 1959. *Shona Ritual,* Kapstadt.

Gelfand, Michael 1962. *Shona Religion,* Kapstadt.

Gelfand, Michael 1973. *The Genuin Shona,* (Mambo Press).

Görög-Karady, Veronika 1976. *Noirs et Blancs, leur image dans la littérature orale africaine* (= *Tradition Orale* 23), Paris.

Gray, Robert 1969. The Shetani Cult among the Segeju of Tanzania; in: *Spirit Mediumship and Society in Africa,* hg. v. J. Beattie und J. Middleton, London.

Gwassa, G. C. K. 1972. Kinjikitile and the Ideology of Maji; in: *The Historical Study of African Religion,* hg. v. T. O. Ranger und I. N. Kimambo, London.

Haberland, Eike 1960. Besessenheitskulte in Süd-Äthiopien, *Paideuma* 7.

Harris, Grace 1957. Possession »Hysteria« in a Kenya Tribe, *American Anthropologist* 59.

Harris, P. G. 1930. Notes on Yauri (Sokoto Province), Nigeria, *Jr. of the Roy. Anthr. Inst.* 60.

Harris, W. T. und Sawyerr, Harry 1968. *The Springs of Mende Belief and Conduct,* Freetown.

Hauenstein, Alfred 1961. La corbeille aux osselets divinatories des Tchokwe (Angola), *Anthropos* 56.

Hegel, G. W. F. 1955. *Die Vernunft in der Geschichte,* hg. v. J. Hoffmeister, Hamburg.

Heintze, Beatrix 1970. *Besessenheits-Phänomene im Mittleren Bantu-Gebiet* (= *Studien zur Kulturkunde* 25), Wiesbaden.

Herskovits, Melville J. 1938. *Dahomey. An Ancient West African Kingdom,* New York.

Heurgon, Jacques 1977. *Die Etrusker,* Stuttgart.

de Heusch, Luc 1962. Cultes de possession et religions initiatiques de salut en

Afrique; in: *Religion de salut* (= *Ann. de Centre d'Etudes des Religions* 2), Brüssel.
Himmelheber, Hans 1960. *Negerkunst und Negerkünstler,* Braunschweig.
Himmelheber, Hans 1965. Schmuckhaft überladene Negerplastik, *Paideuma* 11.
Himmelheber, Hans 1972. Das Porträt in der Negerkunst, *Baessler-Archiv,* N. F. 20.
Himmelheber, Hans und Himmelheber, Ulrike 1972. Hysterische Erscheinungen bei einem Maskenauftritt der Dan (Elfenbeinküste), *Ethnologische Zeitschr. Zürich* 2.
Hofmayr, P. Wilhelm 1911. Religion der Schilluk, *Anthropos* 6.
Hofmayr, P. Wilhelm 1925. *Die Schilluk,* 2 Bde., Mödling b. Wien.
Holas, B. 1949. Les monstres du Cavally, *Notes Africaine* 41.
Holas, B. 1952. Mission dans l'est Libérien, *Mém. de l'IFAN* 14.
Horton, Robin 1963. The Kalabari *Ekine* Society. A Borderland of Religion and Art, *Africa* 33.
Horton, Robin 1965. *Kalabari Sculpture,* Dep. of Antiquities, Nigeria.
Horton, Robin 1969. Types of Spirit Possession in Kalabari Religion; in: *Spirit Mediumship and Society in Africa,* hg. v. J. Beattie und J. Middleton, London.
Horton, Robin 1970. African Traditional Thought and Western Science; in: *Rationality,* hg. v. B. R. Wilson, Oxford.
Horton, Robin 1983. Social Psychologies: African and Western; in: M. Fortes, *Oedipus and Job in West African Religion,* hg. v. J. Goody (= *Cambridge Studies in Social Anthropology* 48), Cambridge.
Hugo, H. C. 1935. The Mashona Spirits, *Nada* 13.

Ibrahim, Hayder 1979. *The Shaiqiya* (= *Studien zur Kulturkunde* 49), Wiesbaden.
Ittmann, Johannes 1957. Der kultische Geheimbund djengu an der Kameruner Küste, *Anthropos* 52.

Jahn, Jens (Hg.) 1980. *Colonne. Colon. Kolo,* (Galerie Fred Jahn), München.
Jahn, Jens (Hg.) 1983. *Colon. Das schwarze Bild vom weißen Mann,* München.
Jedrej, M. C. 1976. Structural Aspects of a West African Secret Society, *Jr. of Anthr. Research* 32.
Jeffreys, M. D. W. 1951. The Ekong Players, *Eastern Anthropologist* 5.
Jell, Georg und Jell-Bahlsen, Sabine 1981. *Divine Earth – Divine Water,* Film.
Jell-Bahlsen, Sabine 1985. *Mami Wata. Water Rites of Healing in Nigeria,* Ms.
Jones, G. I. 1984. *The Art of Eastern Nigeria,* Cambridge.
Junod, Henri A. 1913. *The Life of a South African Tribe,* Bd. II, Neuchatel.

Kahle, Paul 1912. Zar-Beschwörungen in Egypten, *Der Islam* 3.
Kasfir, Sidney L. 1982. Anjenu. Sculpture for Idoma Water Spirits, *African Arts* 15 (4).
Kecskési, Maria 1982. *Kunst aus dem alten Afrika,* Innsbruck und Frankfurt a. M.

Kibango, Ngolo 1976. *Minganji. Danseurs des masques Pende* (= CEEBA, s. II), Bandundu.

Kjersmeier, Carl 1936. *Centre de style de la sculpture nègre africain,* Bd. III, *Congo Belge,* Kopenhagen und Paris.

Klunzinger, C. B. 1877. *Bilder aus Oberägypten,* Stuttgart.

König, René, 1984. Soziologie und Ethnologie; in: *Ethnologie als Sozialwissenschaft,* hg. v. E. W. Müller, R. König, K.-P. Koepping und P. Drechsel (= *Kölner Zeitschr. f. Soziol. und Sozialpsych.,* Sonderheft 26), Opladen.

Koritschoner, Hans 1936. Ngoma ya Sheitani. An East African Native Treatment for Psychical Disorder, *Jr. of the Roy. Anthr. Inst.* 66.

Kramer, Fritz 1983. *Bikini oder die Bombardierung der Engel,* mit Beitr. von A. Bentert u. a., Frankfurt a. M.

Kramer Fritz, 1984. Notizen zur Ethnologie der *passiones;* in: *Ethnologie als Sozialwissenschaft,* hg. v. E. W. Müller, R. König, K.-P. Koepping und P. Drechsel (= *Kölner Zeitschr. f. Soziol. und Sozialpsych.,* Sonderheft 26), Opladen.

Kramer, Fritz 1985. Empathy. Reflections on the History of Ethnology in Pre-Fascist Germany, *Dialectical Anthropology* 9.

Kramer, Fritz 1986. Die Aktualität des Exotischen. Der Fall der »Kulturmorphologie« von Frobenius und Jensen; in: *Die Restauration der Götter,* hg. v. R. Faber und R. Schlesier, Würzburg.

Krapf, Johann Ludwig 1858. *Reisen in Ostafrika,* Kornthal und Stuttgart.

Krieger, Kurt 1965–69. *Westafrikanische Plastik,* 3 Bde., Berlin.

Krieger, Kurt 1967. Notizen zur Religion der Hausa, *Paideuma* 13.

Laubscher, B. J. F. 1937. *Sex, Custom and Psychopathology. A Study of South African Pagan Natives,* London.

Leach, Edmund R. 1966. Die Zeit und falsche Nasen; in: *Kulturanthropologie,* hg. v. W. E. Mühlmann und E. W. Müller, Köln und Berlin.

Leiris, Michel 1977. Die Besessenheit und ihre theatralischen Aspekte bei den Äthiopiern von Gondar (1958); in: M. Leiris, *Die eigene und die fremde Kultur,* Frankfurt a. M.

Lewis, I. M. 1969. Spirit Possession in Northern Somaliland; in: *Spirit Mediumship and Society in Africa,* hg. v. J. Beattie und J. Middleton, London.

Lewis, I. M. 1971. *Ecstatic Religion,* Harmondsworth.

Lewis, I. M. 1981. Exotische Glaubensvorstellungen und die Produktionsweise der Feldforschung in der Anthropologie; in: *Der Wissenschaftler und das Irrationale,* hg. v. H. P. Duerr, Bd. 1, Frankfurt a. M.

Lewis, I. M. 1983. Die Berufung des Schamanen; in: *Sehnsucht nach dem Ursprung: Zu Mircea Eliade,* hg. v. H. P. Duerr, Frankfurt a. M.

Lienhardt, Godfrey 1961. *Divinity and Experience. The Religion of the Dinka,* Oxford.

Lima, Mesquitela 1967. *Os akixi (mascarados) do Nordeste de Angola* (= *Publicaçoes Culturais* 70), Lissabon.

Lima, Mesquitela 1971. *Fonctions des figurines de culte hamba dans la société et dans la culture Tshokwé (Angola),* Luanda.
Lincoln, Bruce 1983. Der politische Gehalt des Mythos; in: *Alcheringa oder die beginnende Zeit,* hg. v. H. P. Duerr, Frankfurt a. M.
Lindblom, Gerhard 1920. *The Akamba in British East Africa,* Uppsala.
Lips, Julius E. 1937. *The Savage Hits Back,* London.
Lips, Julius E. 1983. *Der Weiße im Spiegel der Farbigen,* München.
Littmann, Enno 1952. *Arabische Geisterbeschwörungen aus Ägypten* (= *Sammlung orientalischer Arbeiten* 19), Leipzig.

Magubane, Bernard 1971. A Critical Look at Indices Used in the Study of Social Change in Colonial Africa, *Current Anthropology* 12 (4–5).
Malinowski, Bronislaw 1954. *Magic, Science and Religion,* New York.
Malinowski, Bronislaw 1981. *Korallengärten und ihre Magie,* Frankfurt a. M.
Mauss, Marcel 1975 (1938). Eine Kategorie des menschlichen Geistes: Der Begriff der Person und des »Ich«; in: M. Mauss, *Soziologie und Anthropologie,* Bd. 2, München.
McLeod, Malcolm 1975. Anti-Witchcraft Cults in Modern Asante; in: *Changing Social Structure in Ghana,* hg. v. J. Goody, London.
McLeod, Malcolm 1981. *The Asante.* London.
Meneghini, Mario 1972. The Bassa Mask, *African Arts* 6 (1).
Messenger, John C. 1971. Ibibio Drama, *Africa* 41.
Messing, Simon D. 1958. Group Therapy and Social Status in the Zar Cult of Ethiopia, *American Anthropologist* 60.
Meyer, Piet 1981. *Kunst und Religion der Lobi,* Zürich.
Minkus, Helaine K. 1980. The Concept of Spirit in Akwapim Akan Philosophy, *Africa* 50.
Morkel, E. R. 1933. Spiritualism amongst the Wabudya, *Nada* 11.
Mudiji-Malamba, Gilombe 1979. Le masque Phende *giwoyo, Rév. des Archéol. et Histor. d'Art de Louvain* 12.
Mühlmann, W. E. 1972. Ergriffenheit und Besessenheit als kulturanthropologisches Problem; in: *Ergriffenheit und Besessenheit,* hg. v. J. Zutt, Bern und München.
Mühlmann, W. E. 1981. *Die Metamorphose der Frau. Weiblicher Schamanismus und Dichtung,* Berlin.
Munamuhega, Ndambi 1975. *Les masques Pende de Ngudi* (= *CEEBA,* s. II), Bandundu.
Muratori, Carlo 1936. *La tribù Lotuxo,* 2 Bde. (Unveröffentl. Ms. im Archiv der *Missioni Africane dei Padre Comboniani* in Verona).
Mwanzi, Henry A. 1977. *A History of the Kipsigis,* Nairobi.

Newcomer, Peter J. 1972. The Nuer are Dinka, *Man* 7.
Neyt, François 1982. *Die Kunst der Holo,* München.
Ngubane, Harriet 1977. *Body and Mind in Zulu Medicine,* London.

Noble, D. S. 1961. Demoniacal Possession among the Giryama, *Man* 61.
Norris, Edward Graham 1983. Colon im Kontext. Versuch einer Deutung; in: *Colon. Das schwarze Bild vom weißen Mann,* hg. v. J. Jahn, München.

Ogrizek, Michel 1981–82. Mami Wata. Les envoûtées de la Sirène, *Cah. ORSTOM, sér. Sci. Hum.* 18.
Ogrizek, Michel 1982. Mami Wata. De l'hystérie a la féminité en Afrique Noir, *Confrontations psychiatriques* 21.
Olbrechts, Frans M. 1946. *Plastiek van Kongo,* Antwerpen und Brüssel.
Onwuejeogwu, Michael 1969. The Cult of the Bori Spirits among the Hausa; in: *Man in Africa,* hg. v. M. Douglas und Ph. M. Kaberry, London.
Ottenberg, Simon 1972. Humorous Masks and Serious Politics among the Afikpo Ibo; in: *African Art and Leadership,* hg. v. D. Fraser und H. M. Cole, Madison.
Ottenberg, Simon 1975. *Masked Rituals of Afikpo. The Context of an African Art,* Seattle und London.

Pâques, Viviana 1964. *L'arbre cosmique dans la pensée populaire et dans la vie quotidienne du Nord-Ouest Africain.* Paris.
Parkin, David 1970. Politics of Ritual Syncretism. Islam among the Non-Muslim Giriama of Kenya, *Africa* 40.
Paxson, Barbara 1983. Mammy Water: New World Origins?, *Baessler-Archiv,* N.F. 31.
Phillips, Ruth B. 1978. Masking in Mende Sande Society Initiation Rituals, *Africa* 48.
Preston, George Nelson 1975. Perseus and Medusa in Africa: Military Art in Fanteland 1834–1972, *African Art* 8 (3).

Ranger, T. O. 1967. *Revolt in Southern Rhodesia 1896–7. A Study in African Resistance,* London.
Ranger, T. O. 1972, Introduction; in: *The Historical Study of African Religion,* hg. v. T. O. Ranger und I. N. Kimambo, London.
Ranger, T. O. 1975. *Dance and Society in Eastern Africa 1890–1970,* London.
Rattray, R. S. 1916. *Ashanti Proverbs.* Oxford.
Rattray, R. S. 1923. *Ashanti,* Oxford.
Rattray, R. S. 1927. *Religion and Art in Ashanti,* Oxford.
Rattray, R. S. 1929. *Ashanti Law and Constitution,* London.
Ravenhill, Philip L. 1980. *Baule Statuary Art. Meaning and Modernization* (= *Working Papers in the Traditional Arts* 5).
Reik, Theodor 1923. *Der eigene und der fremde Gott. Zur Psychoanalyse der religiösen Entwicklung,* Wien.
Röschenthaler, Ute 1985. *Die Mbuya-Masken der Pende,* unveröff. MA-Arbeit, Freie Universität Berlin.
Rotberg, Robert I. (Hg.) 1971. *Rebellion in Black Africa,* Oxford.

Rouch, Jean 1954–55. *Les maîtres fous,* Film.
Rouch, Jean 1960. *La religion et la magie Songhay,* Paris.
Rouch, Jean 1983. Les maîtres fous. Protokoll des Films über das Ritual der Hauka; in: *Colon. Das schwarze Bild vom weißen Mann,* hg. v. J. Jahn, München.
Rouget, Gilbert 1980. *La musique et la transe: esquisse d'une théorie génerale des relations de la musique et de la possession,* Paris.

Salmons, Jill 1977. Mammy Wata, *African Arts* 10 (3).
Samarin, William J. 1980. Bespr. von Görög-Karady, *Noirs et Blancs, Africa* 50.
Sartre, Jean-Paul 1969. Vorwort; in: F. Fanon, *Die Verdammten dieser Erde,* Reinbek.
Schaar, 1917–18. Nama-Fabeln, *Zeitschr. f. Kolonialspr.* 8.
Schildkrout, Enid 1979. The Ideology of Regionalism in Ghana; in: *Strangers in African Societies,* hg. v. W. A. Shack und E. P. Skinner, Berkeley.
Schnelle, Helga 1971. *Die traditionelle Jagd Westafrikas,* München.
Schoffeleers, J. Matthew 1968. *Symbolic and Social Aspects of Spirit Worship among the Mang'anja,* Doctoral Dissertation, Oxford.
Schoffeleers, J. Matthew und Linden, Ian 1972. The Resistance of the Nyau Societies to the Roman Catholic Missions in Colonial Malawi; in: *The Historical Study of African Religion,* hg. v. T. O. Ranger und I. N. Kimambo, London.
Schröder, Dominik 1953. Bespr. von M. Eliade, *Le Chamanisme et les techniques archaiques de l'extase, Anthropos* 48.
Sicard, Harold von 1967. Das Reich Butwa-Torwa, *Paideuma* 13.
Simmel, Georg 1908. *Soziologie,* Berlin.
Simmel, Georg 1983 (1923). *Philosophische Kultur,* Berlin.
Simon, Artur 1975. Islamische und afrikanische Elemente in der Musik des Nordsudan am Beispiel des Dhikr, *Hamburger Jahrbuch zur Musikwissenschaft* 1.
Simon, Artur 1983. Musik in afrikanischen Besessenheitsriten; in: *Musik in Afrika* (= *Veröffentl. des Mus. f. Völkerkunde Berlin,* N.F. 40), Berlin.
Siroto, Leon 1976. *African Spirit Images and Identities,* New York.
Skene, R. 1917. Arab and Swahili Dances and Ceremonies, *Jr. of the Roy. Anthr. Inst.* 47.
Skinner, Elliot P. 1974. *Theoretical Perspectives on the Stranger,* Paper presented at the Conference on Strangers in Africa, Smithsonian Conference Center, Belmont, Maryland.
Sousberghe, Léon de 1956. *Les danses rituelles mungonge et kela des ba-Pende,* Brüssel.
Sousberghe, Léon de 1959. *L'art Pende,* Brüssel.
Sousberghe, Léon de 1960. De la signification de quelques masques Pende: *Shave* des Shona et *Mbuya* des Pende, *Zaire* 14.

Sousberghe, Léon de 1963. *Les Pende: Aspects des structures sociales et politique* (=*Miscellanea Ethnographica*), Tervuren.

Sousberghe, Léon de 1981. Gitenga: un masque des Pende, *Arts d'Afrique Noire* 37.

Southall, Aidan W. 1956. *Alur Society,* Oxford.

Southall, Aidan W. 1979. White Strangers and their Religion in East Africa and Madagascar; in: *Strangers in African Societies,* hg. v. W. A. Shack und E. P. Skinner, Berkeley.

Spieß, C. 1910. Verborgener Fetischdienst unter den Evheern, *Globus* 98.

Spieth, Jakob 1911. *Die Religion der Eweer in Süd-Togo,* Leipzig.

Sundkler, Bengt G. M. 1961 (1948). *Bantu Prophets in South Africa,* Oxford.

Sutton, J. E. G. 1976. The Kalenjin; in: *Kenya before 1900,* hg. v. B. A. Ogot, Nairobi.

Szombati-Fabian, Ilona und Fabian, Johannes 1976. Art, History and Society: Popular Painting in Shaba, Zaire (= *Studies in the Anthropology of Visual Communications* 3).

Talbot, P. Amaury 1932. *Tribes of the Niger Delta,* London.

Thiel, J. F. 1984. *Christliche Kunst in Afrika,* Berlin.

Thompson, Robert F. 1974. *African Art in Motion,* Los Angeles.

Till, Wolfgang 1983. Colon im Puppenspiel; in: *Colon. Das schwarze Bild vom weißen Mann,* hg. v. J. Jahn, München.

Torday, Emil und Joyce, T. A. 1922. *Notes ethnographiques sur les populations habitant les bassins du Kasai et du Kwango oriental,* Brüssel.

Tremearne, A. J. N. 1914. *The Ban of the Bori,* London.

Trowell, Margaret 1967. Form und Inhalt der afrikanischen Kunst; in: M. Trowell und H. Nevermann, *Afrika und Ozeanien,* Baden-Baden.

Turner, Victor W. 1969. *The Ritual Process,* New York.

Turner, Victor W. 1982. *From Ritual to Theatre.* New York.

Vajda, Laszlo 1964 (1959). Zur phaseologischen Stellung des Schamanismus; in: *Religionsethnologie,* hg. v. C. A. Schmitz, Frankfurt a. M.

Vansina, Jan 1973 (1961). *Oral Tradition,* Harmondsworth.

Vedder, H. 1923. *Die Bergdama,* Hamburg.

Velten, Carl 1903. *Sitten und Gebräuche der Suaheli,* Göttingen.

Vogel, Susan M. 1973. People of Wood. Baule Figure Sculpture, *Art Jr.* 33.

Ward, Barbara E. 1956. Some Observations on Religious Cults in Ashanti, *Africa* 26.

Warren, Denis M. 1976. Bono Schrine Art, *African Arts* 9 (2).

Weber, Max 1968. *Soziologie, weltgeschichtliche Analysen, Politik,* hg. v. J. Winckelmann, Stuttgart.

Weber, Max 1976 (1923). *Gesammelte Aufsätze zur Religionssoziologie,* Bd. III, *Das antike Judentum,* Tübingen.

Weise, Daniela 1984. *Zur Entwicklung der Kultgruppen bei den Ewe im 20. Jahrhundert,* Unveröffentl. MA-Arbeit, Universität München.

Weißhaupt, Winfried 1979. *Europa sieht sich mit fremdem Blick,* Tl. 1, Frankfurt a. M.

Wendl, Tobias 1986. *Le Culte de Mami Wata a travers des entretiens avec une soixantaine de ses adeptes,* Ms.

Werth, E. 1915. *Das deutsch-afrikanische Küstenland,* Berlin.

Westermann, Diedrich 1912, *The Shilluk People; their Language and Folklore,* Berlin.

Westermann Diedrich 1921. *Die Kpelle. Ein Negerstamm in Liberia,* Göttingen und Leipzig.

Weston, Bonnie E. 1984. Northwestern Region; in: *Igbo Arts. Community and Cosmos,* hg. v. H. M. Cole und C. C. Aniakor, Los Angeles.

White, C. M. N. 1949. Stratification and Modern Changes in an Ancestral Cult, *Africa* 19.

White, C. M. N. 1961. Elements in Luvale Beliefs and Rituals (= *Rhodes-Livingstone Papers* 32), Manchester.

Wilks, Ivor 1975. *Asante in the Nineteenth Century* (= *African Studies Series* 13), Cambridge.

Wintrob, Ronald M. 1970. Mammy Water. Folk Beliefs and Psychotic Elaborations in Liberia, *Canad. Psychiat. Ass.* Jr. 15.

Wipper, Audrey 1977. *Rural Rebels. A Study of Two Protest Movements in Kenya,* Oxford.

Witte, Hans 1982. Fishes of the Earth. Mud-Fish Symbolism in Yoruba Iconography, *Visible Religion* 1.

Worringer, Wilhelm 1981 (1907). *Abstraktion und Einfühlung,* München.

Zenkovsky, S. 1950. Zar and Tambura as Practised by the Women of Omdurman, *Sudan Notes and Records* 31.

Zutt, Jürg 1972. Ergriffenheit, Erfülltheit und Besessenheit im psychiatrischen Erfahrungsbereich; in: *Ergriffenheit und Besessenheit,* hg. v. J. Zutt, Bern und München.

Verzeichnis der Abbildungen

23. Igbo, Holz, 34 cm, Privatsammlung; n. Jahn 1983, Abb. 120.
24. Ijo, *owu*-Maske, Holz, *utobo* (Hippopotamus); n. G. I. Jones, 1984, Abb. 74.
25. Ijo, *owu*-Maske, Holz, *abiogbo,* mit Pythonmotiven, Pitt Rivers Museum, Oxford; n. Horton 1965, Abb. 27.
26. Ijo, Wandschirm, Holz, British Museum, London; n. Trowell 1967, Abb. S. 190.
27. Cokwe, *hamba wa nzambi,* Holz, 26 cm, Museo do Dundo, Angola; n. Lima 1971, Abb. 212.
28. Cokwe, *mahamba a yimbali,* Holz, Museo do Dundo, Angola; n. Lima 1971, Abb. 142.
29. Cokwe, *mahamba a yimbali,* Holz, 18,4 und 18,2 cm, Museo do Dundo, Angola; n. Lima 1971, Abb. 145.
30. Cokwe, *mahamba a yimbali,* Holz, 13,5 und 13,2 cm, Museo do Dundo, Angola; n. Lima 1971, Abb. 146.
31. Cokwe, *hamba a cimbali,* Holz 22,1 cm, Museo do Dundo, Angola; n. Bastin 1961 a, Abb. 12.
32. Dan, Proträtfigur, Holz, 52 cm, Slg. Josef Müller, Solothurn; n. Fischer und Himmelheber 1976, Abb. 140.
33. Dan, Porträtfigur, Holz, 61 cm, Privatsammlung; n. Fischer und Himmelheber 1976, Abb. 145.
34. Benin, Hüftmaske aus Elfenbein, frühes 16. Jahrhundert, mit einer Tiara aus Portugiesenbildern, 25 cm, British Museum, London; n. Fagg 1970, Abb. 17.
35. Fante, Mitglieder einer *asafo*-Kompagnie mit besessener Priesterin, Photo H. M. Cole; n. Cole und Ross 1978, Taf. XVII.
36. Fante, Figurengruppe vor einem *posuban,* Europäer und Afrikaner beim Damespiel; der Afrikaner gewinnt und der Europäer hält sich vor Überraschung die Hand an den Mund; Photo T. Wendl.
37. Ewe, Schaufigur, Holz, 40 cm, Museum f. Völkerkunde, Berlin; n. Krieger 1965–69, I, Abb. 33.
38. Ewe, Hexenjäger in der Tracht des Nordens, Holz, 96 cm, Privatsammlung; n. Jahn 1983, Abb. 81.
39. Arnold Schleisinger, Die Schlangenbändigerin, Druck.
40. Ibibio, Novizin des *mammywater*-Kults mit ihrer Figur, Photo M. I. Okpara; n. *Nigeria Magazine,* Oct. 1960, *»Nigeria 1960«,* Special Indipendence Issue.
41. Guro, *seri*-Maske mit Aufsatzfigur, Kopie des Schleisingerdrucks, Holz, 58,2 cm, Privatsammlung; n. Fischer und Homberger 1985, Abb. 133.
42. Zaire, Samba: Mammy Wata, 1978 (badende Frau flieht vor der Erscheinung Mammy Watas), Öl auf Sackleinen, 66 × 46 cm, Galerie Dierickx, Brüssel; n. Eckhardt 1979, Abb. S. 128.
43. Kongo, Kreuzigung, Elfenbein, 8,5 cm, Museum f. Völkerkunde, Berlin; n. Krieger 1965–69, III, Abb. 167.
44. Ewe, Wandbild, *mami wata,* Photo T. Wendl; n. Wendl 1986, Abb. 4.

Verzeichnis der Tafeln

Index